Klaus Berger

Wer war Jesus wirklich?

Quell

ISBN 3-7918-1950-X

© Quell Verlag, Stuttgart 1995
Printed in Germany · Alle Rechte vorbehalten
3. Auflage 1996, 19.–23. Tausend
Lektorat: Andrea Scholz-Rieker
Umschlaggestaltung: R.O.S. Werbeagentur, Filderstadt
Gesamtherstellung: Maisch & Queck, Gerlingen

Inhalt

I Zugänge

Ein neues Jesusbild? 9

Keine Ermäßigung 10

Welcher Jesus? 14

Der ganze Jesus 19

Hat Jesus gelebt? 21

War Jesus verheiratet? 24

Jesus als Nasoräer/Nasiräer 28

Die Wandlung Jesu vom Nasiräer zum Messias 31

Phasen des Wirkens 35

Taufe durch Johannes? 36

Berührungen und Konflikte mit Pharisäern 37

Einsetzung der Zwölf 39

Lehren im Haus 39

Heilungen und Exorzismen 40

Missionar auf Wanderschaft 40

Letzte Phase in Jerusalem 41

II Jesus der Mensch

Rückschlüsse 42

Ein Gerechter 42

Fresser und Weinsäufer 43

Jesus – ein Geheimnis schon zu Lebzeiten 45
Wie könnte Jesus als Mensch gewesen sein? 46

Jesus und Johannes der Täufer 55

Der Hirte 61

Keine Wunder an Bekannten 64

Für verrückt gehalten 65

Reich Gottes 67
Was meint Jesus mit »Reich Gottes«? 67
Sieg über die Dämonen 69
Entscheidung für den höchsten Wert 70
Jesu eigene Rolle für »Gottes Reich« 71
Hat Jesus sich im Termin geirrt? 75
Reich Gottes in den Gleichnissen 77

Das Gesetz 79
Stellt sich Jesus über das Gesetz? 79
Aufhebung des Sabbats? 86
Sympathie für die Ehebrecherin 88

Der Weisheitslehrer 91
Lebensweisheit 92
Die Frage nach dem wahren Glück 108
Leben riskieren 112

Selig, wer sich nicht ärgert 117

III Jesus als Gott

Staunenswertes 121

Tote begraben ihre Toten 123

War Jesus Gottes Sohn? 125

Sterne in der Hand des Menschensohnes 128

Die andere Zone der Wirklichkeit 130
Eine Verständnishilfe 130
Heilsame Ordnung 131

Der Exorzist 136

Wunder und Visionen 141
Was ist ein Wunder? 141
Mehr als ein Wunder 144
Das anstößigste Wunder 146

IV Der Jesus der außerbiblischen Evangelien

Die Quellen 151

Jesus und die Frauen 153

Radikalität 154

Der kostbare Augenblick 159

Jesus redet in Rätseln 161

Bilder und Gleichnisse 162

Menschliche Züge Jesu 164

Rein und Unrein 166

Der nackte Jüngling 168

V Jesus in Jerusalem

Auf dem Esel 170

Die Händler im Tempel 175

Das Scherflein der Witwe 179

Die Salbung 181

Wie kam es zum Prozeß gegen Jesus? 183

Wozu hat Jesus gelitten? 186
Geben die Abendmahlstexte Auskunft? 187
Antwort aufgrund der Versuchungsberichte 191
Leiden in Stellvertretung? 195
Erlösung durch Jesu Blut? 201
Grausamkeit Gottes? 202

Auferstanden? 205
Verschiedene Zeugnisse 205
Eine hilfreiche Erfahrung 206
Auferstehung heute 209
War das Grab wirklich leer? 214
Auferstehung Jesu – was bedeutet das für den Glauben? 217
Abschied von Maria Magdalena 219

VI Die Wahrheit

Anmerkungen 225

Verzeichnis der Bibelstellen 228

Der Autor 230

I Zugänge

Ein neues Jesusbild?

Die Frage »Wer war Jesus wirklich?« ist kritisch gemeint gegenüber der Flut von Jesusbüchern, von denen jedes einen neuen und zeitgemäßen Jesus anbieten möchte. Als eine Art Anti-Jesusbücher-Jesusbuch versteht sich daher dieser Beitrag. Besonders beliebt ist es, Jesus als Sozialreformer, philosophischen Gesellschaftskritiker und Bauernrevolutionär zu bezeichnen. Vollständig naiv und unkontrolliert machen Menschen seit rund zweihundert Jahren sich ihren Jesus zurecht als Spiegelbild ihrer eigenen Wünsche und unerfüllten Sehnsüchte.

Dieses Buch bietet kein »neues Jesusbild«. Denn ein in sich stimmiges, brauchbares Jesusbild gab es immer dort, wo die Ausleger von dem Jesus der Evangelien etwas wegließen. Das heißt: wo sie Worte oder Taten, Charakterzüge Jesu oder Ereignisse für unecht erklärten, die ihnen nicht passend erschienen. Darauf verzichtet dieses Buch. Der Jesus aller vier Evangelien wird ernst genommen und dazu noch der Jesus der älteren apokryphen Evangelien. Wenn man alles das wenigstens prinzipiell gelten läßt und für möglich hält, ergibt sich kein einheitliches Jesusbild mehr, aber dafür ein offenes Mosaik, in dem viele Stellen nicht gefüllt sind, mit dessen Herstellung man aber auch nie fertig werden wird. Die Mosaiksteine sind jeweils der unergründliche Gehalt jedes Einzeltextes.

Nein, ich habe kein Bild von Jesus. So wie ich auch kein Bild von meiner Frau habe und Wert darauf lege, nicht schon immer zu wissen, was sie sagen könnte, wenn sie den

Mund auftut. Auch von den Menschen um mich herum mache ich mir kein fertiges Bild und komme gerade dann am besten mit ihnen aus. In meinem Beruf als Professor für Neues Testament lebe ich geradezu davon, jeden Morgen in der Vorlesung die Schätze jedes Einzeltextes aufzuspüren, die Arbeit an diesem Text zu begreifen als einen Suchgraben oder wie einen Schacht, der hineingetrieben wird in ein abgründiges Bergwerk. Jesus war nicht der oder der, auch wenn mir die Richtung im ganzen klar ist. Und: Jesus ist Jude – in einem Maße, das manche nur ungern wahrhaben möchten.

Keine Ermäßigung

Wir beginnen mit einem »steilen« Text, damit von vornherein ausgeschlossen wird, daß wir uns mit einem »ermäßigten« oder modernisierten Jesusbild zufriedengeben könnten. Vorsichtshalber müssen wir vielmehr damit rechnen, daß uns Jesus so fremd und so merkwürdig, so verdreht, verquer und so wenig modern vorkommen muß wie ein polnischer Jude des achtzehnten oder des neunzehnten Jahrhunderts.

Der Vergleich ist nicht weit hergeholt. Denn das östliche Judentum, von den Nazis völlig vernichtet, ragte noch in unsere Zeit als eine Welt, die zwar nicht mit dem Judentum zur Zeit Jesu identisch war, ihm aber ungleich näherstand als jede religiöse Kultur der Gegenwart. Und das betrifft nicht nur das, was man Mystik nennt – inklusive ihrer Querverbindungen zu Magie und Wunder. Es betrifft das gesamte Ernstnehmen von Gottes Wirklichkeit und der seines Reiches. Mit den Bildern Marc Chagalls, in der diese versunkene Welt noch einmal widerleuchtet, hat Jesus mehr zu tun als mit zahlreichen zeitgenössischen Theologen, die sich nicht getrauen, vom Himmel zu reden. – Freilich gilt dieser Hinweis nur unter anderem, und es ist nicht mein Wunsch, alte einseitige Jesusbilder durch neue Einseitigkeiten zu ersetzen. Vielmehr soll durch diesen Hinweis rechtzeitig so etwas wie eine Hemmschwelle vor einer verkehrsberuhigten Zone eingeführt werden. Nur dies also: Wer Jesus war, das erschließt sich nicht im schnellen Durchgang mit der üblichen Konsumgeschwindigkeit. Äußerste Behutsamkeit ist gefordert.

Und nach sechs Tagen nimmt Jesus den Petrus beiseite und den Jakob und Johannes, und er führt sie auf einen hohen Berg in die Einsamkeit, sie allein. Und er wurde vor ihnen verwandelt, und seine Kleider fingen an so hell zu strahlen, wie kein Färber auf Erden sie leuchtender machen kann. Und es erschien ihnen Elia mit Mose, und sie sprachen mit Jesus. Da sagte Petrus zu Jesus: Rabbi, es ist gut, daß wir hier sind. Wir wollen drei Hütten bauen, dir eine, Mose eine und Elia eine. Er hatte nicht bedacht, was er sagte, denn sie waren voll Angst. Und eine Wolke überschattete sie, und daraus kam eine Stimme: Dieser ist mein geliebter Sohn, hört auf ihn (Markus 9,2–7).

Wie eine Ikone ist dieser Text. Als fremder Block ragt er hinein in all die anderen, freundlichen, uns geläufigen Jesusgeschichten. Hier aber, in der Mitte des Evangeliums, offenbart sich Gott ganz ähnlich wie einst gegenüber Mose auf dem Sinai in der Wüste. Ein Gegenbild, zum Verwechseln ähnlich. Der Berg der Offenbarung, die Wolke, die Stimme, das Leuchten des Offenbarers, das Herabsteigen, alles das ist wie die Offenbarung am Sinai. Sogar Mose selbst kommt zu diesem Ereignis. Hier in der Einsamkeit des Berges ist die Offenbarung selbst mit Händen zu greifen, als Hereinbrechen von Licht und Wort, als Gleichzeitigwerden mit Mose und Elia. Die Zeit ist aufgehoben, Jesu Leib und Gewand sind verändert. All das sind Zeichen einer Begegnung zwischen Gott und Menschen, wie sie intensiver kaum sein kann. Ein Moment der äußersten Nähe zwischen

Gott und Welt, als berührten sich beide für einen Augenblick. Weit mehr als eine Ekstase: ein Punkt, an dem Gottes Stimme zu hören ist und an dem die Nähe Gottes leibhaftig verwandelt.

Durch nichts ist die Fremdheit dieser Erzählung zu beschönigen. Aber hier wird derselbe sichtbar, der auch die schier unerträglichen Forderungen der Bergpredigt zu verantworten hat. Jesus ist nicht der sanfte Rabbi, sondern einer, der eine Offenbarung wie am Sinai erfahren darf und der buchstäblich vernimmt, was es bedeutet, Gottes Sohn zu sein. So reagieren die Jünger mit Schrecken und Unverstand. Und auch die Konsequenz ist nicht gering. Denn es werden nicht drei Offenbarungszelte nebeneinander stehen dürfen, gleichberechtigt wie die drei Ringe in Lessings Fabel. Nein, so äußert sich nur der Unverstand des Petrus.

Vielmehr sagt die Stimme, daß allein Jesus der Sohn, allein er, zu hören sei und kein anderer. Er hat die Gestalten, die man erwartete, sozusagen in sich aufgenommen: den kommenden Propheten nach der Art des Mose und den zurückkehrenden Elia. In diesem neuen und letzten Geschehen auf dem Berg ist Gottes Offenbarung wie in einem Brennpunkt zusammengefaßt. Nur er, der Sohn, gilt noch. In ihm ist alle Offenbarung gesammelt.

Doch die Schrecklichkeit des Geschehens wird dadurch verwandelt, daß Jesus als der Sohn, als der geliebte Sohn, bezeichnet wird. Gottes Berührung mit der Welt, die fast wie eine Katastrophe anfängt oder Erschütterung des Kosmos hätte bedeuten können, mündet in die Aussage der Liebe. Der Schrecken des Sinai, das strenge Antlitz aller Gottesmänner wird zu der ekstatischen, alles andere vergessenmachenden Aussage, daß Jesus geliebt ist und Sohn. Die Starre des Schreckens löst sich in die unfaßbare Begeisterung darüber, daß Jesus gänzlich geliebt ist. So ist der Kern, die Mitte des Evangeliums, dies, daß er, ein Mensch, von Gott ganz und gar als der einzige Sohn geliebt wird. Darin wird die alte Offenbarung am Sinai nicht aufgehoben, sondern vollendet. In der letzten Tiefe ist dieser Gott einer, der liebt. Die Erfahrung dieser Liebe wird als ein Geschehen aufgefaßt, das alles Faßbare übersteigt. Berg und Licht und Wolke, Verwandeltwerden und Himmelsstimme sind Zeichen und Hinweise auf diesen überwältigenden Kern der Botschaft. Die bizarre Landschaft des Berges, die Steinwüste wie am Sinai, die surreale Wolke, die Blitzhaftigkeit des Geschehens dienen nur der Erklärung süßester, innigster Liebe. Die äußeren Zeichen sind dabei nicht belanglos, und es wird nicht nur etwas gesagt. Jesus sagt nicht einfach, daß er so etwas wie das Gefühl großer Nähe zu Gott verspüre. Sondern es geschieht etwas, von außen her und damit überwältigend.

Das Geschehen auf dem Berg ist wie ein Neuer Bund. Beim Abendmahl wird Jesus dann erklären, daß dieser Bund nicht mehr mit Blut, sondern mit Wein, mit dem Zeichen des Messias, geschlossen wird.

Mit dem Abstieg vom Berg beginnt der Weg Jesu in den Tod. Durch die wunderbare Verwandlung vorher wird wie von außen her alle Angst vor dem Tod überwunden. Jesus wird von Gott berührt, bevor er sterben muß. Dieses ist die Botschaft der surrealistischen Bilder, die vor uns aufgetürmt werden. Jesus wird hier versiegelt und geschützt gegen den Tod. So ist der alte Traum von der Verwandlung, die vor dem Tod bewahrt, hier Wirklichkeit geworden. Gott selbst kommt unvergleichlich nahe, dies ist sein Neuer Bund. Er wagt Liebe zu uns. Er selbst, Gleichgestaltung mit ihm, »wir werden sein wie Gott«, das ist das Ziel jeglicher Verwandlung. Und er selbst, das Ziel aller Dinge, ist Liebe. Alle Veränderung ist nichts anderes als Durchsichtigwerden für diese Liebe. Jetzt schenkt er uns aus freien Stücken, woran Adam und Eva gescheitert sind.

Dieser Text und diese Meditation wurden an den Anfang gestellt, um von vornherein eines deutlich zu machen: Die Nachrichten aus christlichen Quellen bis etwa zum Jahre

200 n. Chr., auf die wir uns hier beziehen, lassen eine Scheidung zwischen Jesus »dem Bruder« und dem »freundlichen Mitbürger von nebenan« einerseits und Jesus dem Gottessohn andererseits nicht zu. Beides ist untrennbar verwoben, und alle Versuche, hier zu trennen, sind fragwürdig oder methodisch gescheitert.

Welcher Jesus?

Die Versuche, sich ein bestimmtes Jesusbild zurechtzulegen, sind so alt wie die Ideologien der Neuzeit. Da gab es Jesus, den heldischen Germanen, und Jesus, den Pazifisten, Jesus, den Sozialisten, und Jesus als den ersten psychisch gelungenen Mann, Jesus als Ökologen und Jesus als den, der nur »Gott als die Liebe« verkündigte. Nicht ganz unbekannt ist auch ein Jesus, der angeblich das Judentum aus den Angeln hebt und sich über das Gesetz stellt – ein Traum der neuzeitlichen Aversion gegen vorgeblich jüdische Gesetzlichkeit und angeblich pharisäischen Leistungsstolz, ein Jesus, den man aber auch gut gegen vermeintlich katholische Werkgerechtigkeit ins Feld führen kann.

Seit rund zweihundert Jahren bedient man sich zur Rekonstruktion dieser Jesusbilder eines besonderen Tricks, der den Anschein der Wissenschaftlichkeit hat: Man möchte gerne unterscheiden zwischen »echten« und »unechten« Jesus-Worten und Jesus-Taten. Regelmäßig führte dieses Bemühen dazu, daß man alle sympathischen und modernen, also mit der modernen Wissenschaft zu vereinbarenden Züge für »echt« und aus der Zeit des Wirkens Jesu auf Erden stammend, d. h. »vorösterlich« hielt, den Rest dagegen für »späte« Gemeindebildung lange nach Ostern. Dabei wurde vorausgesetzt: Jesus ist vollkommener Mensch, eine Leitfigur, er ist unentbehrlich, er war daher selbstverständlich jeweils auch ganz modern und vernünftig. Er war überhaupt zu jeder Zeit modern und hat gesagt, was den Menschen gefallen konnte und kann. Seit dem 19. Jahrhundert war dieser Jesus besonders der Heiland der Volkskirche, der allen Recht gab, die Bindungen und Verbindlichkeiten scheuten. Der schöngeistige Jesus, der in sanften Gleichnissen und Seligpreisungen sich vor allem als edler Mensch zu erkennen gab, der Salon-Jesus der Nazarener-Gemälde. Das Reich Gottes war nach diesem Verständnis ein Reich edler Sittlichkeit, deutlich unterschieden von allerlei Judentum.

Daß Jesus aber der Menschensohn oder einziggeborener Sohn Gottes sei, daß er wiederkommen werde zum Gericht, daß er selbst Richter sein werde, alles dieses sei spätere Erfindung. Dazu gehöre dann eben auch, daß er »Gott von Gott« und »Licht vom Lichte« sei. Solche Sätze seien spätere Dogmatik der Kirche. Man stellte sich also Jesu Werdegang vor wie die klassisch liberalistische Karriere des 19. Jahrhunderts »vom Tellerwäscher zum Präsidenten«, so hier vom Handwerkerssohn aus Palästina zum Mitglied der Dreifaltigkeit. Einer der liberalen Ausleger (A. Loisy) formulierte, Jesus habe zwar das Reich Gottes verkündigt, gekommen aber sei die Kirche. »Liberal« waren damals bürgerlich-rationalistische Kreise, die jedenfalls im 19. Jahrhundert national, antiklerikal und großenteils auch antisemitisch gesonnen waren. An diesem Erbe trägt die Auslegung der Bibel zweifellos bis heute.

Dieses liberale Jesusbild ist aus zwei Gründen gescheitert: Zum einen gibt es kein wirklich stichhaltiges Kriterium für das, was man Jesus nicht zutrauen darf. Auch die antijüdische Karte sticht nicht, weil man nicht wirklich erweisen kann, daß Jesus es als erstes Ziel ansah, alles Jüdische zu vermeiden, daß er das Alte Testament oder den Tempel scheute wie der Teufel das Weihwasser. – Und zum anderen gibt es schon sehr frühe Äußerungen wie 1. Korinther 8,6, Sätze, die Paulus bereits übernommen hat, wonach Jesus vor aller Welt und als Schöpfungsmittler existierte. Das aber stellt die Annahme des 19. Jahrhunderts geradezu auf

15

den Kopf, der christliche Glaube habe sich zielgerichtet so entwickelt, daß Jesus fortschreitend immer stärker »vergottet« wurde. Denn schon ganz zu Anfang haben Christen die Summe ihrer Erfahrungen mit Jesus so beantwortet, daß sie auf die höchsten Prädikate zurückgriffen, die ein Repräsentant Gottes, der nicht mit dem »Vater« und Ursprung identisch war, überhaupt tragen konnte. Demnach hat man schon sehr schnell Jesus sehr hoch »eingestuft«.

Hier und im folgenden werden daher vier klassische Annahmen des liberalen Jesusbildes und der sogenannten liberalen Exegese bestritten:

Erstens wird nicht unterschieden zwischen *echt und nicht echt,* d. h. zwischen nicht gesagt und gesagt, nicht geschehen und geschehen. Denn bei den Versuchen, so zu unterscheiden, kam immer nur das heraus, was man sich ohnehin schon unter Jesus vorstellte. Statt dessen sollte man lieber versuchen, den Sinn der Überlieferungen zunächst einmal zu begreifen, und zwar auf der Basis des zeitgenössischen Judentums. Dazu geben die neuen Qumranfunde reichlich Anlaß. Es geht darum, die Texte des Neuen Testaments in ihrem damaligen Kontext zu verstehen. Erst danach kann und muß man fragen, was sie heute bedeuten.

Zweitens wird nicht unterschieden zwischen dem *vorösterlichen historischen Jesus und dem nachösterlichen Christus des Glaubens.* Denn zugrunde lag hier die Auffassung, Jesus könne nur von Gott und seinem Reich gepredigt haben, dürfe aber nicht über sich selbst gesprochen haben, dürfe gewissermaßen nicht »ich« gesagt haben – eine merkwürdige Verinnerlichung bürgerlicher Erziehungsideale des 19. Jahrhunderts. Dazu kommt, daß in eben dieser Theologie auch Ostern selbst zusehens ungreifbarer wurde. Ich gehe davon aus, daß eine säuberliche Trennung zwischen Jesus und seinem Vollmachtsanspruch vor Ostern und der christologischen Dogmatik nach Ostern nicht möglich ist. Vielmehr ist diese liberalistische Trennung selbst ein Götze und fast ein Glaubenssatz, aber einer, über den man nicht nachdenkt.

Drittens wird nicht unterschieden zwischen naturwissenschaftlich erklärbaren, also für uns moderne Menschen *möglichen* Dingen und solchen, die wir für nicht erklärbar und also *für nicht möglich* halten. Damit will ich vermeiden, die in den Texten berichteten fremden Wahrnehmungen zurechtzuschneiden, sondern ich möchte, daß sie als sie selbst respektiert werden, und zwar unabhängig davon, wie wir heute die Welt erleben und sehen.

Viertens halte ich es nicht für gerechtfertigt, wenn parallel zur allgemeingültigen Geltung der physikalischen Gesetze im Sinne des 19. Jahrhunderts in den Geisteswissenschaften sogenannte anthropologische Konstanten gelten sollen. »Anthropologische Konstanten« sind angeblich immer gleichartige psychische Abläufe bei allen Menschen, z. B. seien Glaube, Liebe, Angst und Ehrfurcht bei allen Menschen gleich, und dies ermögliche eine direkte Anwendung und Übernahme auch zeitlich entfernter biblischer Aussagen. So soll der garstige Graben zwischen uns und der Bibel überbrückt werden. Die Grundvoraussetzungen dieses Ansatzes sind aus meiner Sicht widerlegbar. Selbst die grundlegenden Wahrnehmungen und seelischen Vorgänge sind zur Zeit und im Umkreis des Neuen Testaments anders gewesen als heute.

Nun setzt sich freilich jeder, der das liberale Jesusbild so massiv angreift, grundlegenden *Verdächtigungen* aus. Dazu gehört unter anderem der Vorwurf, ein solcher Bibelausleger mache sich zum Sprachrohr seiner Konfession oder Kirche, er unterstütze – um dubioser Vorteile willen – die von ihr ausgeübten Glaubenszwänge und sei zu wissenschaftlicher Ehrlichkeit nicht imstande. Das liberalistische Jesusbild wird von seinem Ursprung her als Instrument der Kirchenkritik und Inbegriff der Befreiung von unsachgemäßer Dogmatik angesehen. Wer das liberalistische Jesusbild ablehnt, begibt sich damit augenscheinlich sofort in das

»andere Lager«, auf die Seite der innerkirchlichen Minderheit der Oberkirchenräte und Bischöfe, die mit der Waffe des Vorwurfs mangelnder Rechtgläubigkeit zweifellos auch Macht ausüben. Und noch immer werden von vielen Laien Kirchen und kirchliche Verbindlichkeiten mit Glaubenszwängen gleichgesetzt. Diese Auffassung ist besonders dort verbreitet, wo von Zwängen keine Rede sein kann. Auch Studierende der Theologie fragen öfter, was sie denn alles glauben müßten, und wer in einer kirchlichen Akademie erklärt »Es gibt keine Auferstehung Jesu, es gibt keine Wiederkunft Christi, es gibt keine Auferstehung der Toten«, der kann sich des lautstarken Beifalls derer sicher sein, die meinen, endlich sei einmal jemand ehrlich, und nun könne man beginnen, trotz Kirche ein guter Mensch zu sein.

Daß Ehrlichkeit auch darin bestehen könnte, zunächst einmal fremde Aussagen gelten zu lassen und nicht nur das, was man selber direkt nachvollziehen kann, zum letzten Kriterium aller denkbaren Wirklichkeit zu machen, wird dabei oft übersehen.

Gegenüber solchen Verdächtigungen wird hier erklärt, daß ich mich als leidenschaftlicher Anwalt der Bibel, und zwar des ganzen Neuen Testaments verstehe. Es geht mir um die Loyalität gegenüber der Schrift, und es ist mein Beruf, die Stimme der Schrift möglichst unverzerrt darzustellen, und zwar gegenüber jeder späteren Auslegung, auch der kirchlichen. Dabei will ich gar nicht bestreiten, daß es solche Auslegungen, die nicht mit dem Bibeltext identisch sind und sein können, immer geben wird, geben darf und geben muß. Mir geht es nur darum, die Stimme der biblischen Verfasser möglichst unverkürzt zu Gehör zu bringen, wenn man denn auf diese Zeugen des in Jesus gemachten Anfangs Wert legt und wenn man mit ihnen in einer Kirche sein will.

Der ganze Jesus

Um nicht wieder Opfer der selbstgestellten Falle zu werden, ein Wunschbild zum Ausgangspunkt zu machen, schlage ich vor, gerade die am weitesten entgegengesetzten Aussagen aus dem Munde Jesu auf jeden Fall bestehen zu lassen. Denn keineswegs muß Jesus nur einlinig geredet und gehandelt haben. Es trifft zum Beispiel einfach nicht zu, daß Jesus sich entweder nur gesetzesbejahend (Mt 5,18 »Kein Jota und kein Häkchen…«) oder nur gesetzeskritisch (z. B. in der Übertretung des Sabbats) geäußert haben kann. Denn niemals kannte das Judentum das Prinzip einer einheitlichen Systematik, eines in sich völlig stimmigen Lehrgebäudes. Jesus hat keine in sich stimmige Lehrdoktrin vertreten wollen. Frei zu sein von Widersprüchen war nicht sein erstes Anliegen. Die Einheitlichkeit seiner Lehre ist weder wahrscheinlich noch beweisbar. So ist davon auszugehen, daß Jesus *sowohl* die Eunuchen um des Himmelsreiches willen als Teil von dessen Geheimnis betrachtete *als auch* Gott für den hielt, der Mann und Frau wie ein sorgsamer Brautführer zur Ehe verbindet. Es steht fest: daß Jesus *sowohl* das Hassen geboten hat (Lk 14,26: »Wer nicht Vater, Mutter, Frau, Kinder, Brüder und Schwestern und sich selbst haßt, kann nicht mein Jünger sein«) *als auch* die Nächstenliebe und Feindesliebe; daß Jesus *sowohl* den Sabbat menschenfreundlich erklärt *als auch* das Gesetz bejaht; daß Jesus sich *sowohl* zu Israel allein gesandt weiß (Mt 10,5; 15,24) *als auch* mit dem Hinzukommen der Heidenvölker drohen kann (Mt 8,11); daß Jesus *sowohl* das lustvolle Anblicken einer Frau verboten hat (Mt 5,28) *als auch* gern gesehener Hochzeitsgast gewesen sein kann (Joh 2,1–11).

Man sollte auf das Kunststück verzichten, dies alles mit Gewalt für miteinander vereinbar zu halten. Denn jeder Mensch kann sich leicht vorstellen, daß es eine Stunde und Gelegenheit, also einen Kontext geben kann, in dem man zum Hassen auffordern muß und eine andere Stunde, in der das Lieben geboten ist. Es muß doch auch für die Evangelisten, die Jesus so Widersprüchliches zuschreiben, irgendeinen vertretbaren Grund gegeben haben, dieses so zu tun. Das heißt: Man darf sie wohl nicht für so einfältig halten, daß sie nicht bemerkt hätten, was sich widersprechen könnte. Haben sie nur Zettelkästen abgeschrieben und Treibminen für die modernen Exegeten gelegt, die dann entdecken sollten, was es da an Unvereinbarem gibt? Offenbar sind sie gelassener und nicht wie spitzfindige kriminalistische Exegeten auf jedes Haar in der Suppe aus. Und gelassen war auch die Kirche, als sie es wagte, vier Evangelien nebeneinander zu dulden. Sollte man wirklich nicht bemerkt haben, daß sie Verschiedenes enthielten? Nein, es war doch wohl eher umgekehrt: Weil sie Verschiedenes enthielten, war jedes einzelne kostbar und wichtig. Denn erst alle Zeugnisse zusammen, dazu noch alle Briefe des Neuen Testaments, bilden die Steine für ein Mosaik, das jede Epoche neu zusammensetzen muß.

Zum ganzen Jesus gehört aber auch der des Johannesevangeliums (JohEv). Man hat es über Jahrzehnte ausgeblendet, weil man das Johannesevangelium für irgendwie »spät« entstanden hielt. Doch es gibt mehrere Gründe für die Annahme, daß dieses Evangelium ungefähr genauso alt ist wie das Markusevangelium und jedenfalls vor 70 n. Chr. entstanden ist. Denn die Zerstörung Jerusalems oder des Tempels wird darin nicht erwähnt, der Prozeß der Trennung vom Judentum ist in vollem Gange, es gibt noch keine kirchlichen Ämter, ja noch nicht einmal Apostel, Vaterunser und Abendmahl haben sich noch nicht durchgesetzt, so daß das JohEv noch ohne sie auskommt. Im Unterschied zu den drei ersten Evangelien ist das JohEv nicht an der Überlieferung von Einzelworten Jesu orientiert, sondern es bringt (ähnlich wie das MtEv, doch in anderer Gestaltung) zusammenhängende Reden Jesu. Der johanneische Jesus steht vor uns vor allem als der vom Vater Gesandte, der seinen Sendungsauftrag zu erfüllen hat und der sein Geschick in dessen Konsequenz erleidet, und zwar als zwangsläufigen Widerspruch der Welt gegen Gott. Die Wahl von Leben und Tod hat man angesichts der Aufforderung Jesu zur Entscheidung. Das JohEv stellt unter Eliminierung des zeitlichen Abstandes und jeder zeitlichen Erstreckung die Leserinnen und Leser direkt vor das lebendige Wort Jesu. Es ist in seiner sprachlichen Durchführung und Gestaltung selbst Ausdruck seines Verständnisses vom ewigen Leben und vom lebendigen Wort. Denn da Jesus selbst dieses Wort ist, stellt das Evangelium Jesus direkt vor Augen. Von Jesus selbst erfahren wir hier ohne Zweifel etwas über die Zudringlichkeit seines Anspruchs: Er ließ kein Wenn und Aber und keine Zeit für Theoretisieren übrig und kannte auch vor dem herandrängenden Ende keine selbständige Zeit der Kirche.

Wenn man alle Nachrichten über Jesus ausschöpfen will, die bis zur Kanonbildung entstanden sind, d. h., wenn man allen diesen Notizen die Chance geben will, daß sie Echtes und Überlieferungswertes enthalten, dann gehören auch die bis zum Jahre 200 n. Chr. entstandenen außerkanonischen frühchristlichen Schriften dazu. Bevor wir uns ihnen zuwenden, müssen wir zunächst in Erfahrung bringen, was die kanonischen Schriften uns von Jesus berichten könnten. – Wer also war Jesus?

Hat Jesus gelebt?

Die Frage, ob Jesus überhaupt existiert hat, ist nach dem Maßstab historischer Wahrscheinlichkeit zu beurteilen. Aus folgenden Gründen hat Jesus mit an Sicherheit grenzender Wahrscheinlichkeit gelebt: Über ihn gibt es vier vollständig erhaltene Biographien (Evangelien) und eine Reihe biographischer Fragmente (unter den neutestamentlichen Apokryphen, d. h. Schriften der ersten Christen, die nicht im Neuen Testament enthalten sind). Diese Anzahl wird für sonst keine andere Figur der Antike erreicht. Ferner nehmen außer den Evangelien zehn weitere theologische Autoren des Neuen Testaments auf Jesus Bezug, die meisten unabhängig voneinander. Von daher wird es für den Historiker schon nicht mehr vorstellbar, daß Jesus nicht gelebt haben sollte.

Außer seinen Anhängern, den frühen Christen, wird Jesus aber auch von Außenstehenden erwähnt: Der römische Historiker Sueton berichtet um 120 n. Chr. über Kaiser Claudius in der ihm gewidmeten Kaiserbiographie: »Die Juden vertrieb er aus Rom, weil sie von Chrestus aufgehetzt, fortwährend Unruhe stifteten.« Man nimmt an, daß dieses Edikt im Jahre 49 n. Chr. erlassen wurde. Dazu paßt, daß in Apostelgeschichte 18,2 von Prisca und Aquila berichtet wird, sie seien kürzlich aus Italien nach Korinth gekommen, »weil Kaiser Claudius allen Juden geboten hatte, Rom zu verlassen«. Es gab demnach Christen, die von diesem Edikt betroffen waren. Und der erwähnte *Chrestus* heißt übersetzt »der Freundliche«. Dies ist wohl eine verändernde Wiedergabe von »Christus«. Übersetzt man »Christus« wörtlich, so bedeutet es nichts Besonderes, nämlich »der mit Salböl Behandelte«, zu deutsch: »der Eingecremte«. Und darunter konnte man sich in Rom wohl nichts Sinnvolles vorstellen, denn römische Kaiser wurden nicht feierlich »gesalbt«. So änderte man in »Chrestus« ab. Vielleicht wurde diese Abänderung von Christen selbst vorgenommen, denn »der Freundliche« konnte man als wohltätigen und wohlwollenden Herrscher ganz im Sinne damaliger politischer Ideale deuten. Der christliche Kirchenlehrer Tertullian hat zu Anfang des 3. Jahrhunderts noch beobachtet, daß man die Christen »Chrestianer« nannte und hält diesen Namen für ein beklagenswertes Mißverständnis.[1]

Um 117 n. Chr. berichtet der römische Historiker Tacitus[2] über den Brand Roms unter Nero, dieser habe die vom Volk wegen ihrer Schandtaten Chrestianer genannten

Leute bestraft, und er fügt hinzu: »Der Mann, von dem sich dieser Name herleitet, Christus, war unter der Herrschaft des Tiberius auf Veranlassung des Prokurators Pontius Pilatus hingerichtet worden.« Tacitus bezeichnet das Christentum als »unheilvollen Aberglauben«, der nach der kurzen Unterdrückung durch Nero später wieder in Judäa und Rom ausgebrochen sei.

Erwähnt wird Jesus auch von dem im 2. Jahrhundert lebenden Syrer Mara bar Serapion: Immer wieder habe man großen Menschen Unrecht getan. Als Beispiele werden genannt: Sokrates, Pythagoras und (offensichtlich) Jesus: »Oder was für einen Nutzen haben die Juden von der Tötung ihres weisen Königs? Denn von eben dieser Zeit an wurde weggenommen ihre Herrschaft... Die Juden, verwüstet und vertrieben von ihrer Herrschaft, sind über jeden Ort verstreut. Doch Sokrates ist nicht tot, wegen Platon, und auch nicht Pythagoras wegen der Statue der Juno und auch nicht der weise König wegen der neuen Gesetze, die er verordnete.« Es ist deutlich ein Nicht-Christ, der hier so schreibt, denn ein Christ würde kaum Jesus kommentarlos neben Sokrates und Pythagoras stellen. Die Zerstörung Jerusalems im Jahre 70 n. Chr. wird – wie von manchen Christen auch – ursächlich mit der Tötung des weisen Königs verknüpft. Vom Gesetz dieses Königs spricht zum Beispiel der Galaterbrief (6,2).

Der jüdische Geschichtsschreiber Flavius Josephus berichtet in seinen »Altertümern« (20,201f) aus dem Jahre 62 n. Chr., der Hohepriester Hannas der Jüngere habe »Jakobus, den Bruder des sogenannten Christus« im Synhedrium, dem obersten jüdischen Gerichtshof, vorführen lassen. Andere Stellen bei Josephus, die über Jesus berichten, könnten von Christen eingeschoben worden sein und kommen daher hier nicht in Betracht. – Über Jesu Tod hingegen berichtet der babylonische Talmud: »Am Vorabend des Passahfestes henkte man Jesus. Vierzig Tage vorher hatte der Ausrufer bekanntgemacht: ›Er wird zur Steinigung hinaus-

23

geführt, weil er Zauberei betrieben und Israel verführt und abtrünnig gemacht hat. Wer etwas zu seiner Verteidigung zu sagen hat, soll kommen und es vorbringen«. Da aber nichts zu seiner Verteidigung vorgebracht wurde, henkte man ihn am Vorabend des Passahfestes.«[3] – Auch andere jüdische Quellen erwähnen Jesus: Eine jüdische Polemik gegen die christliche Lehre von der Empfängnis Jesu ohne Mitwirkung eines Mannes findet sich in der jüdischen Schrift »Toledot Jeschu«[4], die seit dem frühen Mittelalter bekannt ist. Demnach sei Jesus das Kind des römischen Soldaten Joseph Panthera. Auf die Polemik weisen Bezeichnungen Jesu als »Bastard« und »Sohn der Menstruierenden«.

Ergebnis: Unbestreitbar bezeugen Heiden, Juden und Christen in zeitgenössischen Äußerungen die Existenz Jesu. Daß aber Jesus im übrigen in den Texten von Qumran nicht erwähnt wird, hat seine Ursache darin, daß diese entweder früher entstanden sind oder daß sie vom frühen Christentum keine Notiz nehmen mußten. Denn das Christentum verlagerte seinen Schwerpunkt sehr bald nach Jesu Tod in der Hauptsache nach Norden, in das rund 600 km entfernte Antiochien.

War Jesus verheiratet?

Die Evangelien berichten davon, daß Jesus seine Jünger auffordert, ihre Familien zu verlassen, um ihm nachzufolgen. Die Jünger trennten sich von dem Ehepartner, den Eltern, Schwiegereltern und Kindern. Von Petrus wissen wir aus dem Ersten Korintherbrief (9,5), daß er seine Frau auf den Missionsreisen mitnahm. Die Worte Jesu über Verzicht auf Familie, Haus und Besitz hätte man nicht als seine Worte überliefern können, wenn er es anders gehalten hätte. Jesus äußert sich wiederholt sehr kritisch gegenüber der Einrichtung »Familie« und fordert, den engen Klüngel zu durchbrechen, damit überhaupt Neues werden kann. Mit der eigenen Familie hat er große Schwierigkeiten. Sein Umgang mit Frauen ist indes von großer Unbefangenheit. Er hat weibliche Jünger, wie wir das bei keinem Rabbi finden, und besonders Maria Magdalena stand ihm sicher nahe.

In seinen Gleichnissen redet Jesus oft vom Bräutigam, der er selbst sei, nie aber von der Braut. Vielleicht kommen wir so dem Geheimnis seiner Ehelosigkeit etwas näher:

Die Braut des Messias kann nur das Volk Israel sein, das sich für seinen Bräutigam schmücken soll. Vor allem aber ist Jesu Ehelosigkeit selbst so etwas wie eine Unterlassung als Zeichenhandlung. Denn so wie der Prophet Hosea eine Dirne heiratet, um mit diesem Skandal zu demonstrieren, wofür er das untreue Volk hält, so macht auch Jesus an seiner Ehelosigkeit deutlich, was er vom Volk Israel erwartet. Er umwirbt es wie ein Bräutigam die ihm zugedachte Braut. Ein Blick auf das Judentum zur Zeit Jesu zeigt, daß man religiös begründete Ehelosigkeit von Männern durchaus kannte und mit verschiedenen Wegen begründete:

Die erste Möglichkeit: Jemand ist oder bleibt unverheiratet, weil er Visionen und Offenbarungen empfängt oder weil er ein Prophet ist. Diese Phase kann, wie im Falle Henochs, zeitlich befristet sein bis zur Eheschließung[5], nach der er dann keine Visionen mehr empfängt. Oder sie ist lebenslänglich, wie man das von Daniel[6] und Jeremia erzählte. Daniel war so klug, besonnen und selbstbeherrscht, daß man ihn für einen Eunuchen hielt, von Jeremia erzählte man, daß er »geheiligt« war vom Mutterleib an und deshalb aufgefordert wurde, »jungfräulich« zu bleiben (vgl. auch Jeremia 1,5)[7].

Besonders für Mose wird sein Prophetsein mit völliger sexueller Enthaltsamkeit verknüpft. So heißt es in einem Text, der zur Zeit Jesu entstand[8], über ihn: »Um rituell rein zu sein, reinigte sich Mose vom Verkehr mit Frauen. Letzteres hatte er schon lange verschmäht, fast von der Zeit an, da er, vom Geist besessen, seine prophetische Mission begann. Er hielt es nämlich für angebracht, sich immer im Zustand der Bereitschaft für den Empfang von Orakel-Botschaften zu halten.« Der Kontakt mit der himmlischen Welt setzt daher voraus, daß man Sexualität ruhen läßt. Auch der Talmud berichtet von Mose, daß er sich dauerhaft der Sexualität enthalten habe, da ja auch sonst Juden, wenn sie in Dialog mit Gott treten, auf Sex verzichten.[9]

Die zweite Möglichkeit: Von jüdischen Priestern, insbesondere von Hohenpriestern erwartet man, daß sie sich von Geschlechtsverkehr generell freihalten[10], eine jungfräuliche Frau heiraten und deren Jungfernschaft bestehen lassen.[11]

Auch ganz allgemein gilt, daß »Reinheit zu Enthaltsamkeit, Enthaltsamkeit aber zur Heiligkeit« führt.[12] Hier stoßen wir, wie bei Jeremia, auf das wichtige Stichwort »Heiligkeit«. In diesem Sinne erwartet eine der in Qumran gefundenen Schriften, daß die Pilger nach Jerusalem in der heiligen Stadt auf Sex verzichten.[13]

Generell kann man sagen, daß jede Art von Kontakt mit der himmlischen Welt, sei es bei Propheten, sei es bei Priestern, in wachsendem Maße praktizierte Sexualität ausschloß. Zu einem generellen »Muß« kam es freilich nie. Noch bei Paulus ist dieser Ansatz ganz selbstverständlich erhalten. Denn er setzt voraus, daß man Gebet und Sexualität streng scheidet, wenn er im Ersten Korintherbrief (7,5) sagt, daß Eheleute sich zum Gebet einander entziehen dürfen. Damit denkt Paulus offensichtlich nicht an die Dauer eines Tischgebetes, sondern an längere Zeiträume.

Die dritte Möglichkeit: Schon öfter haben wir in Texten über religiös begründete Ehelosigkeit das Stichwort *Heiligkeit* beobachtet. Paulus verwendet es im Ersten Korintherbrief (7,34), wo er sagt, daß aus religiösen Gründen Ehelose »für Gott heilig sind an Leib und Seele«. Daß einzelne Menschen heilig genannt werden, finden wir in der Bibel öfter jeweils im Zusammenhang mit dem *Nasiräat.* Nasiräer sind Männer, die für eine Zeit oder lebenslänglich auf verschiedenen Gebieten enthaltsam sind.[14] So heißt es von Simson im Richterbuch, er sei »Heiliger Gottes« (Richter 13,7; 16,17 nach der griechischen Fassung), und das ist nach anderen Handschriften derselben Stellen dasselbe wie sein Nasiräat. Offenbar bestand eine Tendenz, die Enthaltsamkeit gegenüber Alkohol und Fleisch auch auf sexuellen Verkehr auszudehnen. Auch spielt immer stärker das Gebet eine Rolle.

Auch Jesus wird »Heiliger Gottes« genannt, und zwar in Markus 1,24 und in Johannes 6,69. Es kann sein, daß Jesus wie Johannes der Täufer ehelos lebte, weil er nasiräischen Idealen nachstrebte wie auch sein Bruder Jakobus. Jesus hätte demnach zunächst deshalb ehelos gelebt, weil dieses einem nasiräischen Heiligkeitsideal entsprach. Aber dabei blieb es nicht.

Möglicherweise in einer zweiten Phase entdeckte Jesus, offenbar anders als Johannes der Täufer, daß seine Ehelosigkeit auch die Voraussetzung für intensive Kontakte zur himmlischen Welt ist, die auch Visionen umfassen, so bei der Taufe, bei der Verklärung und bei der Vision vom Sturz Satans aus dem Himmel.[15]

Zwar wird Jesus trotz allem nicht als typischer Visionär geschildert, aber entscheidende Stationen sind dadurch gekennzeichnet. Die Brücke zur ersten Phase ist sicher das intensive Gebet.[16] Wegen der Verbindung von Himmel, Engel und Ehelosigkeit sollen Jünger und Jüngerinnen werden wie die Kinder, um in das Reich einzugehen. Die sogenannten apokryphen Evangelien deuten diese Worte Jesu jedenfalls so.[17]

Möglicherweise in einer dritten Phase entdeckte Jesus, daß seine Ehelosigkeit mit seiner Messianität zusammenhing: Begriff er jetzt, daß seine Ehelosigkeit Zeichencharakter hatte? Er war der Bräutigam, der auf Israel als seine Braut wartete.[18]

Ergebnis: An der Ehelosigkeit Jesu zu zweifeln besteht kein Anlaß. Man kann sogar den Versuch machen, mehrere Begründungen zu ermitteln und sich anhand dieser konkreten Existenzform den Weg Jesu vorstellen. – Ehelosigkeit gründet bei Jesus weder auf Verklemmungen noch auf Zwängen und schon gar nicht auf einer Abwertung der Frau. Vielmehr sind es alte Tabuvorstellungen, die eine gewisse Konkurrenz von Sexualität und Gottesdienst betreffen. Diese Vorstellungen sind nun nicht schon deshalb als unsinnig abzulehnen, weil es sich um Tabus handelt. Sie hängen vielmehr sehr eng mit dem Gottesbild Israels zusammen. Der Gott Israels ist im Unterschied zu den Göttern in der gesamten Umwelt Israels nicht verheiratet. Er ist also darin den Menschen unähnlich. Denn er ist der eine und einzige Gott, das Geheimnis der Welt. So ist er »höher« oder »tiefer« als alle Sexualität anzusetzen, eben gerade so, wie auch jeder Mensch einen Personenkern hat, der tiefer liegt als seine Sexualität, wenn auch nicht unabhängig von ihr. Der Sinn dieser Ehelosigkeit: Es gibt mehr als Sexualität und Beziehungen. Daß auch jeder einzelne Mensch für sich einen absoluten Wert darstellt, diese Wahrheit rufen die um des Himmelsreiches willen Ehelosen ins Gedächtnis.

Jesus als Nasoräer/Nasiräer

Ganz rätselhaft und unerklärt ist bislang der Titel Jesu »Nasoräer«, den auch Christen tragen.[19] Im Markusevangelium findet er sich nicht, statt dessen heißt Jesus dort »Nazarener«, ein ähnlich klingendes Wort, das sich wohl auf Jesu Herkunft aus Nazareth bezieht. Vielleicht ist dieses erst eine Umdeutung des älteren Wortes Nasiräer, das man nicht mehr verstand und sich im Sinne der Herkunft Jesu aus Nazareth zurechtlegte.

Man hat nun für das rätselhafte Wort Nasoräer vorgeschlagen, es von *nasar,* dem hebräischen Wort für Wurzel, herzuleiten und hat gemeint, Jesus sei damit als die »Wurzel

Jesse« aus Jesaja 11,1 benannt worden. Aber diese Stelle wird im Neuen Testament nicht zitiert, und *Wurzel* ist – für sich genommen – nie Name des Messias geworden. – Einen anderen Hinweis meinte man darin zu finden, daß sich die Mandäer, noch heute im Irak lebende Anhänger einer Taufreligion, die weder dem Judentum noch dem Islam noch dem Christentum zugehört, aber mit allen dreien verwandt ist, selber Nasoraya nennen, und das bedeutet vielleicht »Menschen, die einen religiösen Brauch beobachten«. Aber erstens sind die erhaltenen Texte erst aus dem Mittelalter, und zweitens wäre die Bezeichnung in diesem Sinne für Jesus viel zu allgemein und unspezifisch. Denn religiöse Bräuche hielt damals jeder ein.

Nun ist der Vorschlag zwar schon alt, das Wort Nasoräer von »Nasiräer« herzuleiten, der Bezeichnung der Gruppe von enthaltsam lebenden »Heiligen« nach 4. Mose 6. Aber bislang fehlte jeder sprachliche Beweis dafür. Doch dieser kann erbracht werden, wenn man davon ausgeht, daß das hebräische Wort *nasir* im Griechischen wie ein Lehnwort behandelt wurde.[20] Es ist daher gut möglich, daß aus *nasir* der Nasoräer geworden ist. Das bedeutet: Jesus heißt Nasoräer, weil er zumindest eine Zeitlang Nasiräer war oder dieser Bewegung nahestand, wie auch immer man diese enthaltsame Lebensweise damals ausdeutete.

Trifft das zu, dann hat es bedeutende Konsequenzen. Sie betreffen vor allem die sehr konkreten Lebensumstände Jesu in der ersten Zeit seines Auftretens. Zunächst fällt auf, daß die beiden wichtigsten Männer im Umkreis Jesu selbst zweifelsfrei dem Nasiräertum nahestanden.

Von Johannes dem Täufer heißt es im Lukasevangelium (1,15): »*Wein und Schnaps wird er nicht trinken und wird mit heiligem Geist erfüllt sein vom Mutterschoß an.*« Fast wörtlich übereinstimmend heißt es von Simson im Alten Testament, als der Engel vor der Empfängnis zu seiner Mutter spricht: »*So hüte dich nun, Wein oder Schnaps zu trinken... denn der Knabe wird ein Heiliger Gottes sein vom*

Mutterleib an.« Statt vom Nasiräer bzw. vom Heiligen Gottes (so die griechische Bibel hier) spricht Lukas vom Heiligen Geist, der Johannes den Täufer heilig macht. Auch bei Jesus selber wird es dann gleichfalls der Heilige Geist sein, der ihn vom Mutterleib an bestimmt, jedoch noch weit intensiver als Johannes den Täufer. Bei Jesus bewirkt der Heilige Geist sogar seine Entstehung. Auch bei anderen Figuren im Umkreis, wie bei dem schon genannten Jeremia und bei den Nasiräern nach Auffassung der Alten Kirche, bezieht sich die »Heiligkeit vom Mutterleib an« auf ihr enthaltsames Leben, stets in Nähe zu nasiräischen Idealen.

Wenn man auf die durch Gottes Geist bewirkte Heiligkeit des Täufers weisen kann, gelingt es, einen neuen Zugang zur Entstehung Jesu durch den Heiligen Geist zu gewinnen. Jesus übertrifft den Täufer an Heiligkeit, indem er vom Mutterleib an sogar durch den Heiligen Geist entsteht.

Auch der Bruder Jesu, Jakobus, wird nach glaubwürdigen Zeugnissen als lebenslänglicher Nasiräer dargestellt. Interessant und wichtig ist dabei seine Verbindung zum Tempel. »Schon vom Mutterleib an war er heilig. Wein und geistige Getränke nahm er nicht zu sich, auch aß er kein Fleisch. Eine Schere berührte nie sein Haupt noch salbte er sich mit Öl… Allein pflegte er in den Tempel zu gehen, und man fand ihn auf den Knien liegend und für das Volk um Verzeihung flehend…«[21]

Von der frühen Gemeinde berichtet schließlich die Apostelgeschichte, es habe hier Nasiräer gegeben, für die schließlich Paulus seine Kollekte verwendete (21,26).

Wenn man Jesus als Nasiräer verstehen kann, wird im Blick auf Jakobus, den Herrenbruder, die besondere Rolle des Gebets für Jesus begreiflich, die auch für Johannes den Täufer gilt. Vor allem aber wird der Titel »Heiliger Gottes« verständlich, der Jesus in Markus 1,24 und Johannes 6,69 gegeben wird. In Markus 1,24 findet sich der Titel sogar in diesem Satz: *»Was haben wir mit dir zu schaffen, Jesus, Nazarener… Ich weiß, wer du bist: Der Heilige Gottes.«* Hier könnte die Anrede »Nazarener« aus dem Nasiräer bzw. Nasoräer hervorgegangen sein. – Interessant wäre auch, die Querverbindung von Klagelieder 4,7 nach der griechischen und lateinischen Version zur Verklärung Jesu nach Markus 9,2–9 zu ziehen. Denn hier heißt es von den Nasiräern, sie seien »in Glanz erstrahlt, heller als Schnee«. Jesu Wort von den Toten, die ihre Toten begraben sollen (Matthäus 8,22; Lukas 9,60) könnte jedenfalls im Ursprung direkt zurückgehen auf 4. Mose 6,7 (vom Nasiräer: *Er soll sich nicht unrein machen beim Tode seines Vaters, seiner Mutter, seines Bruders oder seiner Schwester*).

Vieles weist darauf hin, daß das Nasiräertum zur Zeit Jesu inhaltlich weiter, offener und weniger eng definiert aufgefaßt worden ist als nur in den gesetzlichen Vorschriften, und zwar als asketische Bußbewegung mit Betonung des Gebets um Sündenvergebung. Von daher ergibt sich auch ein Zusammenhang zwischen der nasiräischen Lebensform des Täufers und seiner Bußpredigt und Bußtaufe.

So ist aus der Alten Kirche[22] eine Gruppe unter dem Namen Nasaräer überliefert, die gegen Fleischgenuß und deshalb auch gegen blutige Opfer (weil die Opfer teilweise verzehrt wurden) gewesen sei. Die Enthaltung von Fleisch paßt ganz in das Bild der Nasiräer. Andere Texte sprechen von besonderem Pazifismus.[23]

Weil Nasiräer »Heilige« heißen, nennt Paulus im Ersten Korintherbrief 7,34 die Ehelosigkeit von Christinnen »Heiligkeit« nach Leib und Seele. Von daher legt es sich nahe, für Johannes den Täufer, Jesus und offensichtlich auch den Herrenbruder Jakobus im Rahmen einer erweiterten Nasiräatskonzeption einen Verzicht auch auf Ehe anzunehmen.

Die Wandlung Jesu vom Nasiräer zum Messias

Jesus ist aber offenbar *nicht Nasiräer/Nasoräer geblieben*. Vielmehr deutet gerade die ganz betonte Rolle des Weins bei ihm auf einen deutlichen Wandel hin, vielleicht auf den entscheidendsten Wandel, den es im Leben Jesu gab. Denn das Johannesevangelium läßt schon Jesu Wirken beginnen mit dem Weinwunder bei der Hochzeit von Kana (Johannes 2,1–11) – von der Sache her eine Unmöglichkeit für einen »Schüler« Johannes des Täufers. Und Jesus erhält das Attribut »Fresser und Weinsäufer«, gerade im Unterschied zu Johannes, dem im gleichen Atemzuge Enthaltsamkeit, Buße und Trauer als Eigenschaft nachgesagt werden (Matthäus 11,17–19). Und Jesus faßt sein Leben und Wirken zusammen als messianischen Wein-Bund (Markus 14,24). Der fundamentale Unterschied zu Johannes dem Täufer besteht eben darin, daß Jesus der Messias ist. Zeichen des Messias aber ist seit alters der Wein oder der Weinstock.

Der Wandlungsprozeß vom Täuferjünger zum Messias Israels vollzieht sich daher bei Jesus gleichzeitig mit der Aufgabe des Weinverzichts. Vielmehr wird jetzt Wein zum realen Zeichen der Messianität Jesu. Jesus entwickelt daher nicht irgendein Bewußtsein oder Selbstverständnis völlig abgehoben von seinem Lebensvollzug. Die Gastmähler mit Wein werden zum ganz konkreten Zeichen dieses Wandels. Gleichzeitig damit begreift Jesus seine fortbestehende Ehelosigkeit als die des messianischen Bräutigams. Besonders in einem Text scheinen sich Erinnerungen an diese Unterschiede zu Johannes dem Täufer und seiner Praxis zu häufen:

Und es pflegten die Jünger des Johannes und die Pharisäer zu fasten. Und sie kamen und sagten zu Jesus: Warum fasten die Jünger des Johannes und die Jünger der Pharisäer, deine Jünger aber fasten nicht? Und Jesus antwortete ihnen: Können etwa die Hochzeitsgäste fasten, solange der Bräutigam bei ihnen ist? Solange sie den Bräutigam bei sich haben, können sie nicht fasten. Es werden aber Tage kommen, da der Bräutigam von ihnen genommen ist, und dann, zu der Zeit, werden sie fasten (Markus 2,18–20).

Das Fasten der Jünger des Täufers war, wenn wir den Angaben der Evangelien über die Nahrung des Täufers folgen dürfen, von besonderer Art und stand dem Nasiräat zumindest deutlich nahe (wilder Honig, kein Fleisch außer Heuschrecken, deren Fleisch nicht als solches gilt; kein Alkohol, vgl. auch Matthäus 11,18; Lukas 7,33). Daher wird es hier auch vom Fasten der Pharisäer und ihrer Jünger, die wohl nur die gewöhnlichen vom Gesetz vorgeschriebenen Enthaltungen übten, unterschieden. Jesus sieht den Unterschied zum Täufer darin, daß er der Bräutigam ist. Wo einer, der bald heiraten will, mit seinen Freunden, den künftigen Hochzeitsgästen, insbesondere den Brautführern, zusammentrifft, muß er »einen ausgeben«. Vorfreude auf die Hochzeit. Das Wort nimmt Bezug auf die sogenannte Vorhochzeit, die im elterlichen Haus der Braut gefeiert wurde.[24] Auch in rabbinischen Texten wird die Vorhochzeit deutlich von der messianischen Heilszeit der Zukunft unterschieden. Jesus selbst verzichtet gegen Ende seines Wirkens dann wieder auf den Wein (Markus 14,25) und bringt so wiederum zugleich »real« und »symbolisch« die Unterbrechung der messianischen Zeit zum Ausdruck.

Jesus hat die nasiräische Askese durchbrochen, weil er der Bräutigam war. Andererseits haben sich, wie man aus Apostelgeschichte 21,26 sieht, später dann gerade in Jerusalem außer dem Herrenbruder Jakobus wieder Jünger dem Nasiräat und damit auch der Enthaltsamkeit verpflichtet. Auch der Römerbrief bezeugt Christen, die in Rom so enthaltsam gelebt haben (Römer 14,3: nur pflanzliche Kost; 14,21: kein Fleisch essen, keinen Wein trinken). Eine alte Beziehung zwischen Jerusalem und Rom setzt auch Römerbrief 15,31 voraus.

In der oben zitierten Stelle Markus 2,18–20 wird daher gerade dieses besprochen: Jesus hat die nasiräische Enthaltsamkeit durchbrochen, die späteren Gemeinden sind zum Teil zu ihr zurückgekehrt. Das setzt voraus: Jesus hat seine Zeit als Ausnahmesituation begriffen, in der er die Hochzeitsgäste sammelt und Vorhochzeit feiert.

Ergebnis: Es geht in Markus 2,18–20 nicht nur um das einmal im Jahr für alle gebotene Fasten am Versöhnungstag, auch nicht nur um das Fasten der Pharisäer an zwei Tagen der Woche, sondern bei Johannes dem Täufer um das davon unterschiedene Fasten im Umkreis von nasiräischen Tendenzen, die, soweit sie aufgenommen wurden, die jeweilige Gruppe als Bußbewegung erscheinen ließen. Mit »jenem Tag« in Markus 2,20 muß daher nicht ein bestimmter Wochentag des christlichen Fastens gemeint sein, es kann um die Zeit überhaupt gehen, in der der Messias entrückt ist.

Sollten diese Beobachtungen zutreffen, dann ergäben sich Möglichkeiten, den Weg Jesu etwas konkreter nachzuzeichnen. Dann könnte man zeigen, wie Jesus Elemente der täglichen Praxis und Anschauungen, die er zunächst mit Johannes dem Täufer teilte, teils hinter sich ließ, teils sie aber auch beibehielt. Die Stichworte waren: Ehelosigkeit und Bräutigam, Wein und Fasten, Vorhochzeit und Bußbewegung.

Von diesen Punkten abgesehen, besteht der Unterschied zwischen dem Täufer und Jesus darin, daß Jesus Wunder und Exorzismen wirkte, die als Werke des Messias betrachtet werden konnten und er der »Sohn Gottes« genannt werden konnte.

Nur nach dem Johannesevangelium lautet die Inschrift auf dem Kreuz Jesu »Jesus der Nasoräer, der König der Juden« (19,19). Besteht eine innere Beziehung zwischen »Nasoräer« und »König der Juden«? Waren die alten Richter über Israel, von denen das Richterbuch erzählt, nicht geist- und krafterfüllte Rettergestalten gewesen, unter ihnen auch Debora, die geisterfüllte Frau? Die Bezugnahme auf den (nasiräischen) Richter Simson in Lukas 1,15.31 und die Darstellung des Simson als Geistträger im zeitgenössischen Judentum, ja die jüdische Diskussion über sein Messiastum lassen die Antwort zu: Unterhalb der Schwelle königlichen Anspruchs konnte man Jesus für eine messianische Gestalt dieser Art halten. Wer ihm übel wollte und ihn bei den Römern in Mißkredit zu bringen beabsichtigte, deutete dieses als »König der Juden«.

Die Richter-Gestalten Simsons und Deboras in frühjüdischer Sicht können mehreres erklären: die Verbindung von nasiräischer Askese und Heiligem Geist, der in »Retter«-Gestalten Krafttaten wirken konnte. (Man fragte: Hatte Simson alle Gaben des Heiligen Geistes oder nur eine?) Der Heilige Geist bei Frauen (Debora ist die geisterfüllte »Frau Gottes«) erklärt das Phänomen weiblicher Jünger Jesu. Zur Ausweitung des Nasiräats auf Eheverzicht: Simson fällt über einer Frau, das Judentum tadelt ihn wegen seiner diesbezüglichen Begierde. Auffällig ist: Vor allem in den Kindheitsberichten (Lk und Mt) ist all dies wichtig. Hier ist auch die Verbindung zum Täufer am stärksten. – Offenbar hat Jesus im Unterschied zum Täufer besonders die charismatische Linie aus dieser alten Überlieferung auf sich beziehen können.[25]

Phasen des Wirkens

Der Versuch, Aussagen über Jesus vor Ostern zu machen, galt lange Zeit als unwissenschaftlich oder als naiv. Wenn man es trotzdem wagt, nicht einfach über diese Zeit zu schweigen, kann man es am ehesten in dem Sinne tun, daß man bestimmte Phasen annimmt. Denn bestimmte Worte Jesu für echt oder unecht zu erklären, das wird kaum gelingen können. Wohl aber darf man, damit der Ablauf des Ganzen verständlich bleibt, von unterschiedlichen Phasen ausgehen, die sich wohl in nicht umkehrbarer Abfolge nacheinander darstellen, wie im folgenden ausgeführt wird. Es handelt sich nicht um eine willkürliche »Inhaltsangabe« der Evangelien, sondern um den Grundbestand dessen, was man auch als nicht-christlicher und nicht-gläubiger Historiker für wahrscheinlich halten kann.

Taufe durch Johannes?

Mit einiger Wahrscheinlichkeit kann man davon ausgehen, daß sich Jesus von Johannes dem Täufer hat taufen lassen. Damit hätte er sich dessen Aufruf zur Buße untergeordnet und wäre, so schließen einige, vielleicht so etwas wie ein Jünger des Täufers gewesen. Dagegen spricht freilich, daß wichtige Zeugnisse wie das Johannesevangelium und der davon und von anderen Evangelien unabhängige Bericht über Jesus in Apostelgeschichte 10,36–43 es anders wissen. Nach diesen Texten wurde Jesus nicht von Johannes getauft, sondern während oder nach seiner Tauftätigkeit vom Heiligen Geist erfüllt.

Jedenfalls gibt es zwischen beiden Gestalten wichtige Übereinstimmungen: Beide verkündigen den baldigen und unausweichlichen Tag des Herrn; sie bieten an, diesen Tag durch eine Taufe zu überstehen (durch Wasser bei Johannes / durch Geist nach der Verkündigung Jesu), die Zeichen vollzogener Umkehr sein soll. Beide werden als prophetische Figuren begriffen, sprengen aber zugleich dieses Maß. Besonders Ähnlichkeiten zu Elia und Elisa, den alttestamentlichen Propheten, fallen auf. Beide sammeln Jünger um sich, lehren sie beten und sterben den Märtyrertod. Zumindest in einer Frühphase hat Jesus wohl auch selbst getauft (Joh 3,22; 4,2).

Spätestens nach Matthäus 3,13–15 sah man in dieser Unterordnung ein Problem, denn hier reagiert der Täufer auf das Ansinnen Jesu, sich taufen lassen zu wollen, mit dem Einwand: *»Ich hätte es nötig, von dir getauft zu werden, und du kommst zu mir?«* Jesus antwortet, daß es *»nötig ist, daß wir so alle Gerechtigkeit vollständig wirken«*. Spätestens hier nahm man daher Anstoß an der »Demut« Jesu, daß er, der Höhere, wie die Christen wußten, sich dem Geringeren unterordnete.

Nun hat man beobachtet, daß es Überlieferungen gibt, die sich nur im Matthäus- und im Lukasevangelium finden, nicht aber im Markusevangelium. Man ging davon aus, daß es sich dabei um eine ihnen gemeinsam vorliegende Überlieferung, womöglich in schriftlicher Gestalt, handelte. Man nannte diese gemeinsame Stoffsammlung »Logienquelle« (weil sie hauptsächlich Aussprüche Jesu, eben »Logien« umfaßt haben muß) oder »Quelle« und daher verkürzt »Q« (Logienquelle, Q genannt).

In dieser Überlieferung der »Logienquelle« nimmt man die Unterschiede zwischen Jesus und dem Täufer systematisch wahr: Der Täufer ist der größte aller Propheten, aber er ist nicht der Sohn (Gottes). Er ist Verkündiger der Umkehr und der Sündenvergebung im Zusammenhang mit Taufe, aber er wirkt keine messianischen Zeichen (»Wunder«). Er gehört noch zu den Boten des Bundes Gottes mit seinem Volk, aber er gehört noch nicht zur neuen Phase, die man »Reich Gottes« nennt. Man diskutiert zwar, ob der Täufer der Messias sei, aber offenbar verstand auch er sich selbst nicht in diesem Sinne.

Berührungen und Konflikte mit Pharisäern

Pharisäer sind zur Zeit Jesu so etwas wie »lebende Volksheilige«. Sie sind vor allem Träger der Auffassung, daß es eine Auferstehung der Toten gibt und daß man, um an der Auferstehung der Gerechten teilzuhaben, das Gesetz radikal erfüllen muß. »Radikalität« bedeutet dabei: Das gesamte alltägliche Leben soll geprägt sein durch fromme Befolgung der Gebote Gottes. Diese Frömmigkeit weitet im wesentlichen priesterliche Regeln und Gebote so aus, daß auch alle Laien danach leben. Das gilt für die Fragen von rein und unrein, die streng beachtet werden, es gilt für die Bedeutung der Heiligkeit und des Heiligen Geistes, der Auferstehung und der Engel. Ohne diese Fragen und Voraussetzungen kann man Jesus und auch Paulus gar nicht verstehen. Denn Jesus will mit dem Programm der Bergpredigt die Pharisäer noch an Gerechtigkeit überbieten. Er tadelt mit Schärfe, wo ihre Gerechtigkeit nicht wirklich in die Tiefe geht und den ganzen Menschen umfaßt. Damit deckt er die klassischen Fehlerquellen einer im Prinzip kultisch-priesterlich orientierten Frömmigkeit auf. Rein ist alles, was gesegnet ist und Gott nahesteht, unrein alles, von dem sich der Mensch fernhalten muß, weil es Leben gefährdet.

Das Grundproblem der Reinheit geht Jesus so an, daß diese Reinheit durch den Heiligen Geist, d. h. charismatisch begründet wird. »Charismatisch« nennt man die besondere Kraft und Vollmacht dessen, der besonders begnadet ist und damit Menschen auf die verborgene Wirklichkeit aufmerksam macht, von der er begnadet ist.

Durch den Heiligen Geist Gottes, der ihm, wie die synoptischen Evangelien berichten, bei der Taufe verliehen wurde, ist Jesus rein. Aufgrund seiner Reinheit vertreibt Jesus unreine Geister, macht er Aussätzige rein, erweckt er unreine Tote auf oder heilt die unreine blutflüssige Frau. Jesu Reinheit muß nicht ängstlich bewahrt werden wie die der Pharisäer, vielmehr ist sie ansteckend, und zwar deshalb, weil Jesus den Geist Gottes trägt, der Unreines rein macht. Damit ist seine Reinheit nicht defensiv und leicht zu verdrängen, sondern offensiv, sie drängt danach, sich anderen mitzuteilen.

Diese offensive Reinheit ist nicht einfach die sittliche Reinheit des Herzens, sie ist nicht die Reinheit der Gesinnung, sondern Kraft der verborgenen Gegenwart Gottes selbst. Vielleicht ist hier der gemeinsame Nenner verschiedener Worte und Taten Jesu zu finden, in dem, was wir verborgene Gegenwart Gottes nennen. Denn mit ihr beginnt ja auch Gottes Reich. Das gilt in zwei verschiedenen Richtungen, einmal für die Kraft, die in Jesus selbst wirkt, für die »Zeit des Christus bzw. des Messias«, zum anderen für das kommende Reich Gottes, das unsichtbar gegenwärtig ist im herzlichen Gehorsam der Menschen gegenüber Gott und seinem Gebot. Es ist möglich, daß Jesu Konflikte mit den

Pharisäern im Laufe der Zeit erst an Schärfe gewannen. Jedenfalls sind Worte sehr ernst zu nehmen, nach denen Jesus »Gerechte« kennt, die der Umkehr nicht bedürfen (Mk 2,17; Lk 15,7), deren Gerechtigkeit er durchaus anerkennt und positiv wertet (Mt 5,20). Er verlangt von diesen Gerechten nicht Umkehr, sondern Anerkennung seiner Zuwendung zu den Unreinen und das heißt: Anerkennung seiner offensiven Reinheit.

Einsetzung der Zwölf

Judas wird »einer der Zwölf« genannt. Seine Rolle in der Leidensgeschichte ist einer der sichersten Hinweise darauf, daß Jesus die Zwölf vor Ostern eingesetzt haben könnte. Wenn das zutrifft, dann hat er damit den Grundstock eines erneuerten Israel legen wollen. Denn die zwölf Männer bilden wie einst die zwölf Söhne Jakobs das ganze, vollzählige und so erneuerte Israel ab. Dann wäre Kirche nach dem Willen Jesu in der Gestalt eines erneuerten Israel gedacht. Das bedeutet: Jesus denkt die Verwirklichung und Wirklichkeit seiner Botschaft nicht als Verhältnis zwischen Einzelseele und Herrgott, sondern als »Volk Gottes«. Wer das einmal verstanden hat, der kann Christentum nicht mehr individualistisch auffassen.

Lehren im Haus

In Mk 2,15 heißt es, daß Jesus *in seinem Haus zu Tische lag.* Und immer wieder erteilt er den Jüngern besondere Belehrung »im Hause«. Das läßt den Schluß zu, daß Jesus vor Beginn der »Wanderung nach Jerusalem« in der Schlußphase seines Wirkens rund um das Zentrum seines Hauses gelehrt hat. Hier hielt er auch Gastmähler mit allerlei wenig angesehenen Personen. Erst später gibt er das Haus auf und begibt sich auf Wanderschaft durch Palästina.

Heilungen und Exorzismen

Besonders in die frühe bis mittlere Phase von Jesu Wirken fällt seine Wirksamkeit als Heiler und Exorzist. Es ist möglich, daß ihm und anderen daran deutlich wird, wer er ist. Die Frage nach dem Ursprung seiner Vollmacht entsteht zwangsläufig. Der Ursprung der Vollmacht wird von der Mehrheit der Juden im Sinne eines Satansbündnisses gedeutet. Dem stehen die Erfahrung einiger Jünger mit Jesus gegenüber: In der Verklärung zum Beispiel, in Vision (Sehen) und Audition (Hören), wird er ihnen als Gottessohn geoffenbart.

Missionar auf Wanderschaft

In einer zweiten großen Phase seines Wirkens zieht Jesus nach Jerusalem, denn wer in Israel religiös etwas sagen will oder muß, muß es hier sagen. Damit wächst selbstverständlich die Zahl der Gegner. Während Johannes der Täufer nur von Gericht und Umkehr predigte, waren in Jesus vor allem die von Jesaja geweissagten Wunder eingetreten. Damit war man dem Tag des Herrn ein Stück nähergekommen. Denn mit Jesaja 61 konnte man diese Wunder als die des von Gott Gesalbten deuten:

Der Geist des Herrn ruht auf mir, da der Herr mich gesalbt hat. Den Armen Frohbotschaft zu melden, hat er mich gesandt, zu heilen, die gebrochenen Herzens sind, Befreiung zu künden den Gefangenen, den Gefesselten Lösung der Stricke (Jesaja 61,1; Lukas 4,18–19).

Heilung, Befreiung und Lösung wurden nun im Sinne der übrigen Aufzählungen gedeutet, die Jesaja über das Ende gibt (Blinde sehen, Lahme gehen, Taube hören machen usw.). Zugleich hat an dieser wichtigen Stelle die Verknüpfung von Messias (Gesalbter), Heiligem Geist, Frohbotschaft (Evangelium) und eben Wunderwirken ihren Ursprung. – Entsprechend deutet dann auch Matthäus in 11,2 die Wundertaten Jesu als Werke des Christus.

Letzte Phase in Jerusalem

Alle Evangelien berichten von Jesu Einzug nach Jerusalem, der zu einer – wie auch immer verstandenen – messianischen Demonstration gerät. Viele Menschen haben den Eindruck: Jetzt ist eine oder die messianische Gestalt hier eingezogen, und das Lehren Jesu im Tempel wird als Inbesitznahme des Tempels verstanden. Jesus droht mit der Zerstörung des Tempels. So soll der Ungehorsam Israels bestraft werden. Diese Drohung wird als Verrat des »Nationalheiligtums« begriffen und trägt wesentlich zur Verschärfung der Feindschaft gegen ihn bei. Jetzt hat er nicht nur die Pharisäer gegen sich, die seine Auffassung von der offensiven Reinheit nicht teilen, jetzt argwöhnen auch die Sadduzäer, eine konservative Gruppe von Adligen und Priestern »rund um den Tempel«, er sei ihr Feind, auch weil er mit den Pharisäern eine Auferstehung der Toten annimmt.

II Jesus der Mensch

Wer war Jesus wirklich? In den Glaubensbekenntnissen, in der Kunst und auch in den Liedern der Kirchen fällt die irdische Wirksamkeit Jesu fast völlig aus. Entsprechend meinte man auch in der hohen Theologie des 20. Jahrhunderts, in den vier Evangelien spreche hauptsächlich der zur Rechten Gottes erhöhte Herr. Das erscheint mir als verfehlt. Wer aufmerksam zu lesen versteht, entdeckt sehr wohl noch Spuren, die zeigen könnten, welches Bild man sich von dem wirklichen Menschen Jesus gemacht hat.

Rückschlüsse

Ein Gerechter

Alle frühchristlichen Aussagen über Jesus, z. T. aber auch solche Außenstehender, setzen insgesamt zwingend vor allem eine Wahrnehmung voraus: Jesus ist »der Gerechte«, er ist nicht in die allgemeine Korruption durch Sünde und Schuld verstrickt, und diese offensichtliche Freiheit von allem, was von Gott trennt, macht die unübertreffliche Glaubwürdigkeit seiner Worte und Taten aus. Von hier aus kann Jesu gesamte Existenz vor Gott (inklusive Tod) als stellvertretendes Eintreten für die Menschen, als stellvertretendes Tun vor Gott gedeutet werden. Dazu gehört auch Jesu Beten, an das man sich nach seiner Erhöhung erinnert und das der Erhöhte dann als Fürbitte vor Gottes Thron gewissermaßen fortsetzt.

Von der Wahrnehmung der Gerechtigkeit Jesu aus kann

sein Tod im strengen Sinne des Wortes als Märtyrertod aufgefaßt werden, zunächst im Sinne der unbeirrbaren Treue zu seinem Auftrag, dann aber auch im Sinne des Justizskandals. Daher gilt: Die Auffassung, Jesus sei der Gerechte, der schlechthin Unschuldige, ist der besondere Schlüssel zum Verständnis seiner gesamten religiösen Bedeutung, was sein Leben, aber auch seinen Tod und seine Erhöhung betrifft. Denn der grausame Tod, den Jesus erleiden mußte, ist der unüberbietbare und »schreiende« Kontrast zu der Art, wie Menschen Jesus wahrgenommen haben. Gerade auch für die Gruppe um Stephanus dürfte Jesu Tod ein entscheidender Anstoß zum Christwerden geworden sein.

Auch daß man Jesus Menschensohn nannte, dem »Heilige« oder »Engel« zugeordnet sind, wird so von einer schlichten Erfahrung her verständlich: Jesus kann man nichts vorwerfen. Und der Menschensohn ist im Judentum, in welcher Tradition auch immer, der engelgleiche Gerechte und ist daher zum Richter tauglich.

Fresser und Weinsäufer

Unwidersprochen zitiert Jesus, wie die Leute ihn nennen: »Fresser und Weinsäufer« (Mt 11,19; Lk 7,34), und sie pflegten hinzuzusetzen: »Freund der Zöllner und Sünder«, Freund der Kollaborateure und Unreinen, der schmierigen kleinen Erpresser und derer, die deshalb am Rande des Judentums standen, weil sie als arme Schweine sich mit der römischen Besatzungsmacht eingelassen hatten. Ab und zu wird die Reihe der Zöllner und Sünder auch um die Huren erweitert, um Menschen insgesamt, die um des Geldes zum Überleben willen ihren Leib und ihre Würde verkaufen – vergleichbar mit den Prostituierten, von denen die Süddeutsche Zeitung vom 25. 3. 1995 an einer Fernstraße nahe der tschechischen Grenze berichtete, von »erbarmungswürdiger Verwahrlosung und abstoßender Gemeinheit« war dort zu lesen, »wo arme Schweine noch ärmere

Schweine suchen«, von Männern, die »den Dreck von der Straße« brauchen.

Jesus setzt auf sie und feiert mit Wein, dem Realsymbol des Messias. Und wer Wein trinkt, muß zuvor eine gute Grundlage schaffen, gut essen also, beides war wohl für die Gesellschaft Jesu wie ein Himmelreich.

Seitdem wird das Mahl für immer zur Mitte all derer, die sich auf Jesus berufen. Jesus als *streetworker,* der um seinen eigenen Ruf völlig unbekümmert ist, vor allem aber um seine Reinheit, die bei solchem Umgang nach pharisäischer Auffassung nur Schaden nehmen kann. Doch Jesu Reinheit ist »offensiv«, er hat keinerlei Berührungsängste. So ist hier ein Konfliktpunkt mit den Pharisäern gegeben, die Jesus seitdem für unrein und dämonisch halten. Jesus feiert nicht aus seelsorgerlicher Taktik mit diesen Leuten, auch nicht einfach, weil er ein Herz für sie hat und hier wie unter den Blinden als Einäugiger König sein kann. Es ist wahr, er selbst wird enden wie der Dreckigste von ihnen. Zuvor aber ehrt er die hungrigen, korrupten Gestalten mit messianischem Wein. Was könnte der geheimnisvolle Grund seiner Zuwendung zu ihnen sein? Jedenfalls zeigt sich Jesus hier als einer, der ausgeprägten Sinn für Kontraste (heilig/gemein), für demonstrative Handlungen (Mahlzeiten mit den Verfemten) und für die Wahl des angemessenen Mediums hatte (nicht lange Reden, sondern Mahlfeiern). Das Mahl wird von da an die Mitte alles Christlichen sein. Und Jesus will ganz Israel erreichen, alle Kinder Abrahams. Diese Aufhebung aller anderen Schranken läßt er an den Grenzfällen deutlich werden. In den Verlorenen und Verfemten, in den Schäbigen und Ausgebeuteten können sich alle anderen wiedererkennen.

Jesus – ein Geheimnis schon zu Lebzeiten

Die vielen »Namen Jesu«, die zahlreichen sogenannten Hoheitstitel, die man Jesus beigelegt hat (Sohn Gottes, Christus, Menschensohn, Sohn Davids, Heiliger Gottes, Lamm Gottes, Gerechter, Sohn, Hoherpriester, Morgenstern usw.) lassen nur den Schluß zu, daß er sich selbst nicht im Sinne nur eines einzigen Namens oder Titels festgelegt hat. So war es wohl auch und besonders bereits vor Jesu Tod und Auferstehung. Denn nach allem, was wir über Jesus wissen, war sein Auftreten von starken Kontroversen begleitet. Nach den schriftlichen Zeugnissen, die darüber im Neuen Testament erhalten sind, beziehen sich alle Streitigkeiten auf die Vollmacht Jesu. Weil seine Vollmacht umstritten ist, deshalb ist es dann auch seine Person. Das aber bedeutet bereits: Der Streit bezieht sich nicht auf die Frage, ob seine Taten geschehen sind oder nicht, ob man sie für möglich hielt oder nicht. Diese Frage ist so erst in unserer Zeit gestellt worden. Im Neuen Testament selbst geht es um etwas anderes: Wer hinter diesen Taten steht, wer Jesus ist, ob er diese Taten aus einer Vollmacht heraus gewirkt hat, die von Gott ist oder aus einer Macht, die ihm die Gegenseite, der Teufel, verliehen hat. Jesu Anspruch geht darauf, seine Vollmacht von Gott zu haben, aber alles Weitere, insbesondere die Rolle, die Jesus für sich in Anspruch nimmt, bleibt unscharf. Es könnte sein, daß es sich um einen beabsichtigten Rätselcharakter handelt. Denn sehr vieles im Namen Jesu Überlieferte besitzt diesen Rätselcharakter, besonders auch seine Gleichnisse. Auch seine Zeichenhandlungen (z. B. Austreiben der Händler) haben diese Vieldeutigkeit. Nicht zuletzt deshalb gibt es vier unterschiedliche Evangelien allein schon im Neuen Testament, die sich um das Geheimnis der Person Jesu bemühen. Und die im Johannesevangelium geschilderte Art Jesu, durch mißverständliche Bildworte (Wasser, Geborenwerden, Fleisch, Blut) Menschen vor den Kopf zu stoßen, könnte hier einen Ansatz haben. War das alles Absicht? Jedenfalls wäre dann die Konsequenz, daß Menschen in das Nachsinnen über diese rätselhaften Taten und Bildworte förmlich »verstrickt«, daß sie zum Nachdenken gezwungen und hineingeführt werden in eine andauernde, ja lebenslange Beschäftigung mit diesem Anspruch. Es könnte seinen guten Grund haben, daß Markus und Johannes, die aus meiner Sicht ältesten Evangelisten, Jesu Worte pauschal als Rätselrede bezeichnen.

Ergebnis: Wenn Jesus nicht klar sagt, wer er ist, wenn er auch von Gott und seinem Reich nur in Bildern redet, die vieldeutig sind, so handelt er eigentlich »sachgemäß«. Denn so fordert er immer neue, lebendige Versuche heraus, sich mit ihm auseinanderzusetzen.

Wie könnte Jesus als Mensch gewesen sein?

Die Zeichen und Zeichenhandlungen Jesu, seine Bilder also, seine Gleichnisse und prophetischen symbolischen Handlungen lesen wir im folgenden gegen den Strich. Wir fragen nicht nach der Sache, die sie aussagen, sondern versuchen, gewissermaßen indirekt, auf den zurückzuschließen, der sich in diesen Zeichen äußert. Warum hat er gerade diese Bilder gewählt? Kann man aus den Bildern erschließen, welche Erfahrungen mit Welt und Menschen ihm wichtig waren? Die Frage der »Echtheit« bleibt dabei im einzelnen unentschieden, doch lassen sich möglicherweise bestimmte Schwerpunkte erkennen, aus denen hervorgeht, was man von Jesus gerne überlieferte.
Zu den von Jesus bevorzugten Bildern gehört das Bildfeld von Licht, Tag, Nacht, Wachen und Schlafen, Trunkensein und Nüchternsein. Jesus setzt dabei voraus: Die Menschen, die er anredet, sind im Stadium der Nacht, und sie stehen vor dem neuen Tag. Dieses ist entweder der helle Tag der Einsicht bei der erneuten Hinwendung zu Gott, oder es ist

der »Tag des Herrn«, den man wachend, nicht schlafend erwarten sollte, wenn man klug ist. Wir nehmen Jesus hier als den wahr, der wiederum die Kontraste liebt (Tag/Nacht, Licht/Finsternis, wachen/schlafen, trunken sein/nüchtern sein) und für den jeder neue Tag ein wichtiges, positives Erlebnis ist. Der Tag, das Aufwachen, die Nüchternheit des Morgens, sie alle stehen für die Begegnung mit Gott selbst. Auch Jesu Worte über Licht und Leuchter, über das Auge als das Licht des Leibes und das Licht, das nicht verborgen bleiben kann oder darf oder wird, zeigen, daß er ein Gemüt hat, wenn man das so sagen darf, wie ein Kind des Lichts. Gott sieht er nicht im geheimnisvollen Dunkel, und das, was ihm gefällt und ihm gemäß ist, muß und kann nicht ängstlich verborgen bleiben, sondern das strahlende, leuchtende Offensein und Offenbarsein sind ihm Bilder für Gott. Oft ist mit den Bildern von Licht und Tag, Wachen und Nüchternsein das Bildfeld Herr (Hausherr) und Sklave verquickt. Der Sklave ist dem Hausherrn gegenüber Rechenschaft schuldig, und wenn der Hausherr unsichtbar oder abwesend war, dann wird der Augenblick besonders wichtig, in dem sich Sklave und Hausherr Auge in Auge gegenüberstehen. Der Sklave wird immer als der geschildert, der eine gehörige Portion Angst vor seinem Herrn hat, auch wenn er Obersklave oder Hausverwalter geworden ist. Jesus kennt diese Welt der Haussklaven, besonders aber ihre Ängste. Er wertet diese Welt nicht negativ, sondern setzt sie als gegeben voraus. So muß man sich Gott auch denken, sagt er. Neben das Bild vom liebenden Vater im Verhältnis zu seinen kleinen Kindern tritt das Bild des gestrengen Hausherrn. Beides hat seinen Ort und seine Stunde.

Jesus lebt in einer Welt, in der Menschen dienen, in der sie nicht eigene Herren sind, sondern von abends bis morgens, von morgens bis Mitternacht in jemandes Diensten stehen, als Sklaven, Sklavinnen, Tagelöhner oder Arbeiter. Ihre Termine sind vorgegeben. Wie sehr Dienen den Alltag Jesu prägt, das kann man an einem kleinen, liebenswerten Zug eines Gleichnisses erkennen: Es ist der Inbegriff der himmlischen Seligkeit, wenn die, die jetzt als Sklaven dienen, dereinst von ihrem Herrn bedient werden. Dann wird er sich eine Schürze umbinden und sie verwöhnen. Wenn das der Himmel ist, kann man sich wohl vorstellen, wie Menschen, die so über den Himmel reden, den Alltag erleben.

Der Feind des Hausherrn aber ist der Dieb. Wenn Jesus sagt, daß der Hausherr sich vor dem Dieb zu schützen sucht, aber nicht recht schützen kann, dann haben die Bezugsgrößen gewechselt. Der Hausherr steht jetzt für die Jünger, während der gefährliche Dieb, dessen Kommen ungewiß ist, für Gott oder den Menschensohn steht. Jesus ruft mit diesem Bild aus der Alltagswelt die Ängste vor dem Unheimlichen wach, die es eben auch und gerade im alltäglichen Leben gibt. Die bescheidene Sicherheit des Dahinlebens von Tag zu Tag erweist sich plötzlich als trügerische Falle. Die Welt des Hauses ist keine heile Welt, hinter vielen Türen lauert das Grauen, in den dunklen Nischen hockt die Angst.

Besonders oft spricht Jesus vom Feigenbaum, oft als Objekt des Handelns. Seine Unfruchtbarkeit kann zum Bild werden dafür, daß die Kreatur ihrem Schöpfer nicht zur Verfügung steht. Andererseits kann der Glaube, auch wenn er nur so groß wäre wie ein Senfkorn, einen Feigenbaum umsetzen. Der Feigenbaum ist für kleine Leute interessant, weil seine Früchte für sie zu den Grundnahrungsmitteln gehören. Für sie ist es durchaus wichtig, daß Disteln eben keine Feigen bringen können. Bei der alttestamentlichen Vorlage der Speisungsberichte ist in der griechischen Fassung der Bibel Feigenmarmelade die Beikost. Wer also nicht weiß, wie Feigen schmecken, der versteht nichts vom Alltag Jesu und seiner Jünger.

Beeindruckt war Jesus offenbar auch vom Phänomen des Sauerteiges, von dem geheimnisvollen Wandlungsprozeß der Durchsäuerung, der von ihm ausgehen konnte. Ambivalent ist das Bild für ihn, positiv wie negativ kann er es werten, als Bild für pharisäische Laster und für das Kommen des Reiches.

In einer anderen Gruppe von Bildern orientiert sich Jesus an den Höhepunkten des Lebens. Geborenwerden steht für Neuwerden, Begraben für Abschiednehmen von der Verfilzung der Vergangenheit. Vor allem aber hat ihn die Hochzeit beschäftigt. Er selbst nennt sich Bräutigam, und gerade weil eine Braut fehlt, ist das bildlich zu nehmen. Auch in Gleichnissen nennt er die Braut noch nicht einmal, wie wenn er das Geheimnis seiner Sehnsucht nicht anzutippen wagte, nicht zerreden wollte. Denn die Braut ist Israel. Um diese Braut wirbt er, für sie gibt er sein ganzes Leben. – Wenn Jesus von der Bilderwelt des Weines und der Weinzubereitung spricht, so zeigt sich darin wie beim Bild der Hochzeit sein Sinn für das Festliche. Weinstock, Trauben, Weinberg und Winzer, Gärung und Schläuche sind für ihn immer wieder Bilder für das Reich Gottes. Schließlich faßt er seine ganze Sendung zusammen und reicht beim Abendmahl Wein als Symbol für seinen Bund. Denn schon längst vorher sind im Judentum Weinstock und Wein Zeichen für den Messias. Wasser war dafür ungeeignet, denn Wasser bedeutet nur das Überleben, nacktes Dasein. Wein dagegen ist mehr, ist wie Öl, das zweite messianische Zeichen, umgeben mit einem Hauch von Luxus, bedeutet ein wenig Qualität des Daseins, nicht nur einfach Dasein. So wird der Wein zum Zeichen der glücklichen Zeit, die mit ihm beginnt. Daher trinkt Jesus auch Wein – im Kreise seiner merkwürdigen Freunde und Bekannten.

Die Erfahrung von Abschiednehmen, Trennung, ja Spaltung, also die Auflösung fester sozialer Beziehungen um des Evangeliums willen ist offenbar sehr bestimmend für Jesus. Sie durchdringt als Bild die von ihm überlieferten Aussprüche in gleich dreifacher Form. Trennung ist nötig jetzt, und zwar innerhalb der Familie (Lukas 12,52 f), sie wird sich darin äußern, daß einer den anderen vor Gericht

ausliefert, der Bruder den Bruder, die Eltern die Kinder
(Markus 13,12), und dieses wird zu Todesurteilen führen.
Und auch das »Gericht« selbst wird als Vorgang der Trennung gedacht. Jesus schildert dramatisch, wie Frauen am
frühen Morgen gemeinsam Korn mahlen. Ein Engel tritt
ein und nimmt die eine der beiden Frauen mit, um sie vor
dem Feuer zu retten, das als Gericht auf die Stadt fallen
wird. Zur gleichen Zeit werden auch zwei Männer auf
einem Familienbett liegen und schlafen. Den einen wird
man mitnehmen, den anderen liegenlassen (Lukas 17,34f).
Diese unerwartete »Auslese« wird nicht willkürlich geschehen, sondern wird nur sichtbar machen, daß auch jetzt
schon, für das Auge unsichtbar, die einen Menschen zum
Reich Gottes dazugehören, die anderen nicht. Im Unterschied zu den Worten über den Streit unter Verwandten
spricht Jesus hier nicht vom Streit, sondern die Zugehörigkeit zum Reich ist eher verborgen so wie eben das Reich
selbst auch. Freilich liegt der Sinn dieser Worte nicht darin,
daß wir nach Gewißheiten suchen sollten, ob wir denn dazugehören oder nicht. Diese gibt es nicht. Vielmehr appellieren diese Worte daran, mit ganzem Willen dazugehören zu
wollen. – Wer ist der Jesus, der möglicherweise so gesprochen hat? Jedenfalls nicht ein Mensch, der Frieden um
jeden Preis bringt. Einer, der mit wütendem Streit und Ver-
folgung um des Evangeliums willen geradezu notwendig
rechnet, der sich darin auch nicht getäuscht hat. Einer, der
das friedliche alltägliche Zusammenleben für eine äußerst
brüchige Fassade hält, unter der sich – unsichtbar, aber wie
in vielen kleinen Rinnsalen, die sich zu einem Priel vereini-
gen – doch entscheidet, auf welcher Seite wir stehen.

Jesus zeigt einen ausgesprochenen Sinn für das Groteske
und damit einen eigenartigen Humor. Denn ein durch ein
Nadelöhr gehendes Kamel ist schon ein Wundertier, und
einen Balken im Auge hat man auch recht selten, Berge
und Bäume per Kommando in der Gegend herumzusetzen

ist ein eher unalltäglicher Vorgang, und die um des Reiches Gottes willen Ehelosen Eunuchen zu nennen, ist zumindest eine derbe Übertreibung. Auch daß er keinen Ort habe, wohin er sein Haupt legen könne, ist grotesk übertrieben. Aber die Wirkungsgeschichte all dieser Bilder zeigt, daß ihr Erfinder recht getan hat. Jesus weiß, daß die Menschen das Skurrile, Groteske, Absonderliche, Übertriebene behalten können. Üblicherweise Verborgenes wird durch Übertreibung ans Licht gestellt.

Nahe verwandt mit diesem Zug des Jesusbildes ist das erkennbare Gespür für die Wirkung und Publizität von Skandalen. Dazu gehört das Vertreiben der Händler aus dem Vorhof des Tempels ebenso wie die Aufforderung, man solle die Toten ihre Toten begraben lassen (Mt 8,22).

Skandalös sind auch Zeichenhandlungen, die Jesus vollzieht oder denen er zustimmt und die auf die Gegenwart Gottes in ihm selbst zielen, wie Verfluchung des Feigenbaums, Ährenraufen am Sabbat, Salbung in Bethanien und der Wunsch, auf einem Esel nach Jerusalem einzureiten, auf dem noch nie jemand gesessen hat.

Ärgerlich sind auch Gleichnisse, die von ungerechten Zügen Gottes oder der Figur berichten, die im Gleichnis an Gottes Stelle steht, wie das Gleichnis von den klugen und törichten Jungfrauen oder das Gleichnis von den anvertrauten Pfunden. Im Gleichnis vom ungerechten Verwalter und in dem vom Attentäter (Thomas-Evangelium), in dem er das Himmelreich mit dem Attentat eines Terroristen vergleicht, macht Jesus gar ein unsittliches bzw. gesetzloses Verhalten zum Ausgangspunkt seines Bildes.

Andererseits offenbart Jesus Sinn dafür, daß man »radikal« alles auf eine Karte setzt: Im Gleichnis vom Schatz im Acker verkauft der Mensch, der den Schatz gefunden hat, ihn aber geheim hält, voll von närrischer Freude alles, was er hat, nur um den Acker zu erwerben. Ähnlich unvernünftig ist auch der Hirte, der die neunundneunzig Schafe sich selbst überläßt, nur um das eine zu suchen, die Frau, die ihr ganzes Haus auf den Kopf stellt, nur um den Pfennig zu suchen, aber auch der Hirte, der sein Leben gibt für seine Schafe. Hat man je von einem Hirten gehört, der so unvernünftig ist und ohne Augenmaß, daß er sich für seine Schafe förmlich aufopfert?

Sinn für Radikalität zeigt Jesus auch in den bildhaften Worten vom Salz: Nachdem er das Höllenfeuer genannt hat, fährt er fort: *Denn jeder wird mit Feuer gesalzen werden. Salz ist etwas Gutes, wenn aber das Salz seine Würze verliert, womit soll man es salzen? Habt Salz untereinander und habt Frieden untereinander* (Markus 9,49f). Ein Salz, das seine Würze verlöre (wenn das möglich wäre), könnte man mit nichts anderem salzen: Salz gibt es »nur einmal«. Wie in dem vergleichbaren Wort, in dem Jesus die Jünger als Salz der Erde anredet, ist Salz unersetzlich. Aber in Mk 9,49f geht es nicht um die Jünger, die das Salz sind. Steht das Salz hier nicht für Gott, für seine Unersetzlichkeit? Ist nicht die Konfrontation mit Gott im Gericht eine Begegnung mit dem Feuer, dem verbrennenden Feuer, das er selbst ist? Und gilt nicht auch sonst, daß Frieden untereinander den Menschen unglaubliche Macht verleiht, Gegenwart der Schöpfermacht Gottes? Wenn das alles zutrifft, sind diese Sätze so zu lesen: Jeder wird Gott selbst begegnen, dem Gerichtsfeuer. Feuer vernichtet alles, frißt alles, was ihm nicht standhält, brennt alles Brennbare und alle Schlacken aus, so daß nur Gold bleibt. So ist auch das Salz. Es zerfrißt alles Faule, bewahrt und konserviert das gute Fleisch. Feuer und Salz sind daher beides Bilder für die sowohl verzehrende als auch bewahrende Strenge Gottes. Wenn jedoch Menschen Frieden auf Erden schließen, dann haben sie Gottes Gegenwart bereits auf eine milde und freundliche Art unter sich. Dann ist Gott wie ein Herdfeuer gegenwärtig, das alle erwärmt, unentbehrlich wie Salz in der Küche. »Radikal« ist dieses Bild, weil es um die unerbittlich »scheidende« Kraft des Salzes geht. So ist Gott: Nur

was ihm standhält, wird bewahrt. Oder die Frieden schließen, bei denen ist er schon.

Jesus hat einen Sinn für die Skrupellosigkeit des Gebrauchs
von Macht und die Rücksichtslosigkeit, die die »Eigenge-
setzlichkeit« des Kapitals dem Besitzer aufzuzwingen
scheint. Was die Macht betrifft: Jesus weiß, daß gespaltene
Macht, bzw. ein geteiltes Reich nicht überleben kann, daß
nichts den Machterhalt so gefährdet wie Aufteilung der
Macht. Er weiß auch, wie man technisch geschickt einen
Raub vollzieht: Erst den Besitzer fesseln, dann das Haus
leer machen. Was das Geld betrifft: »Wo dein Schatz ist, ist
auch dein Herz«, das heißt: Wer das Geld nicht liebt, dem
bringt es auch nichts. Und umgekehrt: Das, was man will
und ersehnt, genau das hält man auch für das Wertvollste.
Und das beschäftigt eines Menschen Herz Tag und Nacht.
Jesus weiß offenbar auch, daß Menschen gerne fromm
reden, ihren Geldbeutel aber zuhalten. Deshalb fordert er
dazu auf, sich mit dem ungerechten Mammon Freunde zu
machen, Beziehungen zu stiften, damit die so erworbenen
Freunde einen aufnehmen in den Himmel (Lk 16,9). Dieser Satz wirkt übrigens bis heute auch auf die Christen skandalös, die schon einiges zu hören gewohnt sind. Denn hier
verbinden sich Jesu Menschenkenntnis mit seiner Informa-
tion über finanzielle Seilschaften und der riskanten Aufforderung, durch Beziehungstiften für die eigene Aufnahme in das Himmelreich zu sorgen. Mehr als einmal
haben Hörerinnen und Hörer gefragt, ob das nicht schlim-
mer als Ablaß und daher viel zu »katholisch« sei: den Himmel mit Hilfe von Geld zu erlangen. Ich sehe keine Möglichkeit, dieses schöne Wort für unecht zu erklären oder umzu-
deuten. Demnach sagt Jesus: Noch niemand ist allein und
für sich in den Himmel gekommen, sondern nur im Netz
der Gemeinschaft. Dieses Netz aber baut man nicht mit
frommen Sprüchen und hehren Theorien, sondern so wie
andere Netze auch, nämlich mit Geld, d. h. indem man auf
das Liebste zugunsten anderer verzichtet. Es ist, wie wenn

Jesus sagte: Euer Liebstes ist das Geld. Zeigt daher glaubwürdig, daß ihr umzudenken gelernt habt.

Durch seine Bilder über die neuen Brüder, Schwestern und Mütter, die man in Gemeinde und Jüngerschar erwirbt, gibt Jesus zu erkennen, daß er Konflikte mit seiner eigenen Familie hatte, so daß er den Jünger vor der Notwendigkeit sieht, die angestammte Familie zu verlassen und neue Angehörige in Gestalt der Gemeinde-Familie zu suchen. In der Tat hält die eigene Familie Jesus für verrückt (Mk 3,35), und in seiner Vaterstadt kann er keine Wunder wirken. Radikal ist Jesus da, wo etwas nicht zusammenpaßt. Daher soll man seine bisherigen Familienmitglieder hassen, d. h. den Umgang mit ihnen aufgeben, wenn sie dem Evangelium entgegenstehen. Jesus weiß aus eigener Erfahrung, wie das sein kann. Daß dort, wo alles einfach immer so weitergeht wie seit Generationen, Neues nicht werden kann. Dann lieber Trennung.

Jesus ist auch da besonders sensibel, wo etwas nicht aus einem Guß ist, wo Menschen Unvereinbares aus Schwäche oder Gewohnheit zusammenlassen oder verbinden wollen. Dort sagt Jesus mit aller Strenge: Laßt das, was nicht zu euch paßt. In diesem Sinne ist der Satz zu verstehen. »Gebt das Heilige nicht den Hunden, werft die Perlen nicht vor die Säue« (Mt 7,6). Dieses Wort meint nicht, daß die Christen sich schonen müßten oder vor anderen Menschen etwas aus Eigennutz oder Besitzgier schützen sollten. Es meint nur dies: Juwelen und Säue, gesegnetes Brot und Hunde, das paßt einfach nicht zusammen. Daher geziemt es sich für euch, daß ihr nicht Dinge tut, die nicht zu euch passen. Seid auf die rechte Weise selbstbewußt. Ihr müßt euch nicht für alles hergeben. Das Wort vom gesegneten (heiligen) Brot und den Hunden und von den Perlen und den Säuen richtet sich daher nicht gegen andere Menschen, die Hunde oder Säue genannt werden könnten. Sondern es bezieht sich auf ein Verhalten, hündisches oder säuisches, das dem Wert der Christen nicht entspricht. Die Tiere

(Hunde, Säue) stehen daher für Verhalten, die Gegenstände (Gesegnetes, Perlen) für die kostbare Würde der Menschen. Es gibt Verhaltensweisen, sagt Jesus, die unter eurer Würde sind.

Ergebnis: Die Bilder und Gleichnisse offenbaren einen in vielerlei Hinsicht bislang wenig bekannten Jesus: Einen Jesus, der an Weltklugheit und an Sachkunde in Alltagsdingen kaum zu übertreffen ist, der Vorgänge und Menschen genau beobachtet, der weiß, wo die Schwächen, ja die Abgründe der Skrupellosigkeit des Herzens liegen und der nicht sanft, sondern eindrücklich, drastisch und demonstrativ offenbaren kann, was gerne verborgen gehalten wird. Überraschend ist auch, daß Jesus nicht fortwährend von Gut und Böse spricht, sondern Bosheit als eine Art von Klugheit und Raffinesse darstellt. Diese Art Klugheit ist nicht naiv, sondern zielbedacht. Jesus nimmt diese Art Raffinesse durchaus als Vorlage und Vorbild für das, was er von den Jüngern erwartet. »Pfiffig« sollten sie auf ihren wahren Vorteil bedacht sein, der sich freilich nicht schon morgen, dafür aber übermorgen zeigen und erweisen wird. Es ist die Welt der kleinen Leute, in der man sich von Feigen ernährt, in der man es schmerzlich bedauert, daß Disteln keine eßbaren Früchte tragen, in der zwei Spatzen, um einen Groschen erworben, den Sonntagsbraten abgeben, den Geflügelbraten der kleinen Leute, in der ein Schluck Wein, den man nicht aus Gläsern trinken kann, sondern aus dem Schlauch nehmen muß, ein Fest bedeutet.

Jesus und Johannes der Täufer

»Er ist mehr als ein Prophet…, der größte Mensch, den es je gab, ist Johannes« (Lk 7,26–28). Wenn Jesus dieses gesagt hat, dann kann es mit Rivalität und Konkurrenz zwischen dem Täufer und Jesus nicht weit her sein. Wenn Jesus selbst

von ihm sagt, er sei der größte, der wichtigste Mensch, größer als die Propheten, dann haben wir in der Einschätzung des Täufers etwas falsch gemacht. Viel zu leichtfertig haben wir aus ihm den freudlosen Asketen und Gerichtsprediger werden lassen und auf ihm die harten und ernsten Züge abgeladen, die doch auch die Jesusbotschaft hat. Wir haben den Täufer nur mit dem Stichwort »Buße« verbunden und so mit etwas, das nun endgültig »keinen Spaß zu machen« scheint. Und als die wichtigste Figur des Alten Bundes werten wir den Täufer auch nicht. Haben wir nicht Jesaja und Abraham, Mose und Amos, David und Ezechiel zu nennen? Aber Johannes den Täufer? Welcher Alttestamentler könnte bestätigen, daß er der größte Prophet ist? – Nein, wir teilen in der Regel nicht die Sicht Jesu, wir machen den Täufer zum freudlosen Vorläufer, zum schwarzen oder – je nach Jahreszeit – violetten Schatten Jesu oder halten uns bei seinem Speiseplan (gebratene Heuschrecken) auf. Die Frage »Wer war der Täufer wirklich?« ist ebenso aktuell wie die Frage nach Jesus.

So stehen am Anfang des Christentums auf jeden Fall zwei große Gestalten, der Täufer und Jesus, und nicht Jesus allein. Das Weltbild des Täufers wird durch das Stichwort »Taufe« bestimmt. Davon haben die Christen dann Wesentliches übernommen, jedoch in anderer Deutung und »Füllung«. Das Bild des Waschens und von daher dann der Taufe, das heißt: des Untertauchens, wird im Judentum zunehmend beliebter, um das Friedenschließen und die Versöhnung zwischen Gott und Mensch zu beschreiben. So heißt es beim Propheten Ezechiel: *Und ich will reines Wasser über euch sprengen, daß ihr rein werdet… Und ich will meinen Geist in euch geben* (36,25.26). Und in einem der in Qumran am Ufer des Toten Meeres gefundenen Texte heißt es:

»Gott wird sich einige aus den Menschenkindern reinigen, indem er allen Geist des Frevels aus dem Inneren ihres Fleisches tilgt und sie reinigt durch heiligen Geist von allen gott-

losen Taten. Und er wird über sie sprengen den Geist der
Wahrheit wie Reinigungswasser zur Reinigung von allen
Greueln der Lüge...« (sog. Sektenregel 4,20.21)
Hier geht es noch nicht um Taufe, wohl aber bereits um Bilder für Gottes Handeln, in denen Wasser und Reinheit
wichtig sind. Diese Bilder wurden besonders in priesterlichen Kreisen beliebt, denn die priesterliche Reinheit ist die
Bedingung für alles Tun im Tempel. Sowohl Ezechiel als
auch Johannes der Täufer sind nach der Bibel aus priesterli-
chem Geschlecht. Und man kann sagen, daß gerade im Zeitalter der Entstehung der pharisäischen Bewegung vielfach
priesterliche Ideale auch auf das gemeine Volk übertragen
werden.

Johannes der Täufer setzt nun – wie es auch später bei den
christlichen Sakramenten geschehen wird – die sprachlichen Bilder in konkrete liturgische Zeichenhandlungen
um. So wird nun die angekündigte Reinigung tatsächlich
mit Wasser vollzogen. Dabei ist das Untertauchen wohl
Abschluß und offizielle Besiegelung der Umkehr zu Gott. –
Aber es gibt noch eine weitere Taufe: die durch Feuer und
Geist beim Kommen des Richters. Johannes redet hier von
der reinigenden Macht des Feuers, das alles Minderwertige
wegbrennt, und auch der Geist, von dem er spricht, hat wie
der Sturmwind, der alles hinwegfegt, was nicht niet- und
nagelfest ist, die Aufgabe der Reinigung. Der Evangelist
Lukas wird später das Pfingstereignis als Erfüllung dieser
Prophetie ansehen: Der Geist kommt in Feuerzungen auf
die Jünger und Maria herab. Aber ob Johannes der Täufer
speziell daran gedacht hat, ist fraglich. Für ihn ist nur
sicher, daß auch das zukünftige Handeln Gottes sich als
eine Taufe vollziehen wird. Er meint: Wer die Wassertaufe
vollzieht (und Früchte bringt), dem wird die Feuertaufe
nichts mehr anhaben können. Die Christen der frühen
Gemeinden werden dann »auf den Namen Jesu taufen«
oder dann, wie es bei Matthäus heißt, »auf den Namen des

Vaters und des Sohnes und des heiligen Geistes«. Auch Jesus hat wohl zunächst getauft wie Johannes der Täufer (Joh 3,22; 4,1).

Johannes tauft, damit man »rein« ist, überhaupt vor Gottes Augen treten und mit Hoffnung auf Erfolg um Vergebung seiner Sünden beten darf. Man kann nicht beweisen, daß durch die Taufe selbst die Sünden vergeben wurden. Jedenfalls schafft, wenn man priesterlichen Vorstellungen folgt, die Umkehr und die Taufe erst die Voraussetzung für ein Gebet um Vergebung der Sünden, das Gott dann erhören kann. So lehrt der Täufer denn auch beten (Lukas 11,1), und auch in dem Gebet, das Jesus seine Jünger lehrt, nachdem sie ihn auf das Vorbild des Täufers gewiesen haben, steht die Bitte um Sündenvergebung im Mittelpunkt: *Und vergib uns unsere Sünden, denn auch wir selbst vergeben jedem, der uns etwas schuldig ist* (Lukas 11,4).

Der Täufer erleidet das Martyrium, weil er kompromißlos Gottes Gebot für alle in gleicher Hinsicht geltend macht, auch für Herodes. Worin liegt seine Größe? Warum und in welcher Hinsicht ist er der größte aller Menschen, auch aller Propheten? Wenn man dem nachgeht, versteht man vielleicht etwas von Jesu Maßstäben zur Beurteilung anderer, und das muß uns sehr wichtig sein.

Groß ist nach dem Urteil Jesu ein Mensch offenbar dann, wenn er, wie es der Täufer tut, sagen kann: *Nach mir kommt einer, dessen Sandalenriemen zu lösen ich nicht würdig bin* (Mk 1,7) und der aus dieser unfaßbaren Größe und Heiligkeit des kommenden Richters die Konsequenz zieht, daß alle Menschen vor diesem Richter klein sind, arm und ungerecht. Und daß sie nur eines retten kann: ihre Wege radikal zu ändern. Groß ist Johannes, weil er beides hervorheben kann, die überwältigende Heiligkeit Gottes und die Rolle des Menschen diesem Gott gegenüber, weil er gleichzeitig aber die Situation des Menschen als hoffnungsvoll bezeichnen kann, denn noch kann er dem Feuer entgehen. Groß ist Johannes, weil er die wahren Größenverhältnisse angibt und den Menschen doch nicht alleine läßt. Groß ist Johannes auch, weil er keine Ausnahme macht für Könige und Mächtige und bereit ist, für seine Botschaft in den Tod zu gehen. Radikal und konsequent ist Johannes, das hat Jesus an ihm geschätzt. Augenmaß hat er besessen, das konnte auch dem nüchternsten Urteil standhalten. Und vor allem: Seine Botschaft ist, anders als ihr Echo bei uns, durchaus nicht hoffnungslos, sondern sie eröffnet die einzige und wahre Hoffnung. Darin unterscheidet sich auch Jesus nicht vom Täufer. Im Wesentlichen sind sie ganz eins.

Der Satz über die Größe des Täufers hat eine Fortsetzung: *Aber der Kleinste im Himmelreich ist größer als er* (Lukas 7,28). Dieser Satz meint sicher nicht, daß der Täufer nicht in den Himmel kommen kann. Er gibt nur eine weitere, eine neue Größenordnung an. Warum sollen die Menschen im Himmelreich größer sein als der Täufer? Was ist hier das Himmelreich? Diejenigen, sagt Jesus, die ins Himmelreich gelangen, sind nämlich nicht mehr bloß Menschen. Sie haben vielmehr Anteil an Gottes Königsein, sind Königskinder, sind Kinder Gottes. Jesus ist der erste davon. Er ist nämlich »der Sohn«. Die Verklärungsgeschichte zeigt es, daß er dadurch sich selbst von Mose und Elia unterscheidet. Er ist »der Sohn«, sie nicht. Wenn er so Gottes Kind ist, dann ist er mindestens so hoch wie die Engel, ja höher, und der Auserwählte und Geliebte Gottes. Und darin ist er nur der erste unter vielen weiteren Geschwistern. Wie die Propheten des Alten Bundes bleibt der Täufer »Sklave«, »Knecht«. Die innere Verbindung von Kindschaft und Himmelreich ist in den Evangelien verschiedentlich zu erkennen, so etwa im Vaterunser: *Unser Vater im Himmel... dein Reich komme.* Wer Gott »Vater« nennt, betrachtet sich selbst als Kind. Nach diesem Gebet ersehnen die Kinder das Reich, weil sie schon dazugehören. Und wenn in Lukas 7,28 Johannes zwar der Größte der *von einem Weibe* Geborenen war, dann kann ein Größerer nur von Gott geboren sein. So sagt es das Johannesevangelium (1,13: *die aus Gott geboren sind*), und im Zusammenhang mit dem Reich steht das in Johannes 3,3.5 *(Wer nicht von oben geboren wird, kann das Reich Gottes nicht sehen..., kann nicht in das Reich Gottes eingehen).* Und die Zuordnung von Kindschaft und Reich ist eine der Grundvoraussetzungen für die Abfolge von Markus 1,11: *Du bist mein geliebter Sohn* und Markus 1,15: *Die Zeit ist erfüllt, und nahegekommen ist das Reich Gottes.* Durch den daraus abgeleiteten Umkehrruf ist der Weg angegeben, auf dem alle Menschen zu geliebten Kindern werden können. Denn es gilt: Reich Gottes besteht für Menschen darin, daß sie Anteil haben an Gottes Königtum selbst, an seiner königlichen Vollmacht und Freiheit. Durch Verzicht auf Besitz gelangt man in diese Freiheit.

Der Grundgedanke steht griechischem Denken über Gott nahe. Bei dem jüdischen Zeitgenossen Jesu, dem Philosophen Philo von Alexandrien wird von Mose (in der Schrift Über das Leben des Mose 1,149–158) etwas gesagt, das dem überraschend nahekommt. Mose verzichtete demnach auf Besitz, sorgte sich nicht um Kleidung und Nahrung, ja besaß nicht einmal sich selbst. Dadurch wurde er Gott ähnlich. Denn Gottes Freisein und Königtum besteht darin, daß er keinen Mangel hat und also nichts braucht. Aufgrund dieser Ähnlichkeit mit Gott wurde Mose beauftragt mit der Herrschaft über Israel, und er erhielt Wundervollmacht, so daß die Elemente ihm gehorchten. Er trug sogar Gottes Namen, da er Gott genannt wurde (»des Volkes Gott und König«). – Auch Jesu Jünger sollen Gott ähnlich werden, indem sie dem Besitz absagen und auch sich selbst (Lk 14,26). Jesus fügt die Feindesliebe hinzu und nennt diejenigen, die Gott ähnlich wurden, Kinder Gottes (Mt 5, 44f). Seinen Jüngern, die allem entsagt haben, verleiht er gleichfalls Herrschaft über Israel (Mt 19,27f). Und wenn im zeitgenössischen Judentum Mose unbefangen Gott und Träger des Namens Gottes genannt wird, durchbricht auch das Christentum nicht den jüdischen Rahmen, wenn es Jesus so nennt. Besonders interessant ist auch der Zusammenhang des Reichtumsverzichts mit der Wundervollmacht, der bei Jesus und seinen Jüngern wie bei Mose gegeben ist. Jesu jüdischer Zeitgenosse in Alexandrien erschließt uns damit einen inneren Zusammenhang zwischen Besitzverzicht, Wundervollmacht, Gottestitel und Vollmacht über Israel. Was Philo Gottes »Freund« nannte, ist bei Jesus Gottes »Kind«. Eindrücklich wird so sichtbar, wie intensiv sich Jesus nach dem zeitgenössischen Bild von Mose ausrichtete bzw. so gesehen wurde. Nach der Botschaft Jesu geht Gott geradezu verschwenderisch um mit seiner Freiheit, seiner Herrlichkeit, seinem Geist, mit sich selbst. Wie bei Johannes dem Täufer sind alle unterschiedslos angesprochen. Neu ist bei Jesus: Der Vater will alle zu seinen *Kindern* machen. Das ist die Fülle der Zeit. Gott will nicht mehr für sich allein bleiben, sondern seine Familie entscheidend erweitern. So hoch wird der Mensch jetzt gestellt, in diesen wirklich göttlichen Rang wird er berufen, und Jesus war der erste.

Der Hirte

Um sein Tun zu erklären, greift Jesus immer wieder Bilder mit dem Motiv des Hirten auf. Freilich ist es jeweils ein recht merkwürdiger Hirt, den Jesus beschreibt. Zum Beispiel ist es ein Hirt, der eine große Herde von neunundneunzig Tieren ungeschützt in der Einöde allein läßt, um einem einzigen Schaf nachzugehen, das sich verirrt hat. Als er es findet, ist er voll Freude. Diese Geschichte wird gleich in drei Richtungen hin ausgelegt:

Entweder bietet sie ein Bild dafür, wie intensiv und lange dem einzelnen Christen, der auf Abwege geraten ist, nachzugehen ist. Er ist nicht leichtfertig verloren zu geben. Geduldiges Verzeihen ist angebracht (Mt 18,12–14).

Andererseits wird die Geschichte auf den Kontrast zwischen Pharisäern und Sündern angewandt. Dabei stehen nicht, wie wir erwarten könnten, die Pharisäer auf der Schattenseite, vielmehr ganz im Gegenteil: Es gibt aus der Sicht Jesu »Gerechte«, denen man Umkehr nicht predigen muß, sie bedürfen ihrer nicht. Es gibt dagegen Sünder, denen Jesus intensiv nachgeht, um sie zurückzugewinnen (Lk 15,3–6). Hier geht es nicht, wie bei der ersten Auslegung, um verirrte Christen, sondern um die hoffnungslosen Fälle unter den Juden, die noch nicht Christen sind. Dabei liegt der Ton in dem Satz nicht auf der Aussage, daß es Menschen gäbe oder geben könnte, die ohne Umkehr und Gnade selig werden könnten. Nein, Jesus rechtfertigt nur sein eigenes Verhalten: daß er sich nicht zu den Frommen wendet, bei denen auch im großen und ganzen nicht viel zu bekehren ist, sondern zu den Zöllnern und denen, die mit der Besatzungsmacht kollaborierten. Die wahren Größenverhältnisse zeigt Jesus auf, er weist auf die großen Unterschiede im geistlichen Zustand seines Volkes, und er begründet, warum er sich denen zuwendet, bei denen wirklich schreiendes Elend herrscht.

Eine dritte Auslegung findet das Gleichnis von den neunundneunzig Schafen im Thomasevangelium (Spruch 107), wo es heißt, daß das größte Schaf sich verlaufen hatte. Und als der Hirt sich abgemüht und es gefunden hatte, sagte er: *Ich liebe dich mehr als die neunundneunzig.* Das Gleichnis handelt hier laut Überschrift vom »Reich (Gottes)«. Das Finden und Suchen bezieht sich daher auf das Reich, und der Hirt läßt um des Reiches willen alles andere stehen. Ähnlich geht es in den Gleichnissen von der Perle und vom Schatz im Acker zu: Auch nach diesen Gleichnissen findet ein Mensch etwas unvergleichlich Schönes und Kostbares und läßt alles andere dafür stehen. Die Liebe des Hirten bezieht sich nach dieser dritten Fassung nicht auf den verirrten Christen oder auf den Sünder, sondern auf das Reich Gottes als den höchsten Wert.

In allen drei Fällen aber handelt der Hirte, an normalen Maßstäben gemessen, unvernünftig. Das Thomas-Evangelium gibt dazu durchaus das richtige Stichwort: Solche Unvernunft, solches Verletzen und Nicht-Achten aller Maßstäbe kann nur mit Liebe zusammenhängen. Dieser Hirt liebt die gefährdeten Christen, die verlorenen Juden am Rande, er liebt das unsichtbare Reich, diese hoffnungsvolle Verheißung auf das Übermorgen. An dieser Liebe ist in allen drei Fällen das Wichtigste, daß um ihretwillen anderes, scheinbar Bedeutenderes, gelassen wird, wie es schon im Ersten Buch der Bibel heißt, daß ein Mann Vater und Mutter verlassen werde, um seiner Frau anzuhangen. Was er verläßt, ist nichts Geringes. Wie viele scheitern daran, daß sie ihrem Herzen diesen entscheidenden, lebensrettenden Stoß nicht geben können. Sie bleiben bei der Vielzahl der mehr oder weniger wichtigen Dinge, ohne zur Liebe imstande zu sein. Liebe aber heißt: das Eine wollen, alles auf die eine Karte setzen können. Liebe heißt auch, nein sagen können zur Fülle der anderen, ablenkenden Dinge. Sie sind wichtig, aber nicht faszinierend, sie sind zahlreich und wertvoll, aber nicht das Eine. Man verzettelt sich in diesen Dingen, die durchaus wichtig sind, bleibt jedoch ohne Augenmaß für das Eine, das einen »retten« könnte, das Angelpunkt und roter Faden sein könnte. Für das Eine, das uns selig machen könnte.

Das Thema Liebe beherrscht auch die Anwendung des Bildes vom Hirten und den Schafen,wenn es bei Matthäus heißt: *Er sah das Volk und wurde tief ergriffen über sie, denn sie waren abgekämpft und lagen am Boden wie Schafe, die keinen Hirten haben* (Matthäus 9,36). Darauf sendet Jesus Jünger zu ihnen. Es ist die Hirtensorge, die ihn ergreift, und zwar »in seinen Eingeweiden«, d. h. in seinem Innersten, wie der griechische Text wörtlich zu lesen ist.

Der verrückte Hirte begegnet uns auch im Johannesevangelium wieder. Dort wird ein Hirte geschildert, der beim Herannahen des Wolfes sein Leben für seine Schafe riskiert. In dieser Situation, sagt Jesus, kann man erkennen, wer der wahre Hirte ist. Wer nur für Geld das Weiden der Schafe übernommen hat, der flieht, wenn der Wolf kommt, um sein eigenes Leben zu retten. Der Hirte hingegen, der die Schafe liebt, wirft sich dem Wolf entgegen und rettet die Schafe mit dem eigenen Leib. Einen so närrischen Hirten dürfte es kaum geben. Hätte er nicht jedes Augenmaß verloren? Ist er nicht mehr wert als viele Schafe? Nur ein Hirte, der seine Schafe sehr liebt, könnte so selbstlos handeln. Dieser närrische Hirte ist ein Bild für die Bereitschaft Jesu, um seines Auftrags willen für Menschen in den Tod zu gehen.

Ergebnis: Wo immer das Bild vom Hirten und den Schafen im Munde Jesu vorkommt, geht es um das Thema Liebe, eine närrische, allem Anschein nach unverhältnismäßige und unvernünftige Liebe – aber welche Liebe ist anders?

Keine Wunder an Bekannten

Die späteren Evangelisten finden diesen Zug anstößig, aber Markus und das Thomas-Evangelium berichten ungeniert, daß Jesus dort, wo man ihn kannte (in seiner Heimatstadt), nicht heilen konnte. *Und er konnte dort kein Wunder tun,... und er wunderte sich über ihren Unglauben* (Markus 6,5). Markus macht, indem er dieses berichtet, auf einen wichtigen Zusammenhang aufmerksam. Daß ein Wunder sein kann, dazu gehören zwei: einer, der es vollbringen könnte, und einer, der es annehmen könnte. Wo man den Wundertäter abweist, wo er keine Autorität besitzt, da kann kein Wunder sein. Das könnte eine Erklärung für den auffallenden Umstand sein, daß es in Nordwesteuropa und in Nordamerika keine Wunder »gibt«. Wunder ist eine Sache von Autorität (des Wundertäters) und Bereitschaft (bei den Empfängern).
Bei Matthäus heißt es ganz anders: *Und er tat dort nicht*

viele Wunder wegen ihres Unglaubens. Das Nicht-Können erwähnt Matthäus nicht, er stellt das Unterlassen des Wundertuns eher als Strafe dar: *wegen ihres Unglaubens.* Knapp und eher im Sinne des Unvermögens heißt es im Thomas-Evangelium Spruch 31: Ein Arzt vollbringt keine Heilungen an denen, die ihn kennen. Auffallend ist, daß Markus (6,5) seine Rede vom Unvermögen Jesu einschränkt: *außer daß er wenigen Siechen die Hände auflegte und sie heilte.* Im Hintergrund aller Notizen steht die Erfahrung, daß der Prophet in seiner Vaterstadt nichts gilt, hier übertragen auf die Heil-Erfolge. Offenbar hängt das zusammen: die Heilungen, die jemand vollbringen kann, und sein Ansehen.

Ein merkwürdiger Tatbestand: daß der Bote Gottes dort nicht angenommen wird, wo er herkommt, wo man ihn kennt. Offenbar gehört es dazu, daß es ein Fremder sein muß, der in der Religion Bewegung stiftet. Die Fremdheit des Verkündigers oder des Propheten stellt dann ein Stück der Fremdheit Gottes dar. Denn nur, wenn Gott wieder als der Fremde erfahren und wahrgenommen wird, kann ein Neuanfang sein. Und dazu gehören Wunder.

Für verrückt gehalten

Seine eigene Familie hält Jesus für verrückt. Das trifft sich gut mit dem soeben Bemerkten. Denn auch hier handelt es sich um den nächsten Umkreis, in dem Jesus sich nicht durchsetzen kann. *Und er betrat sein Haus, und eine Menge Leute kamen zusammen, so daß sie nicht einmal Brot essen konnten. Und da es seine Angehörigen hörten, gingen sie, ihn zu ergreifen. Denn sie sagten: Er ist verrückt* (Markus 3,20–21). Dieser Abschnitt fehlt bei Matthäus und bei Lukas, die beide bestrebt sind, die Verwandten Jesu in hellerem Licht zu zeichnen. Aber der Vorwurf, daß Jesus besessen sei, findet sich auch im Evangelium des Johannes: *Haben wir nicht richtig gesagt, daß du ein Samaritaner bist und daß du einen Dämon hast?* (Johannes 8,48), so fragen die aufgebrachten Juden Jesus. Schließlich ist auch der Vorwurf, mit dem Satan selbst im Bunde zu stehen (Markus 3,22), auf denselben Tatbestand zu beziehen. Denn der Verrückte wie der Besessene unterstehen der Macht des Satans, auch wenn sie »ganz vernünftig« reden. Entscheidend sind Ursprung und Wirkungsziel der Vollmacht. Und in jedem Falle ist, ob nun die Vollmacht von Gott oder von der Gegenseite kommt, das Bewirken von Erstaunlichem, von Machterweisen, von Nicht-Alltäglichem der Anlaß für eine Diskussion über Satan oder Gott als Mächte im Hintergrund.

Wer mißtrauisch oder mißgünstig ist, wer dem Nächsten eine Vollmacht von Gott nicht gönnt, wer sich dessen Anspruch nicht aussetzen will, der wird mit den Erweisen der Vollmacht leicht fertig, indem er sagt:»Er ist besessen.« Die frühen Christen wissen, wie leicht man sich vertun kann und verbieten daher bald derartiges Urteilen über den »Geist« grundsätzlich.

Heute denkt niemand daran, Jesus für besessen zu halten. Die Gleichgültigkeit ist an die Stelle der dramatischen Vorwürfe getreten. Und im positiven Falle hält man Jesus für einen angenehmen, friedfertigen Menschen. Statt Gott oder Satan im Hintergrund anzunehmen, geht es jetzt um das Nicht-Beachten einerseits oder die Einstufung als »sympathisch« andererseits. Damit ist die Frage nach Gott aus dem neu-humanistischen Jesusbild verschwunden. Konsequent wäre es schon zu sagen: Wer Jesus nicht eindeutig auf die Seite Gottes stellt, muß ihn zwangsläufig auf der Gegenseite einordnen. Und da man sich vor dem Letzteren sicher scheuen wird, entpuppt sich die Alternative Gott oder Satan als ein recht heilsames Instrument, um zu eindeutiger religiöser Stellungnahme aufzufordern. Das ist wohl der Sinn dieser Alternative: Wenn ihr euch – verständlicherweise – scheut, Jesus als satanisch, teuflisch oder dämonisch zu bezeichen, bleibt euch nur, ihn als Gottessohn zu achten. *Ein Drittes gibt es nicht,* denn Satan und Gott sind strikt entgegengesetzt.

Reich Gottes

Was meint Jesus mit »Reich Gottes«?

Reich Gottes ist ein Bild, in dem das Erste Gebot, daß Gott der Herr ist und kein anderer, entfaltet wird für den Raum und Zeitraum des Dramas zwischen Gott und den Menschen. Um ein Drama handelt es sich, nicht einfach um ein statisches Besitz- oder Eigentumsverhältnis. Inhalt des Dramas ist, modern gesprochen, die Frage, inwieweit der Mensch in seiner Freiheit Gott als den Herrn anerkennt. Dazu hat der Mensch nicht ewig, sondern nur befristet Zeit. Denn Gott drängt danach, anerkannt zu werden, mehr noch: er drängt danach, seine Herrschaft über die Schöpfung auch wirklich durchzusetzen. Es wird die Herrschaft des guten Gottes, des Schöpfers sein. Diese Erwartung des Herrschaftsantritts Gottes kann man nur verstehen im Rahmen der großen damaligen Weltreiche, die einander seit dem 6. Jahrhundert v. Chr. ablösten. Auch Alexander der Große und die römischen Kaiser stehen in dieser Abfolge. Mit diesen Weltherrschern wurde regelmäßig auch ein Herrscherkult verknüpft. Das heißt: Die unvorstellbare Machtkonzentration in dem einen Herrscher, der über die ganze Welt regierte, konnte leicht als Darstellung oder Verwirklichung göttlicher Macht aufgefaßt werden. Die daraus resultierende (mehr oder weniger ausgeprägte) göttliche Verehrung des irdischen Machthabers hatte zwangsläufig einen Konflikt mit dem Gottesglauben Israels zur Folge. Kein Zweifel kann daran bestehen: Jesus schließt sich mit seiner Rede vom Reich Gottes an die jüdischen Erwartungen an, die damit verbunden waren.
Nach diesen jüdischen Erwartungen gab es zwischen

Messias und Gottesreich keinen inneren Zusammenhang in dem Sinne, daß beides zeitlich oder sachlich zusammenfalle. Wo überhaupt beides einander zugeordnet ist, da geht das Reich des Messias voraus, und darauf folgt das Reich Gottes. Es gibt demnach ein eigenes »Reich des Christus«, das nicht den umfassenden Charakter des Reiches Gottes hat und das nicht so universal geprägt ist. Im Neuen Testament ist dieses entweder die Zeit zwischen Auferstehung und Wiederkunft Christi, in der Jesus als »König« im Himmel zur Rechten Gottes herrscht, oder es ist ein Teil dieser Zwischenzeit, wie das tausendjährige Reich der Offenbarung des Johannes. Einzelne fassen auch Jesu Wirken in Israel als Ausdruck seines Königtums auf, so besonders Matthäus und Lukas, und sie berichten auf diesem Hintergrund vom Einzug Jesu nach Jerusalem.

Wo das Judentum dagegen vom Reich Gottes spricht, meint es universale Herrschaft und Anerkennung Gottes und Israel in deren Mitte. Diese Herrschaft besteht grundsätzlich im außermenschlichen Bereich der Schöpfung und im »Himmel«, in dem dieser Bereich der Schöpfung reguliert wird. Problematisch ist nur die Anerkennung durch die Menschen und teilweise durch die Dämonen. Wann immer aber ein Mensch sich zum Gott Israels bekennt, nimmt er »das Joch der Gottesherrschaft auf sich«, das heißt: Er erkennt Gott als seinen Herrscher an. Für die Zukunft erwartet man im Judentum ein »Offenbarwerden« der Herrschaft Gottes, nämlich so, daß für alle sichtbar und offenkundig werden wird, *daß* Gott der wahre Herrscher der Welt ist. Dann kann man sich nicht mehr wie bisher an dieser Herrschaft vorbeidrücken. Auch Jesus rechnet in seinen Gleichnissen mit einem künftigen Zeitpunkt, an dem alles, was jetzt im Wachsen oder was noch verborgen ist, offenbar wird. Es ist ein Zeitpunkt der Klarstellung und damit auch des Gerichts, weil offenkundig wird, wer »dagegen war«.

Hat Jesus etwas Neues zum jüdischen Verständnis des Rei-

ches Gottes hinzugebracht? Häufig möchte man gerne hier
die »revolutionäre Besonderheit« des Christentums sehen,
die »schockierende Neuheit«, kurz: nach den Unterschieden fragen dürfen. Da ist es zunächst gut, wenn man nicht
ein völlig einheitliches Bild erwartet, das Jesus vom Reich
Gottes hatte. Vielmehr redet Jesus in zwei wichtigen
Zusammenhängen vom Reich Gottes: beim Sieg über die
Dämonen und bei der Entscheidung für den höchsten Wert.

Sieg über die Dämonen

Der erste Zusammenhang sind die Exorzismen, die Austreibungen von Dämonen. Hier kann Jesus sagen: *Wenn ich mit
dem Finger Gottes die Dämonen austreibe, ist das Reich Gottes zu euch gekommen* (Lk 11,20). Dabei geht es um einen
bereits endgültigen Sieg. Gott und sein Reich haben auf
Erden einen Widersacher: Satan und seinen Machtbereich,
den man sich ebenfalls als ein Reich dachte. Und immer,
wo es im Neuen Testament um Geist oder auch um Geister
geht, handelt es sich um etwas (in sich) Ganzes, Unteilba-
res. Freilich besagt das nicht, daß man danach nun nichts
mehr erwartete, gesagt ist nur: Wo Dämonen ausgetrieben
wurden, dort ist Gott ganz und gar Herr geworden. Gottes
Reich verträgt in dieser Hinsicht nicht auch noch ein bißchen Satansreich neben sich. Nein, hier gibt es nur Ja oder
Nein, schwarz oder weiß. Das gilt immer entsprechend
auch für den Heiligen Geist. Und daher kann er auch, wo er
eingezogen ist, nicht noch einmal kommen. Und genau aus
dem Grund und insofern kennt das Neue Testament keine
zweifache Taufe, sondern nur eine.

Ergebnis: Wo Jesus Geister ausgetrieben oder wo der gute
Geist Gottes Platz gewonnen hat, da ist die Sache endgültig
und vor allem unteilbar. Diese scharfe Konfrontation von
guten und bösen Geistern kennt bereits das Judentum
genauso.

Entscheidung für den höchsten Wert

Der zweite Zusammenhang, in dem Jesus vom Reich Gottes redet, ist gegeben, wenn er auffordert, sich für diesen Schatz, für das Kostbarste, das es gibt, zu entscheiden. Hier sind die Gleichnisse von der Perle und vom Schatz im Acker zu nennen. Alles übrige läßt man um ihretwillen.

Das ist noch ganz im Sinne des Judentums, wo Gottes Reich sich Schritt für Schritt bei jedem durchsetzte, der sich dafür entschied. Jesus macht diese Entscheidung nur schmackhaft, er wirbt für diese Anerkennung Gottes, stellt sie hin als die große, radikale Freiheit. Denn alles andere lassen um Gottes willen, das ist der verborgene Anfang von Gottes Reich. Eigentlich geschieht auch bei den Exorzismen im Kern nichts anderes, als daß ein kleines Fleckchen Schöpfung, das vorher von der Gegenmacht besetzt war, zur (endgültigen) Anerkennung der Herrschaft Gottes zurückgeführt wird.

Jesus kann von dieser Entscheidung auch sehr anstößig reden, indem er etwa von den Eunuchen um des Himmelreiches willen spricht: *Es gibt Eunuchen, die vom Mutterleib her so geboren sind, und es gibt Eunuchen, die von Menschen dazu gemacht wurden. Aber es gibt auch Eunuchen, die sich selbst dazu gemacht haben um des Himmelreiches willen. Wer es fassen kann, der fasse es!* (Mt 19,12). Formulierungen nach der Art des Schlußsatzes, zum Beispiel auch in der Gestalt *Wer Ohren hat zu hören, der höre!* haben stets den Charakter einer Aufforderung. Ihr Sinn ist nicht, resignativ festzustellen, daß die einen »es« begreifen und die anderen nicht. Sondern Jesus sagt: Begreift, daß es hier um das Reich Gottes geht! Wir dagegen denken bei Sätzen wie *Wer es fassen kann, der fasse es!* eher an Vorherbestimmung. Doch selbst bei Sätzen wie *Viele sind berufen, wenige aber auserwählt* (Mt 22,14) geht es nicht um Vorherbestimmung, sondern um die strikte Aufforderung, zu den Auserwählten zu gehören. In dem Satz von den Eunuchen fordert daher Jesus dazu auf, um des Reiches Gottes willen gegebenenfalls auch ehelos zu bleiben. Jedenfalls will er nicht nur mitleidiges Verständnis für solche. Vielmehr: Hier handelt es sich um die Sache, um die einzige Sache, von der zu reden überhaupt lohnend ist. Sicher geht es nicht um eine allgemeine Aufforderung an alle, ehelos zu bleiben. Jesus nennt nur ein Beispiel für die Art, in der Menschen sich für Gottes Reich entscheiden. Und dieses fordert den ganzen Menschen. Auch wer sein Vermögen daransetzt, wie die Menschen nach den Gleichnissen von der Perle und vom Schatz im Acker, folgt deshalb Jesu Ruf, weil sie um jeden Preis Gott gehören und dieses durch eine dauerhafte Form ihrer Existenz sichtbar machen wollen. So bringen sie öffentlich zum Ausdruck, daß Gott der Herr und Besitzer ist. Das wird ganz konkret und physisch im Sinne der Leibeigenschaft verstanden.

So kann man wohl sagen: Im frühen Christentum erwacht die Vorstellung neu, daß die Menschen förmlich Gottes Eigentum sind, ihm gehören und dieses durch Freiheit gegenüber allen anderen Abhängigkeiten (von Besitz, Ehepartner, der Sorge um Kinder) verwirklichen. Diejenigen, die um des Reiches Gottes willen ehelos bleiben, predigen auf ihre Weise, was es heißt, daß Gott allein der Herr ist. Jesus selbst lebte dieses durch eigene Ehelosigkeit vor. Es handelt sich bei Besitz wie bei Eheverzicht um Zeichen, die gesetzt werden, Zeichen auch mit werbendem, missionarischem Charakter.

Jesu eigene Rolle für »Gottes Reich«

Ich weiß nicht, ob man sagen kann, Jesus sei »Repräsentant« der Gottesherrschaft gewesen. Denn das paßt doch schlecht zu seiner Rolle als Messias, die vom Gottesreich gerade zu unterscheiden ist. Ein »Repräsentant« vertritt etwas vollständig in eigener Person, so daß kein Unterschied bleibt. So wie ein Botschafter »Repräsentant« seines

Landes ist und nichts weiter. Jesu Rolle besteht keineswegs darin, in irgendeiner Weise nur ein Stück des kommenden Reiches Gottes zu sein. Nein, er ist der Messias, und bei seinen Wundertaten verlautet nirgends, daß sie etwas mit dem Reich Gottes zu tun hätten. Sie sind nicht dessen Vorwegnahme. Auch sein letztes Mahl ist nicht Vorwegnahme des himmlischen Mahles der Seligkeit, wie man oft glaubt. Kein Wort verlautet davon. Die Idee der »Vorwegnahme« kennt das Judentum gar nicht. Kein Zweifel: Jesus ist wohl Bote Gottes, in ihm ist Gott gegenwärtig. Aber ist auch Gottes Reich in ihm gegenwärtig? Woran liegt es, daß das zumindest nicht gesagt wird? – Wahrscheinlich ist das alles viel zu individualistisch gedacht. »Reich Gottes« ist etwas Großes, sehr Komplexes, eine Geschichte mit Anfang und Ende. Kein einzelner kann es repräsentieren, in sich darstellen. Es ist vor allem Gottes universale Herrschaft. Jesus stellt sie nicht dar, schon gar nicht als der Messias Israels.

Aber Jesus kann das Reich Gottes ankündigen, vorbereiten, Menschen zur Entscheidung dafür bringen. Er kann es bei Exorzismen wie ein erobernder Feldherr Stück um Stück durchsetzen. Er ist vielleicht ein Agent für das Reich zu nennen. Steht das in Spannung zum Judentum, wonach allein Gott sein Reich durchsetzen werde? Auch das kann ich nicht sehen. Denn das Judentum rechnet doch mit Elias Wiederkommen, und Elia hat keine andere Aufgabe als die, Menschen (in Israel) auf Gottes Kommen vorzubereiten. Deshalb werden Jesus und der Täufer oft gefragt, ob sie der wiedergekommene Elia seien. Jesus trägt, besonders in seinen Wundertaten, viele Züge des Eliabildes. Der wiedergekommene Elia aber kommt nach der Erwartung des Judentums ausdrücklich in der Zeit »vor« dem Reich Gottes (Maleachi 3,23). Er soll die Herzen des Volkes »bereiten« und Gottes Zorn besänftigen (Sirach 48,10).

Ergebnis: Jesus steht zum Reich Gottes in derselben Beziehung wie Elia zum Tag des Herrn. Schon das Alte Testament und erst recht das Frühjudentum kennen also mindestens einen Agenten des Kommens Gottes. Auch das ist nicht neu, daß Jesus von dem, was an Gott verborgen ist, in Bildern und Gleichnissen redet.

Nun hat man gesagt: Jesus hat vom Reich Gottes im Sinne einer Gabe gesprochen, die nur geschenkt wird. Daß man hingegen besondere Bedingungen zu erfüllen habe, um es zu erlangen, das sei erst nachösterlich. Davon habe Jesus nicht sprechen können.

Dazu möchte ich sagen: Nein, das ist ein unmögliches Postulat. Denn wer kann im Ernst festlegen, daß Jesus vor Ostern nur davon gesprochen haben müsse, beim Kommen des Reiches sei nur Gott aktiv? Bei dieser Auskunft scheint doch allzu penetrant eine flache Auffassung von Rechtfertigung durch. In Wahrheit gilt: Die strenge Scheidung von Gottes Tun und Tun der Menschen ist modern und – biblisch gesehen – immer absurd.

Aber es gibt noch weitere aus dem Alten Testament und aus dem Judentum herkommende Elemente des »Reiches Gottes«: Das Bild des Hineingehens in das Reich orientiert sich am Bild des heiligen Bezirks, der heiligen Versammlung. Schon im 5. Buch Mose geht es um Zulassungsbedingungen für die »heilige Versammlung«. Diese Vorstellung steht Pate für das Hineingehen in Gottes Reich. Und ist es nicht ganz selbstverständlich, daß man sich im Judentum das Reich Gottes mit Gottes Thron in der Mitte vorstellt wie den heiligen Tempel? Gottes Reich im Himmel jedenfalls denkt man sich so. Von daher behält die »Reinheit« bei Jesus ihre grundlegende Bedeutung, auch wenn sie jetzt vom Herzen ausgeht.

Bleibt noch dies: Konnte man sich Gottes Reich so vorstellen, daß Israel nicht daran teilhätte, wohl aber die Heiden? Liegt hier nicht der Bruch? Daß man mit Gerechten aus den »Völkern« rechnet, die das einnehmen werden, was für Israel bestimmt war? Doch auch für dieses Thema sind die Entscheidungen längst vorher gefallen. Schon in den

Henochbüchern ist nicht die Zugehörigkeit zu Israel das Kriterium des Bestehenkönnens im Gericht, sondern allein Gerechtigkeit oder Ungerechtigkeit. Zunächst sind »die Gerechten« wohl noch als Rest aus Israel vorgestellt, aber erweisbar ist die Herkunft dieser Gruppe aus Israel schon nicht mehr.

Es gibt Worte wie dieses: *Ihr werdet Abraham, Isaak und Jakob und alle Propheten im Reich Gottes sehen, euch selbst aber hinausgeworfen. Und es werden andere kommen von den vier Himmelsrichtungen und Platz nehmen im Reich Gottes* (Lukas 13,28). Aber sind solche Sätze nicht zunächst provokativ und appellativ gemeint, sollen sie nicht bis zum Äußersten die Eifersucht reizen und sind sie wirklich schon wörtlich im Sinne der nachösterlichen Völkermission zu nehmen?

Ich möchte das bezweifeln und sehe in der Erwähnung des Hinzutretens der Heiden kein Argument für einen zwingend nachösterlichen Ursprung dieses Wortes. Schließlich haben wir es hier nicht mit dogmatischen Aussagen zu tun, sondern mit dringlichen Aufforderungen, die reizen und provozieren sollen, nicht mit Weissagungen. Offenbar war es ein Merkmal der dringlichen Predigt Jesu und auch schon Johannes des Täufers, die nicht folgsamen Juden gegen die besseren Heiden auszuspielen. Das setzt eine Heidenmission keineswegs voraus. Neu ist im Unterschied zum Judentum vorher die Schärfe der Appelle. Nach den Berichten der Evangelien gehört die Argumentation »Wenn ihr nicht wollt, dann kommen andere dran« (d. h. das drohende Spielen mit der Auserwähltheit), schon zum Repertoire Johannes des Täufers. Durch diese Appelle wird die Auserwähltheit aber gerade nicht geringgeschätzt, sondern als wertvollste vorstellbare Größe genannt. Gott drängt, seine Herrschaft durchzusetzen. In irgendeiner Form wird dies auch Herrschaft über die Heiden sein. Und im übrigen gilt, daß die christliche Kirche zumindest nie ein Recht dazu gehabt hätte, den Verlust einer judenchristlichen

Mitte der christlichen Gemeinde klaglos hinzunehmen. So setzt schon Paulus alles daran, die Judenchristen in Jerusalem zur Zustimmung dazu zu bewegen, daß sie ihre Rolle als Mitte einer im übrigen weitgehend heidenchristlichen Kirche wahrnehmen und seine Kollekte annehmen sollen. Das ist konsequent gedacht: Nach dem Ölbaumgleichnis des Paulus, wonach die Heidenchristen nur aufgepropfte Reiser auf dem einen Baum Gottes sind, können die Heidenchristen immer nur »Zugereiste« im Volk Gottes sein.

Hat Jesus sich im Termin geirrt?

In wenigen Jahren ist Jahrtausendwende. Schon heute werden Karten für Silvesterparties 1999 verkauft. Wenn es also mindestens 2000 Jahre gedauert hat und wohl dauern wird – hat sich also Jesus dann mit seinen Worten über das nahe Weltende geirrt? Denn Jesus hat zum Beispiel gesagt: *Es sind einige von denen, die hier stehen, die werden den Tod nicht schmecken, bis sie das Reich Gottes kommen sehen in Macht* (Mk 9,1). – Aber vielleicht hat Jesus sich nicht einfach geirrt. Wir denken oft an einen Irrtum Jesu und der frühen Christen, weil wir meinen, das Ende sei ein Punkt, ein Augenblick zwischen zwei Uhrzeigerständen. Aber das steht nirgends in der Bibel. Statt dessen ist von der Wolke die Rede, in der und mit der der Menschensohn kommt.
Wir kennen das als Erfahrung aus dem Gebirge: Wer in eine Wolke hineingerät, bemerkt es kaum. Nur von weitem ist die Wolke zu erkennen, nicht für den, der darin steht. Könnte es nicht sein, daß das Kommen des Menschensohnes längst begonnen hat, vielleicht viel früher als vor dem Ende der ersten Generation?
Könnte es nicht sein, daß das Ende nicht ein kurzfristiges Spektakel ist wie auf der Bühne, sondern ein Prozeß wie das Hingehen der Mystiker zu Gott, die immer in symbolischen Abständen von Zehntausenden von Raum-und-Zeit-Einheiten sprechen? Schon die jüdische Mystik zur Zeit

der frühen Christen spricht von diesen unvorstellbaren Abständen auf dem Weg zwischen Mensch und Gott, bildlich formuliert zwischen den Hagelflüssen und den Flüssen der Dunkelheit, zwischen den Kammern der Blitze und den Wolken des Trostes, zwischen den lebenden Wesen der Heiligkeit und dem Thron der Herrlichkeit. So weit und noch unfaßlich viel weiter weg ist der Thron Gottes. Denn so herrlich ist Gott. Doch der Mensch, den Gott auserwählt hat, den er unsinnigerweise liebt, dieser Mensch darf diese Entfernungen durchschreiten. Bilder für den Kontrast von Herrlichkeit Gottes und intimer Nähe, in die Gott den Menschen dennoch beruft.

Nur *umgekehrt* ist die Richtung beim Kommen des Reiches. Aber so, wie der Mystiker schier unendliche Räume durcheilen muß, um zu Gottes Thron zu kommen, so ist auch das Kommen Gottes ein Prozeß von langer Zeit. Aber alles das, was uns umfängt, sind schon die Nebelschwaden der einen großen Wolke der Gegenwart Gottes. So also, daß das Ende viel gewaltiger wird, als wir es uns mit unserem Fernsehverstand vorstellen können. Und so wie Jesaja gerade den Saum des Gewandes Gottes wahrnehmen konnte, aber immerhin doch bei Gottes Thron war, ganz dicht dabei – so können auch wir nur wenig von dem ungeheuren Geschehen wahrnehmen, weil wir mitten darin stehen – gerade so wie Menschen, die schon in einer Wolke stehen, aber doch erst ein paar Schwaden davon sehen.

Nein, unser Blick wird nicht reichen, das Ganze zu sehen wie ein Panorama zu unseren Füßen. Denn wir stehen ja mitten darin. Nur von Gott könnte man ahnen, daß er eine Ansicht, einen Anblick des Ganzen hätte. Und wie der erwählte Mystiker schon nahe bei Gott ist und doch noch unvorstellbar weit, so könnte es auch mit dem Kommen des Menschensohnes sein. Wir sind schon in der Wolke, die Auserwählten werden schon gesammelt. Doch Gottes Größe erdrückt uns nicht, und daher ist es ein langer Weg hinein in das Geheimnis seiner Gegenwart. Und wenn Gott unergründlich ist, wann können wir sagen, wir wären bei ihm angelangt? Wenn Gott so groß ist, dann bleiben doch alles nur Bilder, dann kann man sich auch nicht im Termin irren. Nur der Grundsatz ist wichtig, daß das Geheimnis Gottes dem Menschen nahegerückt ist, nahe auf den Pelz, nahe ans Herz, nahe in faszinierender Verheißung, aber auch in unausweichlicher Forderung.

In dieser Gegenwart Gottes gelten nicht Uhr und Tag noch Jahr oder Jahrtausend. Nur eines gilt: Es hat überhaupt schon begonnen. Der Weg zur bedingungslosen Verherrlichung aller Kreatur ist schon eingeschlagen, der *count down* in die Ewigkeit Gottes hinein läuft. Dieses und nichts anderes ist die Botschaft Jesu: daß wir geradezu hineingerissen werden in das Heranbrausen Gottes, dessen Thron und Angesicht ganz nahe sind. Und alle Geschichte besteht fortan darin, daß der Engel Gottes auf uns zufliegt. Nicht mehr die endlose Linie ist das Bild für die Geschichte, sondern alles, auch alle Schuld, geschieht im Gegenüber zum kommenden Gott.

Reich Gottes in den Gleichnissen

Jesu Gleichnisse beschreiben immer Anfang und Ende eines Geschehens, zum Beispiel das Verhältnis von Saat und Ernte. So lehren sie dieses: Gottes Reich ist nicht ein Punkt in der Geschichte, sondern ein langandauerndes subversives Geschehen. »Subversiv« im Verhältnis zur scheinbaren Alleingültigkeit des jetzt Sichtbaren und zur scheinbaren Allmacht derer, die jetzt Macht haben. Reich Gottes ist das Ganze, von den kleinen Anfängen an bis zum endgültigen Offenbarwerden. Ein umfassendes Geschehen steht daher im Blick. Den Blick dagegen auf Einzelheiten zu fixieren und sich darin womöglich zu verlieren, das ist dem Reich Gottes nicht angemessen. – Noch etwas lehren einige Reich-Gottes-Gleichnisse: Das Reich Gottes ist ein Schatz, ein Höchstwert, etwas voller Kostbarkeit.

Das Reich der Himmel gleicht einem im Acker verborgenen Schatz. Den fand ein Mensch und verbarg ihn. Und voll Freude ging er hin und verkaufte all seine Habe und kaufte den Acker (Mt 13,44).

Raffiniert und unsinnig zugleich war dieser Mensch. Raffiniert war er, auf durchaus schon anrüchige Weise clever: Er findet einen Schatz, aber er sagt dem derzeitigen Eigentümer des Ackers nichts davon. Vielmehr erwirbt er das Grundstück zu marktüblichen Preisen. Ein Spekulant also und ein übler Heimlichtuer. Rein formalrechtlich ist noch gerade so eben alles in Ordnung. Denn er muß ja nicht alles sagen, was er weiß. Er tut einfach so, als gäbe es den Schatz im Acker nicht. »Was wollen Sie denn«, würde er sagen. »Ich habe den Acker normal gekauft. Das übrige ist meine Sache.« Es ist dieselbe Raffinesse in Gelddingen, die Jesus öfter beschreibt und die ihn wohl fasziniert hat. So machen es clevere Leute. Hemmungslos sind sie auf ihren Vorteil bedacht, geradlinig gehen sie vor. – Aber auch ziemlich unvernünftig ist dieser Mann: Er verkauft buchstäblich alles, was er hat. Eine Haushaltsauflösung inklusive Geschäftsaufgabe mit Räumungsverkauf und Wohnhausversteigerung. Er gibt alles daran, alles Ererbte und Vertraute, den Tisch der Eltern, das Geschirr der Küche. Nur so kommt es genau hin. Billiger geht es nicht, denn Immobilien gehören zum Teuren. Er gibt alles weg, besitzt so etwas wie eine Goldgräbermentalität. Nur hat er den Schatz schon. Aber wie Goldgräber setzt er alles auf eine Karte. Soll man nur auf ein einziges Schiff setzen?

Und da ist noch etwas. Beim Nacherzählen dieses Gleichnisses wird in der Regel erfahrungsgemäß ein Zug vergessen: *Und voll Freude ging er hin.* Die Freude läßt ihn so handeln, wie es geschah. Hier gibt jemand alles auf aus Freude über einen Fund. Das gibt es eigentlich nur in der Liebe. Wie die Bibel sagt: »Und dann wird der Mann Vater und Mutter verlassen und seiner Frau anhangen.« Wenn es ein großer Schatz ist, tut man es gern. Jesus beschreibt die Fähigkeit, alles dranzusetzen, um das Eine zu gewinnen. Jesus wie Paulus kennen nur Christen, die den grundsätzlichen Abschied vollzogen haben, bei Jesus von der Familie und vom Besitz, bei Paulus heißt das Mitsterben in der Taufe. Menschen, die nicht rundum geborgen sind, sondern gezeichnet durch die Narben des Abschieds. Schmerz prägt Menschen, nicht das Wohlleben. Das Ideal Jesu ist nicht der allseitig ausgeglichene, um Gesundheit und Ansehen ringsum besorgte Mensch, sondern der vom Risiko der Einseitigkeit Gezeichnete, der alles auf eine Karte setzt. Nur der ist auch gefährlich. Er kann alles zur Disposition stellen außer seinem Ziel. Was Jesus will, ist keine langweilige Durchschnittsmoral, bei der sich niemand überarbeiten soll. Keine sogenannte Gewerkschaftsmentalität. Hier gilt dies: alles auf die eine Karte setzen, Gott und sich selbst dabei finden. Wir finden uns nur, haben nur die Fähigkeit zu tiefer, umfassender Freude, wenn wir frei zum Abschied werden, den Dialog um Sein oder Nichts in der Wüste führen können. Nur dann können wir auch lernen, Freude, besinnungslose Freude zu unterscheiden von den kränkelnden Gebilden unserer Lüste und Unlüste. Reine Freude, weil wir Abschied nehmen können. Nur um den Preis dieses Schmerzes gibt es sie.

Das Gesetz

Stellt sich Jesus über das Gesetz?

Sehr oft hat man gemeint, Jesus habe sich gegenüber dem Judentum und dem Alten Testament profilieren müssen, indem er das Gesetz außer Kraft setzte und Mose überbieten wollte.
Indes: Profilieren wollten sich nur christliche Ausleger mit dieser Art von Auslegung. Indem man meinte, dem Judentum Gesetzlichkeit und Leistungsfrömmigkeit vorwerfen zu können, schlug man eine Brücke zwischen Jesus und Pau-

lus. Jesus habe noch unsystematisch, doch prinzipiell das Gesetz aufgehoben, besonders was Reinheit und Tempelkult angehe, Paulus dagegen systematisch und radikal das ganze Gesetz.

Beides sind wohl sicher Irrtümer, doch solche mit jahrhundertelangen verhängnisvollen Folgen. Wenn das zutrifft, wenn die angebliche Beseitigung der Thora ein Irrtum war, dann gewinnt nicht zuletzt das sogenannte Alte Testament eine völlig neue Leuchtkraft. Ebenso wie die jüdische Gesetzlichkeit ein Phantom ist und sich bei näherem Hinsehen als ein getreuliches Spiegelbild christlicher Kleinbürgerlichkeit mit ihrer moralischen Überheblichkeit und ihrem ungeheuren Drang nach ideologischer Selbstrechtfertigung erweist, ebenso ist auch Jesus, der das Gesetz zerbrochen haben soll, Wunschtraum von Privatbürgern, die jede Art von Gesetz als Bedrohung und öffentlichem Charakter des Christentums als Gefährdung ihrer beschaulichen Existenz ansehen. Denn wo Christentum reine Privatsache geworden ist, da kann politische, öffentliche Verbindlichkeit nur noch als Alptraum erlebt werden. Seit der Biedermeierzeit möchten wir in so hohem Maße in Ruhe gelassen werden, daß die Verbindlichkeit des Gesetzes immer das Außen ist, nicht das Eigentliche jedoch.

Und immer wieder muß Jesu »Reinigung« des Tempels, die Vertreibung der Händler aus dem Vorhof der Heiden dazu herhalten, Jesu angebliche Feindschaft gegen den Kult zu begründen. Das ist besonders bei den Auslegern beliebt, die larmoyant unter Ritus und Kultus der eigenen Kirche zu »leiden« vorgeben. In Wahrheit geht die sogenannte Kultkritik Jesu nirgends über das hinaus, was schon bei den Propheten steht. Diese Kritik setzt bei den Propheten wie bei Jesus den ausgeübten Tempeldienst *voraus,* ohne ihn »abschaffen« zu wollen oder zu können. Vielmehr wurde der Tempelkult durch die Zerstörung des Tempels im Jahre 70 n. Chr. im wesentlichen beendet. Dies ist nicht das »Verdienst« des Christentums, sondern der Römer.

Wenn Jesus Propheten zitiert und auslegt, wonach Gott Erbarmen und nicht Opfer wolle oder wonach Gott anderes mehr schätze als Opfer, dann kritisiert er mit Leidenschaft eine Religion, mit der es sich viele zu leicht machen und legt Wert auf das, was schwerer ist, nämlich auf das reine Herz. Aber seit wann will zum Beispiel jemand, der kritisiert, daß viele Menschen die Institution Ehe nur als eine Art Versicherung ansehen, damit auch schon die Ehe abschaffen? Alle Evangelien berichten, daß Jesus im Tempel gelehrt habe. Das paßt schlecht zu einer radikalen Ablehnung, vor allem deshalb, weil Jesus bei all seinem Lehren im Tempel dann keineswegs äußert, ihn abschaffen zu wollen. Für solche »neue Lehre« hätte dann die Wüste schon besser gepaßt.

Und wenn Jesus ankündigt, der Tempel werde zerstört werden, so richtet sich das nicht gegen den Kult – das ist mit keinem Wort darin gesagt –, sondern bezieht sich auf eine Drohung, das Herz des Judentums betreffend. Vielmehr gilt umgekehrt: Eine Strafe, die nur Wertloses beträfe, wäre keine wirkliche Strafe, die man spüren könnte. Hier ist das, was man »formgeschichtliche Einordnung« eines Wortes nennt, wichtig. Vergleichbare Worte – wiederum bei Propheten – legen den Schluß nahe: Jesus droht, die Vollmacht, die er hat, daß nämlich seine Worte Taten schaffen, auch gegen ein ungehorsames Israel verwendet werden kann. – Bei der Vertreibung der Händler schließlich erweist sich Jesus geradezu als Eiferer für den Tempel und seine neue Bedeutung in der Zeit, die jetzt kommt. Nach dem ältesten Zeugnis im Markusevangelium macht Jesus den »Vorhof der Heiden«, der bislang zweckentfremdet wurde, da es keine Heiden im Tempel gab, frei für die kommende Zeit. Denn in dieser sollen, werden und dürfen auch die Heiden nach Jerusalem strömen und dort den Gott Israels als ihren Gott anbeten (Mk 11,17). Weder ist Jesu Handeln gegen den Tempel gerichtet noch gegen den Opferkult, sondern das Gegenteil ist der Fall. Und das Johannesevangelium urteilt noch ganz richtig, indem es hier vom Eifer Jesu für den Tempel Gottes spricht (Joh 2,17). Fast jedes der Worte, die hier gebraucht werden, ist von Propheten seit alters her bereits auf die kommende Heilszeit gemünzt, auch die Anbetung der Heiden. Offenbar sollten sie Heiden bleiben und nicht zum Judentum übertreten.

Ergebnis: Jesus sucht den Tempel auf, er sucht ihn im wahrsten Sinne des Wortes, um hier, im Herzen des Gottesvolkes, darzustellen, wer er ist, was er verheißen oder androhen kann und was er von den Menschen verlangt. Der Tempel ist dafür nicht belanglose Kulisse, sondern was mit ihm und in ihm geschieht, ist symptomatisch für das Ganze. Genau aus diesem Grund fügt Lukas noch hinzu, daß hier der zwölfjährige Jesus seine überlegene Weisheit zeigen konnte (Lk 2,41–51) und daß Paulus hier den Auftrag zur Völkermission erhielt (Apg 22,17–21). Auch nach dem Johannesevangelium (7,38) demonstriert Jesus an diesem Ort, wer er ist, indem er zum Beispiel die Tempelquelle zum Bild für das eigene Wirken werden läßt. Die Propheten Ezechiel und Sacharja hatten eine Tempelquelle für das künftige Jerusalem verheißen. Wer so spricht, dessen Herz hängt an der Zukunft des Tempels. Sonst würde er sich andere Bilder suchen.

Wie ist es aber mit dem »Ich aber sage euch«, mit dem Jesus besonders nach Matthäus (5,21–48) sich dem kritisch gegenüberstellt, was »zu den Alten gesagt worden ist«? Es fällt schon auf, daß Jesus nicht Mose nennt und den Autoritätskonflikt also umgeht. Zwei Dinge sollte man daher bei der Auslegung der Antithesen der Bergpredigt vermeiden: Man sollte nicht die Überbietung der Thora als Gesetzeskritik deuten, weil man das als Christ vielleicht gut gebrauchen könnte, um sich vom Judentum angenehm zu unterscheiden, und man sollte nicht annehmen, Jesus überbiete Mose, denn es geht hier nicht um die Autoritätenfrage.

Denn wenige Verse zuvor hatte Jesus gesagt, das Gesetz gelte sowieso (Mt 5,17: Kein Häkchen und kein Jota will er übertreten). Das Problem steht daher in diesem Zusammenhang völlig außerhalb. Nach so wenigen Versen wird Matthäus nicht vergessen haben, daß Jesus Gehorsam gegenüber dem ganzen Gesetz gefordert und selbst praktiziert hatte. *In Frage steht ausdrücklich nicht die Geltung des Gesetzes.* Aber das Gesetz zu erfüllen, wie es gut und nötig ist und wie es die Pharisäer tun, das reicht nicht aus, um in den Himmel zu kommen. Es geht deshalb nicht um die Abschaffung des Gesetzes und den Ersatz durch Besseres, sondern zunächst einmal gilt das Gesetz, und dann kommt noch mehr, ja das Entscheidende hinzu. Denn das Ziel ist nicht mehr nur, lange zu leben auf Erden, sondern das Leben vor dem Tod gewinnt Gestalt durch die Hoffnung auf das Leben nach dem Tod. Beides zusammen, so gestaltete Gegenwart und so erhoffte Zukunft, haben zu tun mit dem »Reich Gottes«. Auch schon im Markusevangelium hatte Jesus dem reichen Jüngling gesagt: Die Bewahrung der Gebote reicht nicht, du mußt dich von dem trennen, woran du am meisten hängst. Nach Markus war das für den reichen Jüngling der Besitz, und es erwies sich für ihn als schwer, ja als unmöglich, sich davon zu trennen. In der Bergpredigt geht es in ähnlicher Weise um liebgewordene Techniken, Recht zu haben. Auch von ihnen will man sich nicht trennen.

Recht haben wollen Menschen gegenüber dem Bruder, über den sie schimpfen, oder wenn sie Unversöhnlichkeit pflegen oder wenn sie es sich herausnehmen, jede Frau, die ihnen begegnet, als Bettgenossin zu taxieren und bei Bedarf zu entlassen. Recht behalten wollen Menschen, indem sie Gottes heiligen Namen für ihre Eide benutzen, indem sie sich immer brav wehren, indem sie leicht und säuberlich trennen zwischen Freund und Feind. Diesem wie selbstverständlich geübten Inanspruchnehmen von Rechten steht die Gerechtigkeit gegenüber, die die der Pharisäer übertreffen muß. Sie ist das einzig Entscheidende. Denn von ihr hängt es ab, ob man in den Himmel kommt. Demgegenüber ist jede Verlagerung auf die Autoritätenfrage (Mose oder Jesus?) sachfremd, rein akademisch, viel zu modern gedacht und am Ende auch kleinlich. Denn was macht schon diese oder jene Autorität aus, wenn es doch um den Himmel geht, um ewiges Leben oder die dumpfe Gottesferne? Vielmehr geht so die Musik: Das Gesetz gilt sowieso, aber das reicht nicht. Und so betreffen die Sätze, die mit »Ich aber sage euch...« beginnen, gar nicht mehr das Gesetz, sondern die davon durchaus verschiedene »bessere Gerechtigkeit«. An der Art, in der Jesus über »Auge um Auge, Zahn um Zahn« redet (Mt 5,38f), läßt sich das gut veranschaulichen: Es geht um das Prinzip der Vergeltung nach der Regel der Gegenseitigkeit. Wie jedermann weiß, ist dieses nichts Schlimmes, sondern eine vernünftige Grundlage jedes irdischen Rechts. Schon im Alten Testament fordert die Regel »Auge um Auge, Zahn um Zahn« nicht dazu auf, dem anderen diese Körperteile zu zerstören (2. Mose 21,24), sondern besagt: Für eine Schuld muß man *entsprechend und angemessen* bestraft werden, indem der Täter ausgleicht, was er angerichtet hat. Das ist nicht blutrünstig, sondern gerecht, wie »man« meinen darf. An anderer Stelle kritisiert Jesus diese bürgerliche Regel von Geben und Nehmen ebenso: Wo es nur um Grüßen und Wiedergegrüßtwerden, um Einladen und Wiedereingeladenwerden, um Gutes-Tun und Gutes-Empfangen geht, dort, wo diese Regel des Gib und Nimm einfach gilt, kann Neues nicht werden. Nur wer diesen Kreislauf durchbricht, kann dem ewigen Trott und Filz entkommen. Es ist eine Haltung wie sie Märtyrer zeigen, und so deutet Jesus den Verzicht auf Geben und Nehmen in Matthäus 5,39–42 im Sinne des bereitwilligen Leidens, daß man sich zwingen, berauben und Gewalt antun läßt. Warum das alles? Wer Gewalt erfährt, zahlt sie nicht heim. So wird Gewalt erstickt, die Kette von Gewalt und Gegengewalt, der wir allzu gerne folgen, wird aufgelöst, und zwar schon bei der ersten Chance, die sich für ihr Entstehen bietet. Aber es geht sicher nicht in erster Linie um den Frieden auf Erden dabei, sondern um die Frage nach Hoffnung. Nur wer durch Friedenschaffen den Kreislauf durchbricht, kann Hoffnung auf Zukunft haben. An dieser Stelle zeigt sich ein großer Unterschied zu unserem Denken: Bei uns geht es um den sofortigen, kurzfristigen Erfolg (»Frieden auf Erden«). Bei Jesus geht es viel radikaler um eine Chance für Zukunft, nicht um das Meßbare von morgen, sondern um das erst Erahnbare von übermorgen. – Nur mit einer Haltung für oder gegen das Gesetz hat das alles nichts zu tun.

Am Anfang seines ausgeführten Programms (Mt 5,21–37) folgt Jesus dabei noch dem besonderen pharisäischen Anliegen der Reinheit: Blutschuld lädt man schon bei Schimpfwörtern auf sich; Befleckung wie bei Ehebruch entsteht schon durch Anblicken; bei Scheidung geschieht, wenn man seine Frau entläßt, nichts Unerhebliches oder nur Neutrales, sondern man stiftet an zum Ehebruch; auch Schwören ist nichts Neutrales, sondern ist Befleckung des Namens Gottes. Erst in Matthäus 5,38–48 ergänzt Jesus mit den Worten gegen das Vergelten und für die Feindesliebe die traditionell pharisäisch gedachten Fälle durch eine besondere Märtyrerethik. Denn bei Verzicht auf entsprechende Vergeltung und bei Feindesliebe kommt jene Zukunftshoffnung ins Spiel, die das Himmelreich ausmacht. Auch die von Jesus im Vorangehenden eingeforderte Reinheit konnte Einlaßkarte in das Reich Gottes sein, wenn man dieses nur verstand als den heiligen Tempel Gottes, als himmlisches Heiligtum.

Aufhebung des Sabbats?

Wenn Jesus sagt: Nicht der Mensch ist für den Sabbat da, sondern der Sabbat für den Menschen (Mk 2,27), und wenn er damit die Übertretung des Sabbatgebotes rechtfertigt – hat er da nicht das Sabbatgebot außer Kraft gesetzt? Nennt er da nicht aus eigener Vollmacht einen Maßstab, eben den Menschen und sein Wohl, den das Sabbatgebot nicht kannte? Gerade das Gegenteil ist der Fall, und Jesus begreift sich als einen, der das Gesetz richtig auslegt und der zeitbedingte Kompromisse rückgängig macht. Der Maßstab ist wiederum die Schöpfungsordnung.

Das Judentum kennt seit langem den Fall, daß Verpflichtungen aus unterschiedlichen Geboten kollidieren und einander zu widersprechen scheinen. Und wesentlich aus diesem Grund muß es Gesetzeslehrer geben, die Maßstäbe nennen für die Fälle, in denen zwei widerstreitende Gebote Anwendung finden müßten. Das gibt es in jedem Regelgebäude unter Menschen. Auch Jesus werden Fälle vorgelegt, in denen sich zumindest die Konsequenzen aus Geboten gegenseitig zu stören scheinen.

Beim Sabbatgebot konnte man sich zwei unterschiedlichen Leitmaßstäben anschließen. Nach dem ersten Maßstab, nach der einen Richtung unter den Rabbinen also, gilt die Reihenfolge der Schöpfungstage als Rangordnung. Das jeweils früher Geschaffene ist zur Ehre des jeweils späteren da. So dient alles bis zum 6. Tage Geschaffene dem Menschen, das Ziel des Menschen aber ist die Sabbatruhe. Im Grunde ist das ein ansprechender Gedanke: Das Ziel der Schöpfung ist die Ruhe des Sabbats. Von daher kommt es auch zu einer Deutung des Sabbats auf das kommende Himmelreich, das man sich wie einen einzigen großen Sabbat vorstellte. Doch man konnte dieses auch weniger »menschenfreundlich«, wie wir sagen würden, auslegen, nämlich so, daß die Sabbatruhe an jedem einzelnen Sabbat eine sehr strenge Norm ist, der sich auch Notfälle weitgehend unterordnen müssen. Die Qumrantexte bezeugen, wie man zur Zeit Jesu darüber dachte.

Jesus schließt sich diesem Maßstab nicht an, sondern wählt den anderen. Da gilt in allen Konfliktfällen, daß Personen und Persongüter über Sachgütern stehen. Also: Israel (das Volk) ist nicht für den Tempel da, sondern der Tempel für Israel, oder: der Mensch ist nicht für das Gesetz da, sondern das Gesetz für den Menschen. Auf dieser Argumentationslinie bewegt sich Jesus. Damit schafft er nicht das Gesetz ab, erhebt sich nicht über Mose, sondern benennt für den Konfliktfall ein durchaus übliches Kriterium. Ähnlich urteilt Jesus auch sonst, wenn er Faustregeln nennt und zum Beispiel angibt, der Sabbat sei da, um Gutes zu tun, nicht aber um Böses zu tun. Im einen wie im anderen Fall geht es um Aussagen über das Verhältnis eines kultischen Gebots zu ethisch-moralischen Pflichten. Wenn Jesus kommentiert, »der Menschensohn« sei »Herr über den Sabbat«, dann meint er Herrsein nicht im Sinne moderner Zerstörungsherrschaft, sondern im Sinne rechter Verwaltung und Meisterung. Am Sabbat erweist sich seine Vollmacht als sinnvoll, ganz im Sinne zeitgenössischer »Wohltäter«.

Während man nach den synoptischen Evangelien durchaus streiten konnte, ob das Heilen, das Jesus am Sabbat wirkte, »Arbeit« zu nennen war, läuft Jesu Aufforderung nach Johannes 5,8 (»Nimm dein Bett und geh…«) direkt Jeremia 17,21 (»Tragt keine Last am Sabbat durch die Tore Jerusalems«) entgegen. Aber auch dieser gezielte Verstoß hat seinen Sinn nicht in sich selbst. Denn Jesus hat sein Wirken am Sabbat Gottes eigenem Tun abgeguckt. Nach Johannes 5,19f macht Jesus nur Gottes eigenes heilvolles Tun am Sabbat (er schafft z. B. Leben und Nahrung für alles Lebendige) geradezu nach. Gerade so ist auch das in einigen Handschriften zu Lukas 6,5 bewahrte Wort zu verstehen. Einem Mann, der am Sabbat arbeitet, sagt Jesus: »Selig bist du, wenn du weißt, was du tust. Wenn aber nicht: verflucht bist du und ein Überteter des Gesetzes.« Selig ist der Mann dann, wenn er am Sabbat im Blick auf Gott arbeitet. Verflucht ist er, wenn er in Unkenntnis von Gott und Gebot einfach gedankenlos handelt (wie die Heiden).

Ergebnis: Tempel und Gesetz haben als vorgegebene Größen im Judentum für das Handeln Jesu eine recht ähnliche Bedeutung. Weil sie einfach konkret gegebene Grundbestandteile der jüdischen Religion sind, erweist Jesus an ihnen, wer er ist. In beiden Fällen geht es nicht um die Frage, ob Jesu formelle Autorität »höher« steht; entscheidend ist vielmehr, daß er im Gegenüber zu diesen beiden Wirklichkeiten Gestalt gewinnt, sagt und darstellt, was er will und wer er ist. Hätte Jesus diese beiden Größen abgeschafft, so hätten sie diese Funktion gar nicht mehr erfüllen können. Sie sind weder nur »Hintergrund« noch gar »Kontrastfolie« für Jesu Handeln, aber sein Handeln bezieht sich auf sie, deutend, überbietend, als Erfüllung und manchen zeitgenössischen Weg korrigierend.

Sympathie für die Ehebrecherin

Der Abschnitt Johannes 7,53–8,11 ist in vielen Bibelausgaben klein gedruckt, denn der Text gehört wohl nicht ursprünglich zum Johannesevangelium. Vielmehr wurde der Text in einer sehr bewegten Textgeschichte überall herumgestoßen, tauchte mal hier auf und mal dort. Als eine der Ursachen dafür, daß ihn buchstäblich niemand haben wollte, daß man ihn nirgends unterbringen konnte, läßt sich vermuten, daß sein Inhalt unverhältnismäßig anstößig ist: Jesus verurteilt eine vorgeführte Ehebrecherin nicht, sondern sagt zu den Umstehenden: *Wer von euch ohne Sünde ist, der werfe den ersten Stein.* Daraufhin ziehen sich die Angesprochenen still und betreten zurück. Jesus sagt der Frau: *Los, sündige in Zukunft nicht mehr.* Wenn man eine Ehebrecherin nicht mehr verurteilen darf, so mag es vielen erscheinen, dann ist die Anarchie ausgebrochen.

Verschiedentlich berichten die Evangelien davon, daß Jesus von kompetenten jüdischen Gesprächspartnern »auf die Probe gestellt«, »geprüft«, »herausgefordert« oder »versucht« wird. Es wird immer dasselbe griechische Wort gebraucht, das diese unterschiedlichen Bedeutungsnuancen haben kann, und zumeist übersetzte man nach der Vormeinung, die man von Jesu Diskussionspartnern hatte. Hielt man sie gegenüber Jesus für sehr feindlich gesonnen, so übersetzte man mit »versuchen«, betonte man das sachliche Anliegen, so gab man das Wort mit »geprüft« wieder. Regelmäßig geht es um ein Dilemma, d. h. um eine Frage, deren Beantwortung sowohl in der einen wie in der anderen möglichen Hinsicht in große Unannehmlichkeiten führen würde. So etwa bei der Steuermünze: Bejaht Jesus das Steuernzahlen, dann erweist er sich als römerfreundlicher Pragmatiker, verneint er es, macht er sich den Römern zum Feind (Markus 12,15). Oder bei der Ehescheidung: Bejaht er die Scheidung, so macht er sich zum Anwalt laxer Moral, verneint er die Möglichkeit, so werden sich die Eheleute wohl durch Ehebrechen Abhilfe verschaffen (Markus 10,2). Oder bei der Frage nach dem Weg zum ewigen Leben: Welchen Weg er auch nennt, immer besteht die Gefahr, wichtige Gebote auszulassen (Lukas 10,25). Ähnlich bei der Frage nach dem Gebot, das »groß« ist (Matthäus 12,35), wo doch Jesus selbst sich gegen Übertreten selbst der kleinsten Vorschriften, von Jota und Häkchen, gewendet hatte (Matthäus 5,18). So auch hier bei der Ehebrecherin: Verurteilt er sie, dann verstößt er gegen den eigenen Grundsatz, nicht zu richten (z. B. Matthäus 7,1). Verurteilt er sie nicht, dann scheint er den Ehebruch zu billigen. – Die Kunst der Antwort besteht in jedem Falle darin, sich nicht durch falschen Rat an dem Vergehen derer mitschuldig zu machen, die sich an diesen Rat halten würden. Es geht hier nicht nur um eine Frage der Klugheit, auch nicht um das Problem, den Gegnern geschickt auszuweichen, so daß sie den Befragten nicht fangen könnten – insofern verharmlost die Übersetzung mit »versuchen«. Vielmehr gelingt es Jesus, durch seine Antworten den großen Ernst seiner Lehre ohne Blindheit für die gefährdete und labile menschliche Alltagswirklichkeit zu formulieren. Er erweist sich nicht als realitätsferner Dogmatiker.

So kann er die Ehebrecherin nicht verurteilen, weil er nach wiederholtem Bekunden nicht zum Richten, sondern zum Retten gekommen ist und weil er das Richten von Menschen über Menschen selbst untersagt. Er ist vielmehr der Retter nicht nur vor dem kommenden Gericht, sondern auch an anderen Stellen, ähnlich wie hier, indem er die Menschen aus ihrem Sündetun herausruft. Wie er der Ehebrecherin hier am Schluß sagt: *Geh, von jetzt an sündige nicht mehr,* so hatte er es mit denselben Worten auch dem geheilten Gelähmten nach Johannes 5,14 gesagt: *Sündige nicht mehr, damit es dir nicht noch schlechter ergehe.* Das *von jetzt an...* kennen die Evangelien zum Beispiel bei der Berufung des Petrus, der sich ausdrücklich als Sünder bezeichnet und dann gesagt bekommt: *Von jetzt an sollst du Menschen fischen* (Lk 5,10).

Es lag nahe, Jesus gerade in einer so schwierigen Frage zu »testen«. Denn einerseits rechnet er schon das freche Anblicken einer Frau als Ehebruch oder das Wiederheiraten nach Scheidung (Mt 5,27–32). Andererseits lobt er die Umkehrwilligkeit der Dirnen (Matthäus 21,31f) und deutet deren Tun schlichtweg als »Liebe« (Lukas 7,36–50).

Auch eine andere Linie greift Jesus auf: Es gehört zu den Attacken gegen die Frommen und Erwählten, ihnen vorzuwerfen, daß sie über andere richten, selbst aber nicht besser sind. Von daher wird auch verständlich, warum die meisten handschriftlichen Zeugnisse den Text über Jesus und die Ehebrecherin zwischen Johannes 7 und 8 plazieren und dort »vor Anker gehen lassen«. Denn in Johannes 8,15 sagt Jesus *Ich richte niemanden.*

Schwierigkeiten, die dieser Text der Alten Kirche bereitete: Wird unter solchen Voraussetzungen nicht jede Justiz unmöglich? Welche Konsequenzen soll ein Richter bei der Lektüre dieses Textes ziehen, der durch seinen Beruf gezwungen ist, Menschen zu verurteilen? Nicht geringe Schwierigkeiten bereitete auch, daß hier die Todsünde Ehebruch vergeben sein sollte. Mußte es nicht unvergebbare Kapitaldelikte geben? Ist die Konsequenz des Abschnittes am Ende sozial-nihilistisch? Das alles sind die Gründe, weshalb man diesen Text lieber nicht in einem genehmigten Bibeltext las und weshalb auch heute noch viele Exegeten das Berichtete für unhistorisch halten. Aber: Muß die Konsequenz in dieser Richtung liegen? Kommt in dieser Erzählung nicht auf mehreren Ebenen zur Sprache, was Sünde für Jesus bedeutet? Daß keiner frei ist von Sünde, daher kein Recht zum Verurteilen hat, ferner, daß Jesus nicht zum Urteilen, sondern zum Retten gekommen ist. Dieses Retten geschieht, indem er zum Neuanfang auffordert, ein anderes Wort für Umkehr. Schließlich, daß er die Sünderin entläßt wie zu anderer Gelegenheit Geheilte. Ähnlich ist es auch bei der Frau, die Jesus salbte, nach Lukas 7,50, auch sie eine Sünderin. Jesus sagt ihr dort: *Dein Glaube hat dich gerettet,* wie er es sonst in Wunderberichten zu tun pflegt. Die Heilung geschieht in unserer Erzählung, indem die Frau dem autoritativen Befehl zum Neuanfang folgt: nicht mehr zu sündigen.

Der Weisheitslehrer

Wer war Jesus wirklich? Wo Jesus Weisheiten aufgreift, entsteht immer eine höchst eigenartige, besondere Spannung zwischen Lebensklugheit und Weltweisheit auf der einen Seite und der religiösen Radikalität des Gotteskindes Jesus auf der anderen Seite.

Lebensweisheit

Eine überraschend große Anzahl von Jesusworten enthält »Lebensweisheiten«. Sie sagen unverblümt, wie das Leben ist. Jesus hat offensichtlich Menschen genau und zielsicher beobachtet und möchte sie warnen, ihr »Leben« zu verfehlen.

Einige dieser Sätze sind direkt und wörtlich zu nehmen und auf das alltägliche Verhältnis zwischen dem Lehrer und seinen Jüngern ausgerichtet. Dazu gehört zum Beispiel der Satz »Der Schüler ist nicht über dem Lehrer«, was bedeutet: Der Schüler kann nicht besser sein als sein Lehrer. Konsequenz: Der Lehrer hüte sich daher beim Verurteilen. Daher finden wir diesen Satz unter der Überschrift »Richtet nicht« (Lk 6,37). – Weitgehend wörtlich zu nehmen sind auch Jesu Aufforderungen zum Wachen und Beten, so etwa: *Wacht und betet, damit ihr nicht in Versuchung geratet* (Mk 14,38).

In der Regel sind jedoch die Lebensweisheiten Jesu bildlich zu nehmen. Sie gelten, das wissen die Adressaten, ganz selbstverständlich im Alltag. Neu ist, daß sie nun auch im Bereich zwischen Gott und Herz gelten sollen, im unsichtbaren, doch wichtigeren Feld des Lebens. Es scheint dies ein sehr wesentlicher Zweck der frühchristlichen bildlichen Rede überhaupt zu sein: Etwas, das im Leben gilt, kann überraschenderweise auch von der Beziehung zwischen Gott und Mensch gesagt werden.[1] Wenn man diesem Ansatz nachgeht, kann man an den Worten Jesu, die aus Lebensweisheit schöpfen, viele ungewohnte Beobachtungen machen. Damit diese Überraschungen nicht mißverstanden werden, ist zuvor auf folgendes hinzuweisen: Jesus redet so aus Sorge um die Menschen, er spricht sehr realistisch, weil man sein Leben leicht verfehlen kann. Seine Bilder und sein Vorgehen sind oft mit moderner Reklame vergleichbar, denn er appelliert an die Instinkte und Bedürfnisse der Menschen. Er bezieht sich auf das, was die Menschen in Wahrheit wollen. Diese Ziele, Wünsche, Sehnsüchte, sagt er, werden nicht erreicht auf dem Weg normaler Geschäftigkeit, sondern nur, wenn man auf ihn hört.

Es ist sehr anstößig und für uns Traditionschristen in hohem Maße ungewohnt, Jesus unter diesem Aspekt zu hören. Daher nochmals der Hinweis: Es geht hier um *bildliche* Rede. Die Sätze gelten, aber im Rahmen der Botschaft Jesu im übertragenen Sinne. Diese Sätze sind in der Regel extrem provozierend. Um sie vor Mißverständnissen zu schützen, müßte man sie im Giftschrank aufbewahren. Dennoch eröffnen diese weisheitlichen Sätze überraschende und neue Perspektiven auf Jesus und sein Wirken. Wer sie nicht wahrnehmen mag, sollte sich zunächst selbst fragen, ob er richtig verstanden hat, was gemeint ist. Noch eine Warnung: Es geht hier nicht um ein lammfrommes Jesusbild, sondern um einen Jesus, der etwas vom Leben und seinen Risiken und Gefahren versteht.

Jesus spricht vom *Sich-Durchsetzen.* Er sagt: So wie die Witwe den Richter physisch bedrängt, so daß er ihr Recht verschafft aus lauter Furcht, daß sie ihm das Auge einschlägt, so sollt ihr unverschämt und zudringlich Gott im Gebet bestürmen (Lk 18,1–7). Und er sagt: Wenn man ein Haus ausrauben will, dann muß man zunächst den Besitzer fesseln (Mt 12,29). So erklärt er Exorzismen: Das Haus, das der Dämon bewohnt, ist der besessene Mensch. Es gilt, den Dämon zu bannen, um dann den Menschen von seiner Herrschaft zu befreien. Die Technik aber, erst den Besitzer zu fesseln, dann auszuräumen, hat Jesus aus Kriminalgeschichten seiner Zeit gelernt.

Jesus spricht davon, wie man zu etwas wird, wie man zum *Aufsteiger* werden kann. Er sagt: Auch bei Gott ist es so, daß man sich zunächst bewähren muß und dann durch einen Bewährungsaufstieg weiter kommt. Also: Wer mit dem Geld hier, mit den anvertrauten Pfunden, richtig umgehen kann, der wird von Gott dereinst mit umfassender Vollmacht und Freiheit belohnt (Lk 16,11.12; 12,44). Wehe dem Sklaven, der mit den anvertrauten Pfunden hier nicht wirklich wuchert (Lk 19,20–21). Wie aber kommt man zu Reichtum? Jesus sagt, daß es nicht günstig ist, in dieser Welt reich zu sein, denn dann kann man nur noch ärmer werden. Der Umschwung kommt bestimmt. Daher haben alle Reichen nichts Gutes zu erwarten. Und auch dies: Jesus weiß, daß man nur dann aufsteigt, wenn man »kuscht«. So ist das Leben. Besonders Juden haben diese Erfahrung in der Alten Welt immer wieder gemacht. Durch Dienen gelangt man zum Herrschen.[2] Jesus sagt: Ihr müßt nur vor dem Richtigen kuschen, und das nennt man Demut.[3] Ganz ähnlich, sagt Jesus, ist es bei einer Einladung zu einem Abendessen: Solange man noch keinen Platz hat, soll man sich nicht gleich den besten Platz aussuchen, sondern den niedrigsten. Um so besser, wenn man dann den Ehrenplatz einnehmen darf (Lk 14,7–11). Gerade so, sagt Jesus, ist es auch bei Gott. Wer sich niedrig einstuft, kommt zu Ehren, der Hochmütige kommt zu Fall. Ein anderes Bild für Sich-Durchsetzen ist der Sauerteig (Lk 13,21). Er erreicht sein Ziel nach dem Prinzip: Steter Tropfen höhlt den Stein. So, sagt Jesus, erreicht Gott sein Ziel, denn so erreicht man überhaupt etwas.

Jesus weiß auch, daß es klug ist, auf das zu setzen, was bleibt. Jeder Anlageberater wird ähnlich argumentieren. Jesus sagt: Legt euren Schatz dort an, wo nicht Rost und Motten ihn verzehren können, wo er nicht durch Wertverlust und Inflation gefährdet ist (Lk 12,33; Mk 10,21). Er weiß auch, daß ein geteiltes Reich keinen Bestand hat, daß nichts so sehr einer Institution schadet wie Uneinigkeit. Das gilt nach Jesus auch für die Taktik des Widersachers Gottes. Der könne doch nicht so dumm sein und im Bündnis mit Jesus seine eigenen Vertreter, die Dämonen, vertreiben. Nein, Jesus kann aus diesem Grund nicht mit Satan in Bunde stehen (Lk 11,17–18). Auf Bleibendes setzen, das gilt besonders beim Hausbau. Wenn eine moderne Baufirma mit dem Satz Reklame macht »Auf diese Steine können Sie bauen«, dann entspricht das ziemlich genau Jesu Appell, das Haus nicht auf Sand, sondern auf festen Grund zu bauen, auf seine Worte nämlich (Lk 6,48–49; Mt 7,24–27). Nahe verwandt ist das Sicherheitsstreben. Jesus veranschaulicht es am Bild des Hausherrn und des Diebes. Vor Dieben kann man sich kaum wirksam schützen, weil man nicht weiß, wann sie kommen. So ist es mit dem Kommen Gottes auch. Da hilft nur aufzubleiben, nicht einzuschlafen (Lk 12,39; Mt 24,43).

Die ganze Härte des Lebenskampfes kommt zum Ausdruck in dem öfter von Jesus wiederholten Satz: *Wer hat, dem wird gegeben, wer aber nicht hat, dem wird auch das noch genommen, was er hat* (z. B. Mk 4,25). Das ist härtester Kapitalismus: Die Reichen werden immer reicher, die Armen immer ärmer. So war es zur Zeit Jesu, so ist es heute. Jesus kritisiert diesen Satz nicht. Er sagt: So ist das Leben. Und insbesondere gilt dieses vor Gott. Ja, hier gilt dieser Satz erst richtig und eigentlich. Denn es gilt vor Gott nichts Lauwarmes. Nur wer sich radikal auf Gott einläßt, kann sich selbst gewinnen. Nur das Ganze wird akzeptiert, nichts Halbes. Ein bißchen Christsein gibt es nicht, man kann es nur ganz sein. Gerade so wie es nicht ein bißchen Lebendigsein gibt, sondern nur Lebendigsein oder Totsein. Die Radikalität Jesu ist ein für ihn wesentlicher therapeutischer Zug. Denn nur der radikale Weg befreit. - Unerbittlich ist das Leben auch hinsichtlich der Rolle der Christen. Sie dürfen nicht damit rechnen, nach getaner Arbeit ruhen zu dürfen. Wenn ein Sklave tagsüber gearbeitet hat, bricht nicht sogleich der Feierabend an. Nein, zunächst muß der Sklave dann noch den Herrn bei Tisch bedienen. Erst spät in der Nacht dann hat er Ruhe (Lk 17,7–8). Vom Privatleben des Sklaven ist nicht die Rede. Er wird förmlich ausgenutzt. Eine Zumutung. So, sagt Jesus, ist das Christenleben. Überhaupt ist das von Jesus immer wieder als Bild herangezogene Verhältnis zwischen Herr und Sklaven nicht Abbild einer Idylle. Die Leibeigenschaft des Sklaven ist vielmehr der härteste Beruf, den es gibt. Eigentlich kein Beruf, sondern ein zumeist nicht gerade erquickliches Los.

Wer bestehen will, muß *Kräfte und Größenverhältnisse richtig einschätzen.* Voll Einsicht in katastrophal mißglückte Unternehmungen warnt Jesus vor Bauruinen aufgrund von Geldmangel (Lk 14,28–30) und stellt vor Augen, daß es den Tod ungezählter Soldaten bedeutet, wenn sich ein Feldherr in der Truppenstärke des Gegners verschätzt hat (Lk 14,31–32). Ist der Gegner weitaus stärker, dann bleibt nur das Massaker. So, sagt Jesus, müßt ihr auch bei der Entscheidung für das Reich Gottes wissen, wie es um eure Kräfte bestellt ist. Seid ihr dem Risiko gewachsen? Im Grunde ist dies ein geschicktes Werben für das Reich. Denn eine anspruchsvolle Sache, nur sie, ist interessant.

Andererseits soll man auch nichts unnütz riskieren. So mahnt Jesus: *Seid klug wie die Schlangen,* das heißt: Seid vorsichtig wie sie. In Gefahr stellt euch tot oder flieht blitzschnell, aber setzt euch nicht überflüssigerweise der Gefahr aus (Mt 10,16).

Wichtig ist auch zu wissen, *was nicht zusammenpaßt.* Jesus verwendet drastische Bilder: Wenn man edle Perlen als Fraß für Säue verwendet, ist das nicht nur Vergeudung, sondern die Säue werden überdies wütend (Mt 7,6). So paßt auch nicht gesegnetes, heiliges Brot als Fraß für die unreinen Hunde (Mt 7,6). Die sollen sich mit den Krümeln zufriedengeben. Diese Bilder von Dingen, die nicht zusammenpassen, weisen die Christen hin auf Dinge und Verhaltensweisen, die nicht zu ihnen passen. So paßt es nicht zu ihnen, andere ungerecht zu beurteilen und sich selbst dabei auszulassen und für gerecht zu halten.

Nicht zusammenpassen auch alter Wein und neue Schläuche, neuer Wein und alte Schläuche, neuer Flicken und altes Kleid, alter Flicken und neues Kleid. In allen diesen Fällen gibt es sonst kleine Katastrophen, Explosionen oder Risse (Mk 2,21–22). Gerade so paßt nicht Fasten in die Freudenzeit und Schwelgen in die Trauerzeit.

Man muß auch einen Blick für das gewinnen, *was wirklich wichtig ist.* Daher geht es darum, nicht mit großem Aufwand viele Dinge zu betreiben, sondern das einzig Wichtige zu tun (Lk 10,41–42). Jesus korrigiert so einen Aktionismus, bei dem die Menschen nicht mehr wissen, wozu sie tun, was sie leisten.

Wer lebensklug ist, versteht es auch, wenn Grund zur Hoffnung besteht, eine letzte Chance zu geben. Wie bei einem früchtetragenden Baum, um den herum der Gärtner ringsum die Erde lockert, so auch bei den Kindern Israels (Lk 13,6–8).

Wer *mit der grundlegenden Wende rechnet,* ist klug genug, klein anzufangen, denn die Wende wird die Großen stürzen. Man muß sich daher im wahrsten Sinne des Wortes opportunistisch verhalten und daher in diesem Äon klein anfangen, eben nicht reich, sondern arm sein (Lk 6,20–25; 16,19–31).

Der ungerechte Verwalter aus dem Gleichnis in Lukas 16, 1–10 ist ein Beispiel für alle, die angesichts kommender Not und Bedrängnis *rechtzeitig für Beziehungen sorgen.* So tut es der Kriminelle mit weißem Kragen. So tut es aber auf der Ebene des Evangeliums der Christ, indem er mit dem Geld, das er hat, Beziehungen stiftet.

Jesus weiß, daß man in den Besitz von königlicher Macht in der Regel durch *Putschversuche und Gewaltstreiche* gelangt. Dem zumeist als »rätselhaft« geltenden Jesuswort *Das Königreich Gottes wird mit Gewalt ergriffen, und Gewalttätige rauben es* (Mt 11,12) liegt zunächst nichts weiter als diese schlichte Erfahrung zugrunde. Königliche Macht wird durch Gewalt erlangt. Die meisten Könige der damaligen Zeit sterben eines gewaltsamen Todes durch die Hand ihrer Amtsnachfolger. Beim Königreich Gottes ist die angewandte Macht freilich von besonderer Art. Der Gewaltstreich, der zum Erwerb dieser königlichen Macht führt, ist Gewaltlosigkeit. Jesus nach Matthäus läßt keinen Zweifel daran, daß allein die Sanftmütigen und Verfolgten, die Geschmähten und um Jesu willen Leidenden diese Macht erlangen werden (Mt 5,3.10.11 f). Denn zwischen Gott und Welt liegt im Machtgebrauch ein grundsätzlicher und schwerwiegender Unterschied vor. Es ist der Unterschied zwischen Gott und Welt überhaupt. Daher gilt auch: Nur wer sich demütig erniedrigt, kann in der Zukunft, die Gottes ist, groß sein.

Schließlich ist es wichtig, die *Zwänge genau zu kennen, die ein sozialer Status mit sich bringt,* und sie schamlos auszunützen. Dem Freund, der mitternächtens klingelt und etwas ausleihen will, kann man die Bitte nicht abschlagen, weil er der Freund ist (Lk 11,5–10), auch wenn der Zeitpunkt unmöglich ist. Den Kindern gibt man nicht Tödliches zu essen, sondern Nützliches (Lk 11,11–13), man tut ihnen nur Gutes (Mt 7,11). Um wieviel mehr wird Gott da für seine Kinder sorgen, und deshalb kann man ihn ruhig bitten. Man versteht alle diese Sätze nur richtig, wenn man dahinter den Seelsorger Jesus erkennt. Er will von Nebensächlichem befreien, fordert dringend auf, auf dem allein wichtigen Feld aktiv zu werden.

Ergebnis: Im Verhältnis zur Weisheit der Sprüche Salomons oder Sirachs ist die von Jesus hier gebotene Weisheit äußerst realistisch. Jesus sagt nicht lediglich, was für angenehme Folgen Gutestun hat und daß Bösestun schlimme Folgen hat. Er setzt vielmehr voraus, wie das Leben ist, ohne es zu bewerten.

Wir beobachten, daß Jesus sehr häufig lebenskluge Regeln auf das Gebiet des ewigen Lebens überträgt. Dadurch entsteht der Eindruck: Auch vor Gott gelten die Regeln, die sonst im Leben gelten. Das Verhältnis zu Gott ist nicht ein Ausnahmebereich, Religion betrifft nicht eine Kuschelecke, sondern das, was Lebenskampf ist, gilt dort erst recht. Das alles ist im Bereich vor Gott nicht »ganz anders«, etwa im Sinne einer Beruhigung, sondern es gilt eher verstärkt. Das betrifft auch den ganzen Bereich der Beziehung zwischen Herr und Sklave, der zum Bildfeld für das Verhältnis zu Gott wird. Diese harten Alltagsregeln gelten im Verhältnis zu Gott. Ferner: Der Christ tut das Gute nicht um seiner selbst willen als reines Verschenken und Verlöschen, sondern zur Existenzsicherung selbst. Er tut es auch nicht dem Nächsten zuliebe, sondern weil er im Nächsten den Richter, den Menschensohn erkennt (Mt 25,31–46).

Wir staunen und stellen fest: Es geht Jesus durchaus um das wahrhaftige Eigeninteresse. Alles Lieben und Almosengeben ist nicht letztlich vergebliches Verschenken, sondern durch dieses Tun wird gerade für den Täter Sinnvolles erreicht. Es geht um ihn dabei. Und das will er doch eigentlich; nur im Nebeneffekt geht es auch den Nächsten gut dabei. Auch Gott selbst und das Gebot, Gott zu ehren, sind kein Selbstzweck. Oft sieht das Christentum so aus, als sei alles für einen völlig unnötigen fremden Despoten buchstäblich aus dem Fenster geworfen. Dabei geschieht alles, was Gott fordert, nur zugunsten der Menschen. Dieser Herrscher verfolgt keinen Selbstzweck, er beutet nicht aus. Nur dieser Herrscher kann es sich leisten, nicht auf den eigenen Vorteil zu schauen, sondern nur auf den der Menschen. Aufgrund dieses Gottesbildes spricht Jesus in den oben genannten weisheitlichen Worten die Instinkte an, daß man sich in seinen innersten Wünschen darin wiedererkenne. Jeder einzelne kommt zu seinem Recht, indem er seinen Sinn findet. Aber nur Radikalität befreit.

Wenn das zutrifft, dann lautet hier die generelle Mahnung: Kümmert euch eher und lieber um diesen Bereich als um das andere. Legt lieber ein himmlisches Konto an statt ein irdisches, und das erstere könnt ihr mit Almosen erreichen. Dient Gott, nicht dem Mammon. Das ist im Sinne wirklicher Alternativen verstanden. Das bedeutet: Nehmt die irdischen und alltäglichen Weisen der Daseinssicherung nicht so ernst, kümmert euch um das, was weitaus wichtiger ist. Jesus erstrebt daher mit diesen Worten, daß Menschen ihre Aktivität verlagern. Kümmert euch um das Eigentli-

che, um das, was bleibt. Kuscht nicht vor eurem Betriebslei-
ter, um aufsteigen zu können, sondern kuscht vor Gott.
Demut nennt man das. Kuschen ist nötig, so ist das Leben.
Die Spielregel der Welt ist im ganzen nur eine, daher gibt es
auch nur ein einziges Leben. Es kommt nur darauf an, in
dessen wahrer, auf Zukunft ausgerichteter Hälfte zu investieren. Das »ewige Leben« ist nichts Transzendentes, sondern nur der unsichtbare Teil des einen Lebens.

Weil die Welt nur eine ist, gibt es auch nur die eine Spielregel, wird ewiges Leben hier gewonnen oder gar nicht. Ein
pharisäischer Ansatz ist das, denn auch für sie entscheidet
sich das Verhältnis zu Gott nicht in der »Kirche«, sondern
mitten im Alltag.

Wenn dagegen Religion nur die Alternative ist zum Alltag,
wenn Gott Übermutter und reine Liebe ist, dann bleibt die
gesamte Alltagswelt unberührt, sind wir weiterhin dort
ungeteilt tätig. Keine Aktivität wird von da abgezogen,
wenn vor Gott nur Passivität gilt. Jesus meint es anders:
Wenn man sich zuerst um das Reich Gottes und seine
Gerechtigkeit kümmern soll, verlieren die übrigen Berei-
che des Daseins an Gewicht, sind wir auch nicht mehr mit
Haut und Haaren den Wechselbädern von Enttäuschung
und Ruhm, Angst und kurzer Freude ausgesetzt, sondern
verlagern in der Tat unsere Aktivitäten und so auch unsere
Hoffnungen. Darauf kommt es Jesus an.

Dies ist die Voraussetzung, die Jesus mit dieser Art »Weisheit« macht: Das »Leben« ist überall gleichartig erbar-
mungslos. Die Bilder verschonen uns nicht mit Grausamkei-
ten: Schläuche platzen, Kleider reißen ein, Blinde fallen in
die Grube. Vor allem und immer wieder gilt: Wer hat, dem
wird gegeben. Feldzüge scheitern im Chaos mangels ausrei-
chender Anzahl von Soldaten, Bauruinen entstehen, der
Angeber wird degradiert, Beten wird mit dem Instrument
der Erpressung verglichen.

Jesus zeigt mit seinen Worten auf, daß der eigentliche
Lebenskampf im »unsichtbaren Teil« der Wirklichkeit

geführt werden muß, daß dort das eigentliche Risiko zu
bestehen ist. Sein Weg ist es in diesen Worten, an die Vital-
instinkte der Menschen zu appellieren. Es ist, wie wenn er
sagte: Wenn ihr euch selbst gewinnen wollt, dann kommt es
darauf an, wahre Sicherheit, Dauerhaftes anzustreben, was
in alle Zukunft hält. Denn das Selbst hat mit Dauer zu tun.
Daher spricht man auch vom ewigen Leben, von Auferstehung.

Jesus appelliert an Lebensinstinkte. Das ist seine Therapie.
Er deckt die Menschen gerade nicht mit Gnadenerweisen
zu, tröstet sie gerade nicht. Er baut auf die Zukunftshoff-
nungen, darauf, daß Menschen leben wollen. Denn die
Weltklugheit ist auch eine Himmelsklugheit. Und der Himmel ist nicht fern, sondern nah, es geht um das Leben, die
Identität jedes einzelnen.

Immer wieder ist in dieser Therapie die Befreiung entscheidend, und zwar als Befreiung aus dem Filz und Mief des
Familienverbundes, als Befreiung aus der Sklaverei gegenüber dem Geld, gegenüber Statusdenken und Besitzstands-
wahrung.

Mit alledem appelliert Jesus an die Lebensklugen, die Aktiven, die Risikobereiten. Darin liegt eine ganz erhebliche
Veränderung der Perspektive: Jesus versucht, die Vitalin-
stinkte zu reizen, er baut auf dem, was noch von ihnen da
ist. Wir dagegen meinen, Christentum müsse hauptsächlich
Geborgenheit bieten und trösten. Jesus setzt voraus, daß
»das Leben« überall ein Bewährungsaufstieg ist, überall
nach dem Schema »Wer hat, dem wird gegeben« verläuft,
wir dagegen verkünden, bei Gott sei alles anders, hier gebe
es gerade kein Risiko. Jesus richtet sich an die Aktiven, er
ermuntert sie, auf dem eigentlichen und richtigen Feld zu
investieren, er ist der wahre Anlageberater.

Wir dagegen meinen zumeist, Christentum sei vor allem für
Menschen, die am Boden liegen, für die Geächteten, die
Randgruppen, die Minderheiten und Verachteten. Das ist,
ohne jede Wertung gesprochen, eine grundsätzlich andere

Sicht. Jesus setzt auf den freien Willen, er fordert auf zu wahrer Welt- und Himmelsklugheit, wir dagegen verneinen jede Leistung vor Gott, und oft gewinnt man den Eindruck, die Passivität des Menschen sei das Idealbild, weil der Verzicht auf Leistung davor bewahre, sich zu rühmen. Wir meinen seit Jahrhunderten, Altruismus sei dasselbe wie Christentum, Jesus dagegen fordert auf zum rechten Vorbauen für übermorgen. Wer sein Haus nicht auf Sand baut, sondern auf Fels, der denkt eben an die eigene Zukunft. Wir machen aus dem Christentum eine Tröstungsreligion, Jesus appelliert an diejenigen, die mitten im Leben stehen und Verantwortung tragen. Es ist schon eigenartig, daß wir dann diejenigen Menschen auch in dem kleinen Häuflein Kirchenbesucher kaum oder gar nicht finden, die so mitten im Leben stehen. Wir meinen, die Religion müsse Menschen auffangen, Jesus dagegen reizt sie, weil sie nicht umschlungen, erdrückt vor Liebe, sondern frei und mündig sein wollen. Kommt vielleicht auch daher das Gefühl der Atembeengung in den Kirchen, weil sie zuviel von Fürsorge und Bemutterung reden?

Die Frage kann einem schon kommen, ob, wenn wir sagen, das Gute um seiner selbst willen tun zu wollen, ob unsere Rede von bedingungs- und vor allem perspektivenloser Liebe nicht hohles Geschwätz ist.

Denn es geht Jesus gerade nicht um ein Verlöschen in Liebestaten, um eine Duckmäusermoral des ewigen »Bitte, nach Ihnen«, sondern um Auferstehung, damit auch um mich selbst. Das heißt: Hier ist überall, im Unterschied zu uns, eine wirkliche Zukunftshoffnung gegeben. Kann die Welt wirklich dadurch besser werden, daß wir um des Nächsten willen etwas Gutes tun? Jesus bezweifelt das offenbar: Er muß in Matthäus 25,31 – 46 sagen, daß wir in jedem Armen, Bettler, Hungrigen, Nackten ihm selbst begegnen, dem Richter, und er muß so reden, damit wir überhaupt etwas tun. Um all der unsympathischen Nächsten willen tut kaum einer etwas, hier ist die Bibel Alten wie Neuen Testaments sehr realistisch. Und wir sollten den Mund nicht so voll nehmen, wenn wir vom Guten um seiner selbst willen oder um des Nächsten willen reden. Das sind hehre Reden aus der Philosophie Kants und aus der dieses Jahrhunderts. Und wie es geworden ist nach all der hehren Ethik, wissen wir selbst. Wir benötigen da schon stärkeren Tobak.

Wir haben uns diese von Jesus sehr grundsätzlich abweichende Ansicht schon seit vielen Jahrhunderten angewöhnt. Im Mittelalter gaben die Sakramente das Gefühl, im Dasein gesichert und geborgen zu sein. Taufe, Firmung, Eheschließung und Krankenölung säumten das Leben, Eucharistie und vor allem die Buße, die Möglichkeit, immer wieder zu beichten, neu anfangen zu können, gaben dem Daseinsgefühl eine gewisse Risikolosigkeit. In der Reformation hat die »Gnade« diese sakramentalen Sicherungen abgelöst. Und beides, Sakramente wie Gnadenlehre, haben die Aufforderungen Jesu zur bedingungslosen Lebenssicherung erheblich abgemildert. Es kann gut so sein, daß es diese beiden Wege auch heute noch gibt, aber ein Blick auf den Jesus der Evangelien läßt von beidem nichts erkennen.

Nun ist das, was wir hier entdecken, alles andere als ein düsteres, gnadenloses Jesusbild. Denn es geht hier um Erlösung, die wie ein Geschenk ist: Jesus sagt uns, führt uns vor, wie Freiheit zu erlangen ist. Er klärt uns rechtzeitig darüber auf, wie es im Weltgericht zugehen wird, daß er uns in jedem Bettler, in jedem Obdachlosen und Fremden begegnet. So können wir rechtzeitig unser Verhalten darauf einrichten. Er appelliert an unsere Kraft zur Hoffnung, aber er deckt uns nicht zu mit Gnadenmitteln oder Gnadensprüchen. Ist es nicht vielleicht doch eine viel höhere Meinung vom Menschen, an seine Eigenverantwortlichkeit zu appellieren, statt ihn zur Passivität gegenüber Gott förmlich zu verurteilen?

Und Jesus spricht von der Freude, wenn jemand den Schatz im Acker gefunden hat. Dann geht er hin und verkauft alles vor Freude. Er meint keine freudlose, düstere Religion, sondern macht aufmerksam auf den wahren Schatz, auf die wahre Freiheit. Auch diesen Zug imitiert moderne Werbung. Wenn man einen neuen Staubsauger auspackt, findet man einen Zettel: Wir beglückwünschen Sie zu diesem neuen Sauger, er ist der beste der Welt.

Der Mensch soll nicht mehr wollen als seinen wahren Vorteil – und Gott wird diese schlichte Klugheit über und über belohnen. Klingt dabei nicht etwas von dem an, was Jesus mit dem Wort meint, daß sein Joch leicht und seine Bürde sanft sei?

Die Aktualität dieser Auslegung muß man nicht lange suchen. Sie richtet sich gegen die moderne Auffassung von der Kirche als einem Dienstleistungsbetrieb, der flächendeckend Versorgung für jedermann garantiert.

Man kann Jesu Appell an die Klugheit gut erkennen in der Abfolge der beiden Gleichnisse vom »Verlorenen Sohn« und vom »Ungerechten Verwalter« (Lk 15,11–32 und 16,1–9). Der »verlorene Sohn« kehrt aus der Fremde um, zurück ins väterliche Haus, und er wird von seinem Vater herzlich und zärtlich empfangen. Zumeist hat man diese Geschichte reichlich fromm gedeutet, und zwar auf die Bekehrung des Sünders aus Liebesreue. So, als habe sich der verlorene Sohn aufgrund des Angebots der verzeihenden Liebe des Vaters bekehrt und habe heimgefunden in den Schoß der Gemeinde. Davon ist jedoch im Text nichts zu erkennen. Vielmehr übersieht man in der Regel, daß der Sohn aufgrund durchaus eigensüchtiger Motive wieder nach Hause zurückkehrt. Denn der entscheidende Vers, wie so oft in das Selbstgespräch des »Helden« verpackt, lautet:

Wie viele Lohnarbeiter meines Vaters haben Überfluß an Brot, ich aber gehe hier an Hunger zugrunde. Ich will mich aufmachen und zu meinem Vater gehen... (Lukas 15, 17–18).

Das Motiv des Sohnes ist also ausschließlich sein eigener

Vorteil. Selbst als einem der Lohnarbeiter seines Vaters würde es ihm noch weitaus besser gehen als jetzt. Er wägt zwei Lebenssituationen gegeneinander ab und entscheidet sich für das Günstigere. Selbst im schlimmsten Fall würde es ihm zu Hause noch besser ergehen als in der Fremde, wo er mit den Schweinen leben und essen muß. Es ist noch nicht einmal von Reue über seinen bisherigen fragwürdigen Lebenswandel die Rede. Insofern ist der verlorene und wiedergefundene Sohn einfach ein kluger Sohn. Er weiß, das Bessere zu wählen. Er hat seine Lebensinstinkte nicht verloren.

Ganz ähnlich das unmittelbar anschließende Gleichnis vom »Ungetreuen Verwalter«. Die Geschichte: Der Geschäftsführer eines Unternehmens soll wegen Untreue entlassen werden. Bevor das geschieht, läßt er die Schuldner der Firma kommen und veranlaßt sie dazu, die eigenhändig ausgestellten Schuldverpflichtungen wahrheitswidrig umzuschreiben. Die Schulden bei der Firma werden jeweils erheblich, bis um die Hälfte, ermäßigt. Dadurch erhofft sich der Geschäftsführer für die Zeit, in der er stellenlos sein wird, Gönner und Begünstiger, kurz: gute neue Geschäftsfreunde. Für diese vorausschauende, zukunftssichernde Tat erntet der Geschäftsführer Lob. Jesus gibt die Anwendung: Von den Kriminellen mit weißem Kragen könnt ihr vieles lernen. Und: *Macht euch Freunde mit dem Geld, das aus Unrecht kommt, damit, wenn es zu Ende geht, sie euch aufnehmen in die ewigen Wohnungen.* Gemeint ist: Am Lebensende kommt die Situation, in der ihr darauf angewiesen seid, daß euch jemand im Himmel (»ewige Wohnungen«) herzlich aufnimmt (Lk 16,1–9).

Dieser Text ist ein sogenanntes Skandalgleichnis. Denn der ungetreue Verwalter hat in Tateinheit begangen: Urkundenfälschung, Betrug, Veruntreuung und Bestechung. Wozu? Zur Zukunftssicherung angesichts des drohenden Rausschmisses. Wir kennen diese kriminelle Energie von

Stasi-Seilschaften her. Sie hatten vor der Wiedervereinigung große Beträge auf ausländische Konten überwiesen, um nach der drohenden Beschlagnahmung des Parteivermögens eine Lebensgrundlage zu haben. Der Herr würde sie loben wie den betrügerischen Verwalter. Unsere Entrüstung über dieses Gleichnis pflegt stark heuchlerisch angehaucht zu sein, denn kriminelle Energie kennen wir alle. Auch hier, wo es ernst wird, appelliert Jesus nicht an unseren Edelmut. Vielmehr sagt er: Schafft euch Beziehungen für übermorgen, und zwar mit dem Geld, das ihr habt. Ihr könnt nicht auswandern aus der Welt, das Geld bleibt ja in euren Händen. Aber was ihr damit anstellt, das bestimmt eure Zukunft. In allen Skandalgleichnissen geht es um das wohlverstandene Interesse der Menschen. Christentum ist nichts für Schafsköpfe. Jeder weiß, was notwendige Investitionen für die Zukunft sind. Jesus appelliert an solchen Sachverstand. Von den Rabiaten könnt ihr euch etwas abgucken, sagt Jesus: langfristig auf den wirklichen Vorteil bedacht zu sein. Die Armen werden hier geradezu als eine Geldwaschanlage bezeichnet. Mit eurem Geld, sagt Jesus, könnt ihr Kirche bauen, eine Gemeinschaft, die weiter trägt als nur bis morgen. Immer geht es Jesus um das Übermorgen, denn morgen wird der Verwalter hinausgeworfen, aber übermorgen braucht er Beziehungen, wie auch immer sie zustande kommen. Und morgen lebt ihr vielleicht noch, aber übermorgen seid ihr auf eine Gemeinschaft angewiesen, die euch nicht vergißt, die weiter reicht als nur bis zur Pensionierung.

Merkwürdig ist das schon: Die Armen, die man jetzt beschenkt, sollen einen dereinst in die »ewigen Wohnungen« aufnehmen. Wir kennen solche Szenen aus Berichten von Menschen, die schon einmal fast tot waren, sie sahen dann Freunde und Verwandte. An Ähnliches denkt auch Jesus hier: Schafft euch Freunde und Verwandte, eine Gemeinschaft der Heiligen, denn auf die seid ihr angewiesen! Jesus sagt: Mit eurem Geld, das mit soviel Unrecht verknüpft ist, könnt ihr doch etwas Gutes für die Zukunft machen, nämlich: die Gemeinschaft der Heiligen bauen. Gott braucht unser Geld nicht. Aber in dem, was wir Himmel nennen, werden wir nicht in Einzel-Appartements sitzen und haben es nicht nur mit Gott zu tun. Sondern es geht um die Gemeinschaft der Heiligen, in der wir stehen oder nicht. Nur als Gemeinschaft will uns Gott. Wie es im Abendmahlstext der Alten Kirche hieß: »Gedenke Herr deiner Dienerinnen und Diener, die uns vorangegangen sind im Zeichen des Glaubens« – eine Gemeinschaft, in der wir nicht vergessen sind, nicht wie Staub verweht, sondern in der jemand Gott darum bittet, unser zu gedenken. Und Gedenken ist alles.

Die Liebe zum Geld und das Umgehen damit gehört zu den Tabus des Christentums. Geld hat man, aber man redet nicht darüber. Jesus durchbricht dieses Tabu. Gänzlich ungeniert fordert er uns auf, mit dem bösen Geld etwas Gutes zu machen: die Gemeinschaft der Heiligen zu bauen. Offenbar weiß Jesus auch, daß wir an dieser Stelle gerne ausweichen, unseren Glauben zwar bekennen, jedoch unseren Geldbeutel zuhalten. Genau auf diese Schwachstelle, auf diesen Fluchtweg zielt Jesus. Unausweichlich sagt er: Es ist noch niemand alleine in den Himmel gelangt. In meiner Heimatgemeinde pflegte der Pfarrer zu sagen, wenn er zum Geldspenden aufforderte, wer kein Geld dabei habe, könne auch für die Armen beten. Das war ganz richtig so. Beten ist nur der zweitbeste Weg.
Jesus kennt die Menschen, er fordert nie dazu auf, für die Armen zu beten. Er hat es auf unser Geld abgesehen, weil er ahnt, daß wir mit unserem Herzen daran hängen. Denn gerade auf unser Herz hat er es abgesehen. Genau an diesem Punkt beginnt es für viele Menschen kritisch zu werden. Aber hierbei entscheidet sich Kirche als Gemeinschaft. Kein Glaube rettet uns, wenn wir unseren Geldbeutel zuhalten. Denn Gott wollte ein Volk, nicht Singles, ein

Volk, in dem es Brücken gibt und glaubwürdige Zeugen statt Massen schöner Gedanken. Wenn wir den Geldbeutel nicht zuhalten, wird unser Herz, das der Herr eigentlich will, sogleich hinterhereilen. Der Sozialwissenschaftler Oswald von Nell-Breuning hat in einer großen Rede an seinem hundertsten Geburtstag gesagt: »Ich wünsche mir, daß die vielen arbeitenden Menschen, denen ich versucht habe zu helfen, mir mit ihrer Fürbitte zur Seite stehen, wenn nun bald die Stunde des Abschieds kommt, der ich mit großen Erwartungen entgegensehe.« Für mich ist das eine schöne Auslegung des Gleichnisses.

Jesus sagt: Den Weg zum Himmel ist noch keiner allein gegangen. Man kann ihn gehen im Namen Jesu, mit Freunden und Fürsprechern zusammen. Klugsein heißt: Brücken bauen. Nicht um mit Geld irgend etwas oder gar den Himmel zu kaufen, aber Freundschaft unter Geizigen kann nicht gelingen. Und Beziehungen, auch solche, die ganz weit reichen, und das ist eben das Besondere an der Gemeinschaft der Heiligen, kann man ärgerlicherweise nur unter Einsatz von Geld stiften. *Denn wo euer Schatz ist, da ist euer Herz.*

Die Frage nach dem wahren Glück

Lukas 11,27–28

»Und es begab sich, da er solches redete, da erhob eine Frau im Volk die Stimme und sprach zu ihm: Selig ist der Leib, der dich getragen hat, und die Brüste, die du gesogen hast. – Er aber sprach: Ja, selig sind, die das Wort Gottes hören und bewahren.«

Seligpreisung der Mutter Jesu

»Deine Mutter kann sich freuen über dich.« Sie hat Glück gehabt mit dir. Glück hat man nicht für sich selbst, sondern mit seinen Früchten, wenn man Kinder einmal so nennen darf.

Wer die Mutter selig preist, meint den Sohn. Eine Muttter, deren Sohn wohl geraten ist, die auf ihn stolz sein kann, weil er ihr »keine Schande macht«. Es wird vorausgesetzt: Ein Kind hat, was es hat, nicht von sich, sondern von seiner Mutter. Sie hat ihn geboren, ihn aufgezogen, ihn gelehrt.

Das größte Glück besteht darin, daß das gelingt, was doch nicht ganz oder vielmehr überhaupt nur zum Teil in der eigenen Macht steht. Wenn etwas gerät, dann sind in Wahrheit viele Faktoren beteiligt. Ein gelungenes Kind zu haben, das ist viel schwieriger als Geld anzusparen. Es ist die eigentliche Aufgabe einer Kultur, eines Volkes. Das Empfangene so weiterzugeben, daß es gelingt. Der nächsten Generation den Weg zu bereiten zum Leben.

Glücklich, wenn das gelingt. Auch auf der Ebene der Schüler gilt das. Das besondere Erbe so zu vermitteln, daß es gelingt.

Nicht einfach Überleben, Vermehrung, sondern: gelungene Kinder haben. Auch auf diese Art ist die Besonderheit des Menschen gegenüber allen anderen Lebewesen zu sehen. Stolz, Innewerden einer gelungenen Weitergabe seiner selbst.

Das Thema der Seligpreisung der Frau ist daher: Glück unter Menschen. Sich freuen an dem, was man selbst geformt, gezeugt und gebildet hat.

Selig wegen Jesus

Wenn man von solchem Grund des Glücks schon allgemein unter Menschen sprechen kann, um wieviel mehr muß es dann von Jesus gelten. Maria wird seliggepriesen, weil die Menschen ihren Sohn lieben und verehren. Er ist der Bewunderte. Wer ihn loben will, tut es nicht direkt, sondern lobt die Mutter. Denn man weiß: Alle Menschen sind und bleiben Kinder ihrer Eltern. Was sie sind, haben sie nicht von sich selbst.

Diese orientalische Sitte des Lobes muß man wohl verstehen, um in ihr eine der Wurzeln der Verehrung Mariens erblicken zu können. Hier wird zwischen Mutter und Sohn gerade nicht aufgeteilt. So haben wir hier Anlaß, ein Stück dessen ernstzunehmen, daß Jesus in einer menschlichen Familie aufgewachsen ist.

Die Antwort Jesu

Die Ausleger streiten darüber, ob Jesu Antwort kritisch ist (»Vielmehr…«, »Aber…«) oder bejahend (»Ja…«, »In der Tat…«). Martin Luther übersetzt: »Ja, selig sind, die das Wort Gottes hören und bewahren.« Entweder wird Maria mit eingeschlossen in das Wort, oder sie steht mit ihrem Glück außerhalb. Die Übersetzung hängt davon ab, ob man den Konflikt Jesu mit seiner Familie so weit vorantreibt, daß er sie vom Hören und Bewahren des Wortes Gottes ausgeschlossen hätte. Davon aber finden wir nichts. Und überbietend, ausweitend ist Jesu Wort in jedem Falle. Ein Gegensatz ist auch deshalb unvernünftig, weil es um denselben Jesus geht. Er ist das geheime Verbindungsglied zwischen beiden Sätzen. Und Maria ist ja durchaus selig zu preisen. Die Frage ist nur, warum. Und eben diesen Grund gibt dieser Satz an, wobei er dazu noch den Kreis der Glücklichen entscheidend ausweitet.

Der Text hätte eine Entsprechung in einer Schrift des zeitgenössischen Philosophen Seneca, zum Beispiel in dem Buch »Vom glückseligen Leben«, haben können. Man kann sich vorstellen, der Philosoph hätte gefragt, ob ein Mensch glücklich zu nennen sei, der gelungene Kinder habe, was schon das Höchste sei, oder nicht doch vielmehr ein Mensch, der einer Philosophie folgen wolle, die lehre, das sittlich Gute zu tun. Dabei würden die »gelungenen Kinder« nicht geringgeschätzt, vielmehr in einen engen Zusammenhang gebracht mit dem zweiten Maßstab. Doch jetzt können nicht nur mehr Eltern gücklich sein, sondern alle Menschen erhalten dieses Angebot. Und auch Eltern sind nur wegen dieses einen glücklich, wegen dessen man überhaupt glücklich genannt werden kann.

Warum aber sind die glücklich, die Gottes Wort hören und bewahren? Warum soll dies das einzige wirklich »harte«, wahre Glück sein? Ein Bild, das wiederum von Chagall stammen könnte: Eine Schar von Juden tanzt um die Thorarollen herum. Unter ihnen eine besonders ausgezeichnete Frau: die Mutter des Messias. Ausgezeichnet zwar, aber doch vor der Thora ihnen allen gleich. Wie auch der Messias selbst vor der Thora nur einer ist wie sie alle. Allein sie ist Königin, gekrönt wie eine Braut. Gottes Wort, das ist Weisung, das ist Thora, Regel des Lebens. Sind es Narren oder Weise, die um die Thora herumtanzen?

Entscheidend ist dies: Jesus will nicht für sich allein glücklich genannt werden. Weder seine Mutter allein, noch er allein. Das Glück liegt nicht darin, Wunder tun zu können, der Messias zu sein oder begeisternd vom Reich Gottes zu erzählen. Das Glück liegt nicht in Macht und Herrlichkeit, sondern alle können daran teilhaben. Jesus begründet und verkündigt ein Glück, das streng »demokratisch« ist, wenn man es so nennen will. Ein bemerkenswerter Weg, daß Glück nicht auf Macht oder Eigenschaften gründet, sondern auf einem Verhalten, auf Gesten, die allen möglich sind. Auch nicht die Verehrung des Messias oder seiner Mutter machen das Glück aus, sondern allein Hören und Tun. Wer Gottes Wort hört und bewahrt, ist deshalb glücklich zu nennen, weil er seine Rolle gefunden hat. Das ist keine Nebenrolle übrigens, sondern in der Welt, wie sie ist, eine Aufgabe höchster Verantwortung.

Hören und Bewahren sind nicht Merkmale eines Aktivismus, sondern Hören setzt Zeithaben voraus. Bewahren aber hat etwas von Schützen, Hüten und Pflegen an sich. Darauf achten, daß Gottes Wort rein erhalten bleibt, tröstend, mahnend, auffordernd, tadelnd und verurteilend. Sorgsam zu wachen über diesem Wort wie über dem Feuer in antiken Häusern und Städten. Denn wenn das Feuer erlischt, ist es nicht zu ersetzen. Unersetzlich ist dieses, denn es geht um *Gottes* Wort.

Jesus weist daher für die Frage nach dem Glück mit Bedacht weg von sich selbst. Das Glück liegt nicht in einem erneuerten Herrscher- oder Persönlichkeitskult. Es liegt vor der eigenen Tür, im eigenen Herzen, in dem, was jeder hören und tun kann.

Leben riskieren

Mehrfach wird ein Spruch als Jesuswort überliefert, der, wie alte Quellen zeigen, einstmals zu den Worten gehörte, mit denen ein Feldherr vor der Schlacht an die Soldaten appellierte. Die Logik solcher Aufforderungen war: Wer feige ist, verliert sein Leben. Nur wer in vorderster Front mutig kämpft, bleibt am Leben. Den Draufgänger begünstigt das Glück. Es mag sein, daß alte Haudegen darin ein Körnchen Wahrheit erkennen. Aber im übrigen ist dies eine fragwürdige, eine martialische, Leben und Menschen verachtende Gedankenführung, dazu angetan, Menschen in der Schlacht zu »verheizen«, eine Aufforderung zum Vabanquespiel. Jesus greift diese an sich sehr fragwürdige Philosophie auf und gibt ihr einen neuen Sinn:
Wer sein Leben retten will, wird es verlieren. Wer aber sein Leben verliert wegen mir und des Evangeliums, wird es retten (Markus 8,35; Matthäus 10,39).
Jesus liebt solche mutigen und in gewisser Hinsicht frechen, provozierenden, mißverständlichen und gefährlichen Worte. Er will damit aufwecken, zum Nachdenken anstacheln, aus der Ruhe bringen. Denn auch in der Aufnahme dieses Spruches durch Jesus geht es um nichts Beschauliches, sondern um höchst Riskantes, den Verlust des Lebens, die Rettung des Lebens. Welches Risiko gibt es denn sonst noch, wenn nicht dieses eine? Die Mutter aller Schlachten gibt es nicht im Krieg, sondern immer dort, wo das Bekenntnis zu Jesus gefordert ist. Denn hier entscheidet sich Gewinnen oder Verlieren des Lebens. Dieses Wort ist von Jesus oder in seinem Namen in einer Situation gesprochen worden, in

der das Bekenntnis zu Jesus lebensgefährlich war. Auch in unserem Jahrhundert gab es solche Situationen in großer Fülle. Darin besteht die größte innere Verwandtschaft zwischen dem 1. und dem 20. Jahrhundert nach Christus.

Aber es geht in diesem Wort nicht nur um den Extremfall des Martyriums. Unser Leben gewinnen und nicht verfehlen wollen wir doch alle. Leben gewinnen, das heißt: uns selbst gewinnen, unser eigenes Maß an Glück erreichen, eine ungefähre Deckungsgleichheit zwischen unseren Träumen und dem, was wir erlangen konnten, schließlich auch: in Frieden, mit Gott und der Welt versöhnt, sterben, satt an Tagen. Leben gewinnen heißt auch und vor allem: das Glück haben zu wissen, wozu man da ist. Auch wenn man nicht viel bewirken kann, dann doch seinen Platz ausfüllen dürfen. Kein Zweifel: Sein Leben finden ist Gnade.

Aber wie gelangt man zu sich selbst? Wie findet man den roten Faden, der all das Unterschiedliche zusammenhält? Wie soll es möglich sein, nicht nur den »Sinn des Lebens« im allgemeinen zu finden, sondern, daß ich den Sinn meines Lebens finde? Die Lebensweisheit Jesu ist hier eine ganz besondere. Er sagt: Nicht direkt, indem ihr euch verwirklichen wollt, werdet ihr euch finden, sondern, indem ihr euch verliert. Sich verlieren – an eine Sache, eine Aufgabe, einen Dienst, einen Menschen, eine Menschengruppe. Indem ihr euch nicht wollt, nicht mehr nur immer euch selbst wollt, werdet ihr euch finden.

Die direkte Frage, wie ich zu mir selbst finden kann, führt zu keinem Erfolg. Ich kann sie nicht beantworten, bleibe unterwegs stecken, kann mich so nicht finden oder gewinnen. Jeder Versuch, es so zu tun, bleibt bloße Nabelschau, wirkt wie Münchhausens Unternehmen, sich selbst aus dem Sumpf zu ziehen. Das Geheimnis geglückten Lebens beruht immer auf einem Umweg. Der direkte Weg wäre offenbar unmenschlich. Ich kann mich nicht selbst gewinnen. Das Geheimnis ist der Umweg.

Über Schilder, auf denen das Wort »Umleitung« zu lesen

113

steht, sind wir in der Regel nicht gerade glücklich. So ist es auch im Leben. Wie sollen wir über ein undurchschaubares System von Umleitungen zu dem einzigen kommen, auf das es ankommt, zu unserem Glück?

Umleitungen weisen in der Regel in eine andere Richtung als in die angepeilte. Die Umleitungen des Lebens weisen in diesem Sinne von uns weg, scheinen genau Entgegengesetztes zu bewirken. Und sie kosten Zeit, Kraft und Nerven. Wie soll jemand sich selbst gewinnen, der sein Leben scheinbar vergeudet? Der in der Wissenschaft oder in der Krankenpflege oder für das Glück einer geliebten Frau alles dransetzt? Jesus würde sagen: Nur so gewinnt man sich, nur so, indem wir unser Ziel vergessen, erreichen wir es. Wie der Ruderer, der mit dem Rücken zum Ziel rudert. Am Ende geht es um das Gegenüber des lebendigen Gottes. Ist Glaube nicht überflüssig? Sind wir nicht autonom und frei und selbständig? Wie kommen wir dazu, Gott lieben zu sollen, wie es die Bibel fordert: »Du sollst Gott lieben aus deinem ganzen Herzen.« Jesus greift dieses auf, indem er sagt: Das Reich Gottes, die Herrschaft Gottes, die Anerkennung Gottes besteht eben darin, daß ich alles daransetze, was ich habe. Wie um eine überaus kostbare Perle zu gewinnen, wie um den Acker zu kaufen, in dem ein Schatz verborgen liegt. Gott anerkennen heißt: Alles darangeben zu können, um das Eine zu gewinnen.

Aber ist das nicht töricht und irrsinnig? Jesus würde sagen: Nur so habt ihr eine Chance, euch selbst zu gewinnen, überhaupt nur so. Dann werdet ihr frei von allen Dingen und lernt, alles auf eine Karte zu setzen. Wer das nicht kann, der versteht nicht zu leben. Denn leben können heißt, ganz nackt und frei von allen Dingen sagen zu können, was man will, wer man also ist – unabhängig davon, dieses oder jenes haben zu wollen. Vor allem: frei von sich selbst, von eigenen Süchten nach sich selbst, sei es Genuß, sei es Selbstverwirklichung, radikal frei sein, um radikal das zu wollen, von dem alles abhängt, mit dem ich glücklich sein kann.

Am Ende heißt das also: lieben können. Wer direkt sich selbst verwirklichen will, liebt nur sich selbst, kreist um sich selbst. Das ist deshalb aussichtslos, weil wir nicht wirklich frei werden, uns nur immer weiter verkrampfen. Und das wahre Glück bestünde doch im Gelassensein, im Lassen-Können.

Aber zu uns selbst finden wir nur über all die Umleitungen, die von uns selbst in eine andere Richtung weisen. Im Klartext heißt das: Wir finden uns selbst nur, indem wir lieben, in der Selbst-Hingabe.

Und in dieser Lebenskunst ist die Liebe zu Gott deshalb weise, weil Gott als einziger eine Liebe fordert, die grenzenlos ist. Alle Kreatur kann unsere Liebe nur begrenzt ertragen. Selbst menschliche Liebespartner brauchen hin und wieder Ruhe voreinander. Sie können nur begrenzt geben, weil sie nur begrenzt empfangen können. Gott dagegen will uns über alle Maßen ganz. Er treibt das Prinzip des indirekten Weges auf die Spitze, so könnte man es sagen. Denn Religion bedeutet immer Leibeigenschaft gegenüber Gott und Kompromißlosigkeit gegenüber seinem Willen. Und weil das so ist, liegt in der Forderung nach radikaler Hingabe an diesen Herrn auch der sicherste Weg zu sich selbst. Gerade die rabiateste Umleitung, die direkt darauf zielt, daß wir alles und uns selbst lassen, die also konsequent alles andere ist als Habenwollen, gerade sie und sie allein führt dazu, daß wir uns gewinnen.

Freilich hat die Aufforderung zu Selbstlosigkeit und zum sogenannten Opfer auch das Christentum und christliche Moral wirklich »verdorben«, besonders wenn all dieses von irdischen Machthabern, geistlichen oder weltlichen, für die eigene Herrschaft und zu deren Zementierung ausgenutzt wurde. Es fehlte dann etwas, das für Jesus, aber auch für Paulus und Johannes untrennbar mit aller Hingabe verbunden ist: die Freude. Jesus spricht in dem hier zitierten Wort nicht direkt davon, aber er ist nicht in der Rolle dessen, der Macht hätte, das Schenken zu erzwingen. Die Freude muß spätestens überall dort hervorgehoben werden, wo der Verdacht der Äußerlichkeit entstehen kann. So sagt schon das Judentum, daß Gott nur den freudigen Geber liebhaben könne. Und beim Almosengeben, beim Schenken also, zu murren, gilt als Verbrechen. Sich zu freuen über die Freude des Beschenkten, das macht das Weggeben erst menschlich. So erst wird das Ganze aus der Selbstquälerei herausgehoben und ist des Menschen würdig. Nur auf diese Weise geht es nicht um grenzenlose Vertröstung. Indem man sich freut über die Freude, die man anrichtet, hat man sich schon selbst gewonnen. Die Freude beim Schenken, das sind die Geburtswehen des Selbst.

Denn wir gewinnen uns, indem wir uns lassen, wir finden uns, indem wir uns verlieren. Wir sind glücklich, indem wir glücklich machen und uns am Widerschein freuen. Zu wissen, daß man glücklich macht, das ist das Glück. Und daher ist die Freude der einzige und der eigentliche Sinn.

Wer ist Jesus, der so redet? – Zunächst einmal erkennen wir am Geschick Jesu, welcher Zusammenhang besteht zwischen Gewinnen des Selbst, Auferstehung und Freude. Am Ende der Wirksamkeit Jesu wird die Umleitung dramatisch. Nach kurzem Auftreten wird er hingerichtet. Er hat das Leben verloren. Wie kann man sagen, er habe es trotzdem gewonnen? Der indirekte Weg der Christen hat Auferstehung geradezu als notwendige Konsequenz. Auferstehung ist der dramatische Ausdruck dessen, daß der sich selbst gewinnt, der es versteht, sich loszulassen. Und umgekehrt erfahren wir durch dieses Jesuswort, was Auferstehung ist, nicht irgendein obskurer Wunderglaube oder eine pharisäische Marotte, sondern Gewinnen des Selbst. Ausdruck dafür, daß der, der schenkt, nicht ins Nichts verlischt wie eine Wunderkerze, die brennt und vergeht, sondern sich gewinnt, sein Leben und seine Identität gewinnt. Auferstehung hängt daher zusammen mit der unbesieglichen Liebe zum Leben auf Seiten derer, die Leben verstreichen lassen, ohne es krampfhaft raffen zu wollen.

Und wo immer wir Freude wahrnehmen bei dem, der schenkt, ist es eine Freude, die für das steht, was fromme Leute das ewige Leben nennen. Freude als Widerschein der Auferstehung in der Gegenwart, Freude als der Sinn schon jetzt.

In Wirklichkeit geht es nicht um fromme Mutmaßungen, sondern um den harten Kern der Identität. Denn es gibt – aus meiner Sicht – keine Alternative zu dieser Regel: Man kann sich nicht direkt selbst gewinnen, sondern nur auf dem Umweg über die Liebe. Jede Liebe, schon jedes Verliebtsein heißt Weggeben von Leben. Wegschenken, weil Verliebtsein selbst so schön ist. Und das Geheimnis jeder Liebe heißt Auferstehung. Denn das ist nichts anderes als die Hoffnung, sich selbst auf diesem Weg zu gewinnen und sich nicht zu verfehlen. Gott als der, der nichts anderes will und fordert als genau dies. Gott ist der Umweg, der zu uns selbst führt. Freude ist wie ein leuchtendes Wegzeichen, Widerschein der Wahrheit, Hinweis, daß wir auf dem richtigen Weg sind.

Selig, wer sich nicht ärgert

Bist du der, der kommen soll, oder sollen wir einen anderen erwarten? fragte Johannes der Täufer, und Jesus antwortete: Geht und sagt Johannes, was ihr hört und seht: Blinde sehen, Lahme gehen, Aussätzige werden rein, und Taube hören, Tote werden auferweckt, und Armen wird das Evangelium verkündet. Und selig ist, wer nicht Anstoß nimmt an mir (Matthäus 11, 3 – 6).

Der letzte Satz wird mit *Und* eingeleitet, nicht mit *Doch.* Das aber bedeutet: Den Behinderten und Unreinen hat Jesus geholfen, den Armen Heil, das Morgenrot der Wende ihres Zustands, verkündet. Und allen anderen hat er das Heil verheißen. Denn er hat gesagt: *Selig sind sie.* Er hat sie selig gepriesen, beglückwünscht, wenn sie sich nur nicht ärgern an ihm. Das heißt: Man muß nicht arm, behindert, tot oder unrein sein, damit Jesus zum Retter werden kann. Es genügt vielmehr dies: kein Ärgernis an ihm zu nehmen. Doch sehr viele nehmen Anstoß an ihm: die Reichen, weil sie Jesus in Verdacht haben, sie müßten etwas von ihrem Reichtum abgeben und teilen. Die Machthaber und Beamten, weil er die Machtlosen selig preist und nicht sie. Ferner alle, denen er nicht helfen kann, weil er zu weit weg ist. Ferner alle, die mit Jesu Wort vom Kreuztragen nicht einverstanden sind, weil das Kreuz lebensfeindlich sei. Sie wollen leben und lieben und finden Kirche düster und muffig. So ärgern sich sehr viele über ihn. Doch in Wirklichkeit ist nichts weiter gefordert, als sich nicht zu ärgern. Das klingt ganz leicht: nur etwas nicht zu tun, nur einen Widerstand aufzugeben.

Doch ehrlicherweise muß man sagen, daß nichts Geringes gefordert ist. Denn man muß schon ein anderer geworden sein, wenn man sich nicht über Jesus ärgern will. Vielleicht zielt Jesus auf Gespräche unter Männern, die mit dem Satz beginnen: »Und was ich gar nicht leiden kann, sind Leute, die…« Und dann ergänzen sie: Leute, die ohne Krampf und Angst öffentlich mit Frauen sprechen wie Jesus. Leute, die mit den Zöllnern essen, den durchaus nicht edlen Kollaborateuren mit der Besatzungsmacht, wie Jesus. Leute, die es wagen, mit Ex-Stasi-Leuten zu sprechen, und die Leute aus der rechten Hälfte unseres Volkes überhaupt zur Kenntnis nehmen, zu ihnen hingehen und sich mit ihnen auseinandersetzen. Jesus verhält sich nicht nicht »korrekt« im Sinne der Erwartungen, er ist überhaupt nicht auf sein Ansehen bedacht, das es eigentlich erforderte, immer im richtigen Lager zu stehen.

Die Mehrheit will stets auf der richtigen Seite stehen. Sage mir, mit wem du umgehst, und ich sage dir, wer du bist. Genau diesen Satz befolgt Jesus konsequent nicht. Und genau dieser berühmte deutsche Satz zerstört unsere Volkskirchen. Denn wir wollen immer nichts mit den »anderen« zu tun haben, mit den Frommen oder mit den Linken, mit den Chaoten, mit den Besitzenden oder mit den Empfängern von Sozialhilfe. Wir wollen da immer am liebsten Mäuschen sein, nicht auffallen, in der unsichtbaren Mitte der Normalität stehen – und stehen am Ende nirgends. Jesus würde hingehen zu ihnen allen. Man muß nur einmal erleben, was einem deutschen Theologieprofessor angedichtet und angelastet wird, wenn er auch nur einmal in einem als evangelikal geltenden Wochenblatt einen Artikel schreibt, weil er meint, es sei notwendig. Nein, das tut man nicht. Diesen Verdächtigungen, dem Verdacht darauf, vielleicht dieser »Farbe« anzugehören, setzt man sich nicht ungestraft aus. »Der schreibt ja da«, heißt es, und dann weiß man schon alles. Die Muffigkeit unseres Denkens in festen Blöcken ist unübertrefflich.

Sie war es vielleicht auch zur Zeit Jesu. Jesus geht überall hin. Er ist bei Pharisäern zu Gast (z. B. Lukas 7,36; 11,37; 14,1) wie bei Zöllnern (z. B. Zachäus), er läßt es zu, daß eine höchst verdächtige Frau ihn bei Tisch eincremt und ihr zweifelhaftes Gewerbe ansatzweise beginnt. Und ich weiß es persönlich von einem bekannten (aber auch wiederum politisch sehr zweifelhaften) Göttinger Gelehrten, der wie kein anderer die Theologiegeschichte des 19. und des 20. Jahrhundert beherrschte: Er nahm Jesus die eine Szene persönlich übel, nach der sich Jesus erbärmlich schwach gezeigt und sich von einer heidnischen Frau habe »austricksen« lassen, »überwinden lassen«, wie er sagte. Denn Jesus habe der Frau mit der behinderten Tochter nach Markus 7,24–30 nachgegeben, da sie ihm mit cleveren Argumenten von seinem ursprünglich festen Plan abgebracht habe, nur in Israel zu wirken. Nach Ansicht des Göttinger Gelehrten war Jesus da in die falsche Gesellschaft geraten und hatte etwas getan, was keinem Mann passieren darf.

Falsche Gesellschaft – das passiert Jesus immerzu. Darin sieht er den Weg zur Versöhnung. Und davor, nämlich in den falschen Kreisen gesehen zu werden, haben wir panische Angst. Ein wenig Mut, diese Ängste und Schranken zu überwinden, bedeutete ein Stückchen Versöhnung in unserer zerklüfteten Gesellschaft.

Selig, wer sich nicht ärgert an mir ist daher auch eine Aufforderung zu Gelassenheit und zu mehr Selbstbewußtsein der Christen. Jesus nicht auszugrenzen, bedeutet auch: all diejenigen nicht auszugrenzen, mit denen er umgeht. Wer sich nicht ärgert, der ist schon selig. Also wenigstens Jesus tun lassen, was er tun will und muß, Jesus ertragen. Das wäre schon viel. Daher zeigt dieser Satz durchaus, welch unglaubliche Provokation Jesus zu allen Zeiten sein kann oder hätte sein sollen. Jesus gelassen zu ertragen, ihm keinen Widerstand zu leisten, das ist schon Seligkeit, denn er steht quer zu unseren Lieblingsallüren. Hier gilt der unendlich friedvolle Satz: Wer nicht gegen mich ist, der ist für mich.

III Jesus als Gott

Wer war Jesus wirklich? Jesu erfahrbare, sichtbare Vollmacht und sein Anspruch stellen sich vielfach so dar, daß man ihn entweder für wahnsinnig, einen Zyniker und Spinner halten mußte – oder für Gott.

Staunenswertes

Fast überall in der Bibel gilt die hilfreiche Zuwendung zum Mitmenschen als Inbegriff der Gerechtigkeit, die Gott von Menschen erwartet. Man nennt das Liebe, Erbarmen oder Almosen. Bevorzugte Empfänger sind Menschen in Not, Witwen und Arme. – Um so unverständlicher ist die Sache, wenn alles das plötzlich nicht mehr gelten soll oder auf den zweiten Rang verwiesen wird. Genau das aber geschieht durch Jesus selbst angesichts der Salbung mit kostbarem Salböl, die ihm zuteil wird. Für rund zwanzigtausend Mark läßt er sich in eine Duftwolke einhüllen, und er rechtfertigt den teuren Wahnsinnsspaß mit der geradezu menschenverachtenden Auskunft: Arme habt ihr immer bei euch, mich aber nicht (Mk 14,3–9). Moralische Kategorien scheitern hier. Armen Almosen zu geben ist nichts Verwerfliches, sondern im Gegenteil Inbegriff der Gerechtigkeit. Jeder Versuch einer Abwertung des Vorschlags, Almosen zu geben, müßte doch scheitern! Warum aber wird das »teure Zeug« an Jesus verschwendet? Eine Rechtfertigung dafür wird nicht gegeben, sie ist auch unmöglich. Denn genau das ist Religion, die Verschwendung an den Einen aus reiner, nicht mehr und durch nichts zu rechtfertigender Liebe,

Zuwendung, Hingabe oder wie immer man es nennen will. Und nicht irgendwelche Werte werden durch diese unvernünftige Zuwendung in den Schatten gestellt, sondern gerade die höchste Äußerung der Gerechtigkeit. Im Kontrast zu ihr wird hier deutlich, daß die Liebe zu dem Einen noch einmal etwas ganz anderes ist als selbst die höchste Form sozialen Handelns. Vergleichbar unvernünftig ist nach dem Johannesevangelium die Liebe des Hirten, der sein Leben gibt für seine Schafe. Kein Hirte tut das. Ähnlich auch hier: Diese religiöse Verehrung und Liebe gegenüber dem Einen sprengt jede Rechtfertigung, jeden Bereich sozial gerechten Handelns. Sie ist verrückt und unverhältnismäßig, wie Liebe eben ist.

Der Einwand, derart Irrationales werde auch gegenüber Gurus und Götzen geübt, und solches zu tun sei daher grundsätzlich fragwürdig, trifft, was das Letzere angeht, durchaus zu: Es geht um Unvernünftiges, Fragwürdiges. Allein hier gibt es noch wirkliches Wagnis. – Biblische Religion heißt: alles auf eine Karte setzen, ohne Netz, ohne jede Absicherung.

Der Unterschied zu Guru und Götzen, die bange Frage, ob am Ende nicht der Falsche geliebt und geehrt worden sei, ist nur zu beantworten mit dem Hinweis auf das Ganze. Das Kriterium liegt immer nur im Ganzen dieses Lehrens, Lebens, Sterbens, Auferstehens. Aus dieser Einsicht heraus verfassen Markus und wohl auch Johannes die ersten Evangelien. Denn diese sind Zeugnissammlungen, die die Einzeltat und -episode einordnen in einen Gesamtzusammenhang, der dann erst spricht.

Aus diesem Grund referieren Markus (14,3–11) und Johannes (12,1–8) dieses überaus anstößige Geschehen erst gegen Ende des Wirkens Jesu, als der Leser schon mehr versteht.

Ähnlich anstößig ist auch Jesu Anspruch gegenüber anderen Dingen der Schöpfung, gegenüber dem Feigenbaum, von dem er Früchte erwartet, obwohl es nicht Erntezeit ist

(Mk 11,13), gegenüber dem Esel, auf dem noch keiner gesessen haben darf (Mk 11,2) und gegenüber Getreide auf dem Kornfeld, das seine Jünger ausreißen müssen – nicht etwa weil Jesus Hunger hat (so erst Matthäus und Lukas), sondern weil er am Sabbat geruht, quer durchs Kornfeld gehen zu wollen (Mk 2,23-28). Überall verhält sich Jesus wie der Herr und Eigentümer der Schöpfung. Den Feigenbaum verflucht er, weil er seinen Dienst als Hoflieferant, auch wenn er gar keine Früchte tragen konnte, nicht geleistet hat. Beim Kornfeld schont Jesus nicht nur die jungen Pflanzen nicht, er nimmt es auch in Kauf, daß dabei unerlaubte Feldarbeit am Sabbat geleistet wird. Zwar hebt er damit nicht das Sabbatgebot auf und verhält sich nach dem Grundsatz, daß die Ausnahme die Regel bestätigt. Aber er betrachtet sich als die Ausnahme. Wer ist Jesus wirklich?

Tote begraben ihre Toten

Die Evangelien nach Matthäus und nach Lukas berichten, daß Jesus einem Jünger, den er zur Nachfolge aufgefordert hat, auf dessen Bitte hin, seinen Vater begraben zu dürfen, antwortet: *(Folge mir nach und) laß die Toten ihre Toten beerdigen* (Matthäus 8,22; Lukas 9,60). – Das Problem ist in der Bibel geläufig, denn schon bei der Berufung des Elisa durch Elia bittet Elisa: *Laß mich meinen Vater und meine Mutter küssen, dann will ich dir nachfolgen.* Elia gestattet das Abschiednehmen, Jesus noch nicht einmal das Beerdigen. Er ist nicht nur in seinen Wundern intensiver, auch im Ernst der Nachfolge radikaler. Zweifellos: Menschen, insbesondere die eigenen Eltern, zu begraben ist die allererste Pflicht der Pietät. Es ist aber zu fragen, ob Jesus die Regeln von Anstand und Pietät durchbrechen will und somit gegen das Gesetz im weitesten Sinne vorgeht. Eine solche Auslegung wäre wohl viel zu stark am Destruktiven orientiert. Mir scheint, daß nicht die Destruktion der Sitte

123

im Vordergrund steht, sondern etwas anderes: Wer zum Jünger Jesu berufen ist, blickt nicht zurück. Er läßt die gesamte Vergangenheit und alle Bindungen, die sich daraus ergaben, hinter sich wie ein Totenreich. Er blickt nicht zurück, sonst würde er wie Lots Weib zur Salzgestalt erstarren. Er muß die Menschen aus seinen bisherigen Beziehungen und Bindungen ganz vergessen können, weil das Neue, die Nachfolge, ihn fasziniert und alles von ihm fordert.

Es ist wie an einem strahlenden Morgen im Frühsommer. Niemand denkt zurück an Nacht und Winter, an Kälte und Vergänglichkeit. Der Morgen gehört dem Leben und seiner Zukunft. Daher geht es in diesem Jesuswort nicht um Zerstörung der Sitten, sondern, es ist befreiend darin, daß der Bann des Anspruchs der Vergangenheit gebrochen wird.

Man fragt oft, ob denn Gnade und Sündenvergebung am Anfang der Jüngerschaft bei Jesus eine Rolle gespielt hätten. Von beidem ist hier nicht die Rede. An deren Stelle steht ganz allein der Ruf Jesu in die Nachfolge. Er hat seine befreiende Kraft nur, wenn er so kompromißlos radikal begriffen wird. Jeder Abstrich, jede Konzession an die Vergangenheit, sei sie auch noch so klein, sei sie auch noch so »verständlich«, ist verboten.

Das hat seinen guten Sinn. Jesus, der dazu auffordert, einfach die Toten sich selbst und ihresgleichen zu überlassen, ist nicht der finstere Diktator, der ölige Guru oder der raffinierte Verführer. Er ist allein in dieser Strenge wirklich heilend. Nur in der Fähigkeit zu vollständigem Abschied ist man der Nachfolge gewachsen.

Ist das nicht eine Illusion, die jeder Psychologie Hohn spricht? Kommt nicht die Vergangenheit samt ihren Bindungen immer wieder »hoch«? Es geht in diesem Text nicht um Vergessen, sondern um befreiendes Handeln. Dazu ist man nicht »an sich« fähig, sondern nur, wenn einen der lebendige Gott selbst auffordert, gewissermaßen lockt mit der Verheißung des Lebens. Denn Jesus sagt nicht einfach:

Überlaßt die anderen sich selbst. Vielmehr gilt: Zwischen dem physischen Tod und den Menschen, die im Alten verharren, sind die Übergänge gleitend, die Unterschiede unerheblich. All das ist gezeichnet durch die Herrschaft des Todes. Eine Alternative dazu gibt es nur, wenn man sich auf den lebendigen Gott selbst einläßt, der nichts anderes will, als dieses Leben weitergeben. Gott ist das Leben, und das Leben ist Gott. Laßt euch faszinieren durch das Leben selbst. Dieses Hineingezogenwerden in das Leben selbst bietet Jesus an. Damit repräsentiert er direkt die Expansionsgelüste Gottes, der Leben selbst ist.

Die Alternative »Tod« oder »Leben«, »Tod« oder »Gott« ist nun keine abstrakte oder theoretische mehr, sondern wird ganz handgreiflich erfahrbar im Ruf Jesu gegenüber seinen Jüngern. Insofern begegnet man in ihm Gottes eigenstem Angebot und Anspruch.

War Jesus Gottes Sohn?

In der Regel herrscht die Meinung, *Sohn Gottes* sei nicht nur der höchstmögliche Anspruch, den man für Jesus erheben könne, sondern er bedeute bereits die Sprengung des jüdischen Rahmens für das Christentum. Beides ist nicht der Fall. Denn auch Israel im Ganzen, Engel oder Einzelgestalten wie der Patriarch Joseph werden im Alten Testament und im Judentum »Söhne« oder »Sohn Gottes« genannt. Der Titel bedeutet nur, daß die so genannten Menschen in einer besonders engen Beziehung zu Gott standen. Den höchsten Anspruch formuliert das Neue Testament mit dem Titel »Menschensohn« oder »Herr«, bzw. »eingeborener Gott«, denn damit wird die einzigartige Weise benannt, in der Gott in Jesus gegenwärtig ist.

Aber auch mit diesen Namen Jesu ist der Raum des Judentums nicht verlassen oder zerstört. Denn in jedem Falle ist Jesus derjenige, der alles, was er hat und ist, vollständig dem verdankt, von dem er herkommt, der ihn gesandt, »gezeugt« oder auch (so der Hebräerbrief) gemacht hat. Besonders deutlich wird diese Abhängigkeit gerade im Johannesevangelium. Denn Jesus wird hier zwar »Gott« genannt, aber nicht »der Gott«, nämlich »der einzige Gott und Vater«. Er ist und bleibt der »Sohn«. Und wenn er »Gott« genannt wird, dann beschreibt das seine Art und Qualität, dann besagt es, daß der Vater in ihn sein »Wort« gelegt hat und damit in ihm anwesend ist. Aber es besagt nicht, daß der Sohn der Vater ist.

Auch wir pflegen festzustellen, daß ein Kind seinen Eltern sehr ähnlich, »wie aus dem Gesicht geschnitten« sei. Zumeist vergleichen wir – zum Leidwesen und unter Protest der Kinder, wenn sie schon älter sind und doch sie selbst sein wollen – ein Kind mit einem Elternteil besonders und sagen dann »ganz die Mutter«, »ganz der Vater«. Genauso ist es auch mit den vielen Namen Jesu. Wenn der Vater, dem Jesus ähnlich ist, der eine und einzige Gott ist, dann ist der Sohn eben von Gottes Art, göttlich oder, wie das Johannesevangelium es sagt: »Gott«. Diese wörtliche Wiedergabe bedeutet für unsere Sprache ein Übersetzungsproblem. Denn in unserer Sprache bedeutet »Gott« meist »Gott Vater«. Im Griechischen des Johannesevangeliums bedeutet »Gott« eben nur »von Gottes Art«, »aus Gott«, »wie Gott«. Im Deutschen dagegen ist »Gott« nur eine einzige Größe bzw. Person. – Aber wenn Jesus im Griechischen »Gott« genannt wird, *gibt es damit nicht zwei Götter.* Das zu beachten ist außerordentlich wichtig für das künftige Gespräch mit Judentum und Islam. Denn wie Juden und Muslime halten Christen an dem einen und einzigen Gott fest. Es gibt eben nicht drei Götter. Nur hat – und das ist die christliche Besonderheit – dieser eine Gott sich Jesus Christus, den Sohn also, und den Heiligen Geist als einzigartige »Orte seiner Gegenwart« erwählt und ist dadurch bei den Menschen, ist unter ihnen, so daß er ihr Gott ist und sie sein Volk sind.

Dieser Ausdruck »Ort seiner Gegenwart« ist mit Bedacht aus dem Vorstellungsbereich des Alten Testaments und des Judentums genommen. Der Platz zwischen den Cherubim auf der Bundeslade im Allerheiligsten des Jerusalemer Tempels, das ist der traditionelle Ort der Gegenwart Gottes gewesen. Im Neuen Testament wird dieser Ort nun in Personen hinein »verlegt«, in den Sohn und in den Heiligen Geist. Der Ort ist jetzt nicht mehr namenlos und statisch-unbeweglich, sondern Gott hat einen Menschen zum Ort seiner Gegenwart erwählt, eben Jesus, und ebenso ist der Heilige Geist die Art, in der Gott nun auf Dauer in den Herzen aller seiner anderen Kinder sein will und von da aus die ganze Welt durchdringen und befreien will. In der Optik der ersten drei Evangelien stiftet der vom Vater gegebene Geist auch die Gottessohnschaft Jesu. Nach dem Johannesevangelium und auch nach Paulus ist der Sohn aber schon der Schöpfungsmittler, durch den alles geworden ist. Damit ist er hier selbständiger gegenüber dem Heiligen Geist.

Ergebnis: In den Aussagen des christlichen Bekenntnisses über Jesus liegt kein prinzipieller Gegensatz zum Judentum, denn auch dem Judentum sind Repräsentanten Gottes, die seine »Söhne« sind oder seinen Namen tragen (wie Engel) oder die Gottes Herrlichkeit an sich tragen (wie Mose) oder seine Funktion in der Welt wahrnehmen (Menschensohn in den Henochschriften), wohlbekannt. Die kontroverse Frage ist nur die Tatsachenfrage, das heißt: Muß man zwingend annehmen, *daß gerade Jesus von Nazareth in diesem Sinne Repräsentant Gottes gewesen ist?*
Das ist umstritten, und hier fehlt den nicht-christlichen Juden die Überzeugung. Wir als Heidenchristen sollten bedenken, daß Christen seit fast 2000 Jahren durch ihr Verhalten gegenüber Juden ihre Behauptung, das messianische Gottesvolk zu sein, nicht gerade durch Glaubwürdigkeit erhärten konnten. Hier ist nichts zu beschönigen.

Andererseits besagt selbst der Ausdruck »die Heiligen«, den Paulus der christlichen Gemeinde zuteilt, nichts darüber, daß es hier die besseren Menschen geben müßte. Hier wie beim Messiasglauben auch geht es um etwas, das vor aller Moral liegt und das trotz aller Sünde noch gilt, wenn und weil es ein Geschehen ist, das von Gott kommt. Im übrigen kennen Judentum und auch das Neue Testament schon ein zweifaches Kommen des Messias. Erst das zweite Kommen ist das endgültige. Dieses steht auch für die Christen noch aus.

Sterne in der Hand des Menschensohnes

»Menschensohn« ist ein geheimnisvolles Wort. Es besagt nichts weiter als »Mensch« und ist doch in der Anwendung auf Jesus der höchste Name, den es im Urchristentum für einen Menschen geben konnte. Denn der »Menschensohn« steht nach dem Propheten Daniel nahe bei Gottes Thron und erhält von Gott ein ewiges Reich. – »Wie ein Mensch« sieht also der Repräsentant des letzten und endgültigen Weltreiches aus, der die durch Tiere symbolisierten früheren Reiche ablöst. Grausame Tiere waren gewissermaßen die Maskottchen, Wappentiere und zugleich Charaktersymbole der großen Reiche der Welt. Israel dagegen hofft auf ein Reich der »Heiligen des Höchsten«, das es selbst in der Endzeit zu sein hofft. Hier kommt zum ersten Mal der Ausdruck »Menschensohn« vor. Bis hin zu den späteren Schriften des Neuen Testaments steht nach diesem Ausdruck eine Gestalt gleichzeitig für alle, die von ihr repräsentiert werden. So wird noch in der Offenbarung des Johannes Jesus im Bild des Menschensohnes geschaut, der sieben Sterne in der Hand hält, die Symbole der sieben Gemeinden und damit aller Christengemeinden überhaupt. Der Menschensohn und die Heiligen Gottes, letztere verstanden im Sinne der zu ihm gehörigen Gemeinschaft, bilden auch in den Evangelien eine untrennbare Einheit. Denn alles, was für Jesus, den Menschensohn, gilt, kann auch von den zu ihm Gehörigen gesagt werden. Die Vorstellung ist für uns ungeläufig, es ist wie bei einer Ellipse, die zwei Brennpunkte hat. Der eine Brennpunkt der Ellipse ist Jesus als der Menschensohn, der alle zu ihm Gehörigen vertritt und darstellt. So kann er auch stellvertretend sein Leben für alle einsetzen (Mk 10,45), wird vor dem Gericht Gottes zum Anwalt der Seinen (Lk 12,8f). Der Menschensohn ist der von Gott Bevollmächtigte, der von ihm Macht übertragen bekommt, ja nach der griechischen Fassung von Daniel 7,13 kommt Gott selbst »wie ein Mensch« (ähnlich wie Hes 1,26). Hier gibt es eine eigene Wurzel der Auffassung vom Erscheinen Gottes in Menschengestalt schon in der griechischen Bibel. Die Grenzen zwischen Gott und dem, der ihn darstellt, sind hier fließend. Als Repräsentant Gottes erhält Jesus so Vollmacht über alle Völker (Mt 28,16). Er sendet Jünger aus oder – in gleicher Rolle – auch Engel, die seine »Auserwählten«, »Heiligen« sammeln sollen (Mk 13,27; Mt 28,19), weil sie zu ihm gehören und er zu ihnen. Immer ist Gottes Thron, zu dessen Füßen sich alles ereignet, der Mittelpunkt des Geschehens.

Der andere Brennpunkt der Ellipse sind alle diese »Heiligen« zusammen. Mustergültig wird das in Matthäus 19,28 sichtbar: Wenn der Menschensohn auf seinem Thron sitzen wird, dann werden auch die zu ihm Gehörigen (die Zwölf, die »Heiligen« als sein Volk) auf Thronen sitzen. Und wenn vom Menschensohn gilt, daß er keinen Ruheplatz hat, wo er sein Haupt betten kann, dann gilt Gleiches auch für Jesu Jünger, die ihm buchstäblich und in der Lebensweise nachfolgen. Und so wie er jetzt verachtet und in die Hände der Menschen gegeben wird, so ergeht es auch der Gemeinde, und er, der Richter, identifiziert sich mit jedem Armen und jedem Bettler (Mt 25,45). Seine Vollmacht, Sünden zu vergeben, übernimmt die Gemeinde. Die zukünftige Heilsgemeinschaft wird »mit« dem Menschensohn sein.

Ergebnis: Angesichts des modernen Individualismus hat die Rede von Jesus als dem Menschensohn eine besondere kritische Funktion. Ähnlich wie bei Paulus Christus und »Leib Christi«, im Epheser- und Kolosserbrief Haupt und Leib zusammengehören, so ist der Menschensohn als individueller »Held« überhaupt nicht vorstellbar. Keiner erlangt für sich, im bloßen Gegenüber zu Gott, das Heil. Dieses ist gebunden an die Gemeinschaft mit dem Menschensohn. Insofern haben wir hier eine eigenständige Wurzel des Gedankens einer »Kirche« vor uns. Ziel und Maßstab jeder Kirche ist freilich die künftige »Versammlung« um den Thron Gottes, die »goldene Stadt«.

Die andere Zone der Wirklichkeit

Eine Verständnishilfe

In den folgenden Überlegungen geht es um all jene Merkwürdigkeiten, die moderne Menschen an der Bibel insgesamt, nicht nur am Neuen Testament, nicht mehr verstehen: Wunder, Visionen, Engel, Gestalten wie Mose und Elia, die vom Himmel her erscheinen wie bei der Verklärung, schließlich auch die Auferstehung Jesu und Auferstehung überhaupt. Zu den Wundern gehört auch die Entstehung Jesu durch den Heiligen Geist in Maria. In der Regel werden diese »Vorstellungen« als nicht zeitgemäß oder mythisch abgetan. Es geht zunächst darum, sich überhaupt verständlich zu machen, wie Menschen je so denken konnten. Wir beginnen mit der Frage nach Querverbindungen innerhalb der Verkündigung Jesu.

Heilsame Ordnung

Welcher Zusammenhang besteht zum Beispiel zwischen dem Jesus, der Gleichnisse erzählt, und dem Wundertäter? An dieser Frage etwa müßte sich unser Ansatz bewähren können, nach dem auch scheinbar weit Auseinanderliegendes für Jesus festzuhalten ist. Es geht auch um Brücken zwischen diesen Bereichen. Heilungswunder sind wie Gleichniserzählen therapeutische Taten Jesu. Heute spricht man oft vom therapeutischen Charakter der Märchen, und noch immer schlafen Kinder gut ein, wenn man ihnen zuvor eine Geschichte, die Anfang und Ende hat, erzählen kann. Bei Jesus stehen Gleichnisse etwa an der Stelle der Märchen, sie sind aber auch anders. Vor dem Hintergrund des Weltbildes Jesu lassen sich Gleichnisse und Heilungstaten als Ausdruck einer einzigen Sendung begreifen.

Für den heutigen Menschen nehmen wir ein Außen und ein Innen wahr. Das Außen nennen wir Welt, das Innen Seele. Den gesamten Bereich der Gedanken, der Träume, Gefühle und religiösen Erfahrungen verlegen wir in das Innen. Daher der »Seelsorger«, der sich eben um die Seele kümmert. Auch die Meinung, Religion sei gänzlich Privatsache, kommt daher, daß man sie ganz in die Seele des einzelnen setzt.

Anders war es für die Menschen zur Zeit Jesu. Hier bewegt sich der Mensch, ausgestattet mit Augen, Herz und Stimme, *nicht* teilbar in Leib und Seele, sondern nur als ein Ganzes existierend, zwischen zwei Außenbereichen. Das eine Außen, wir nennen es in der Folge Außen I, ist die sichtbare Welt, da gibt es Mitmenschen und den ganzen wahrnehmbaren Kosmos. – Das andere Außen ist die unsichtbare Welt. Wir nennen es Außen II. Denn es geht um eine zweite Zone der Außenwirklichkeit des Menschen, nicht um eine Welt in seinem Innern. Diese unsichtbare Welt ist aber nicht subjektiv, privat oder nur vorgestellt, sondern sie ist geradezu überaus wirklich. Von Träumen wird sie grundsätzlich unterschieden. Träumen, sagt man schon im Frühjudentum, das ist eine Sache der heidnischen Seher und Propheten, das sind alles nur Phantasiegebilde. Für Juden und Christen dagegen ist das Außen II Gottes Wirklichkeit, und zwar unvergängliche Wirklichkeit. Man kann diesen Bereich oder Teile daraus auch mit den normalen Augen sehen, oft wird er aber so geschildert: Er wird zugänglich, indem man sich umwendet. Dann nimmt man wahr, was einem sonst im Rücken steht.

Und dieser zweite Außenbereich (Außen II) ist selbst zweigeteilt: Gott und die Engel stehen auf der einen Seite, Satan und die Dämonen auf der anderen, doch um einige Hierarchiestufen versetzt. Dieses Außen II ist also weder der seelische Bereich, noch geht es um Vorstellungen noch um Dinge, die»man glauben muß«. Sondern es ist die wichtigere, unvergängliche Hälfte der Wirklichkeit. Sie muß nicht bewiesen werden. Nein, für diese Menschen ist es ganz klar, daß die Augen des Herzens schärfer sehen als die des Leibes. Angesichts dieser Wirklichkeit der guten und der bösen Mächte kommt es vor allem und einzig darauf an, auf welche dieser Mächte man setzt, welchen Namen man anruft. Es wird erkennbar, daß es in diesem Außen II insgesamt um Religion geht, und zwar nicht nur um die christliche und jüdische.

Zugänglich wird diese Welt des Außen II auch im Augenblick der Vision, dann kann ein prophetischer Seher vielleicht den Zipfel von Gottes Gewand wahrnehmen. Vom ersten bis zum letzten Buch der Bibel begründen solche Visionen den Glauben der Juden und Christen. Sie werden mit den leiblichen Augen gesehen, wie wenn der Vorhang für einen Augenblick weggezogen wäre. Die anfangs genannte Verklärung Jesu gehört auch dazu.

Abgesehen von den Visionen, die Zugang zu diesem Außen II begründen, gibt es eine Art Zwischenzone zwischen Außen I und Außen II, in der das Außen II auf die sichtbare Welt einwirkt. In dieser Zwischenzone gibt es Bilder, Gleichnisse, Vollmacht, Wunder, von Gott Gesandte, den Glauben und das Gebet. Sie bilden Möglichkeiten der Einwirkung von Außen II auf Außen I. Doch eine grundsätzliche Einwirkung des unsichtbaren Außen II, ist nicht zu vergessen: die Schöpfung. Es ist wichtig, dies zu sehen, denn die Bilder, Gleichnisse und Wunder, ja auch der Gesandte Gottes und seine Vollmacht haben etwas mit Schöpfung zu tun. Das betrifft zum einen die Schöpfermacht. Denn der von Gott Gesandte ist z. B. nach Paulus und dem Johannesevangelium und vielen anderen Zeugen der »Schöpfungsmittler«, »durch ihn ist alles geworden«. Und vom Glauben sagt Jesus, er könne Berge versetzen, d. h. er habe Schöpferkraft. Dementsprechend kann er auch den gesund machen, in dem er ist. Und die Worte Jesu sind Machtworte wie die Schöpfungsworte. Wunder sind Schöpfungstaten.

Zum anderen aber betrifft das Einwirken des Außen II auf das Außen I die Schöpfungsordnung. Denn Schöpfung ist, dessen wird sich der Mensch beim Betrachten inne, eine überaus sorgfältige und großartig angelegte, freilich auch strenge und sogar (vom Menschen) verletzbare Ordnung. In den Wundern wird etwas von der Schöpfungsordnung im Sinne des ersten Morgens im Paradies wiederhergestellt und in Gleichnissen ebenso: Gegenüber der oft trostlosen, sichtbaren Welt (Außen I) wird eine neue, andere Wirklichkeit entworfen, die nicht einfach vergehen muß, sondern in der dann der Herr sogar den getreuen Sklaven bedienen wird, in der ein Vater den verlorenen Sohn in die Arme schließt, statt ihn zu verdammen. Die therapeutische Funktion der Gleichnisse besteht darin, daß sie den Menschen in der Ungewißheit ihrer Sorgen und Erwartungen »Geschichten« mit Anfang und Ende bieten. Daß zum Beispiel der Sauerteig zwar unscheinbar ist, aber am Ende den gesamten Teig durchsäuert haben wird. Ähnlich vermittelt das Gebet in der Wiederholung geprägter Formeln oder auch vorgeprägter Umgangsformen mit Gott ein Stück der Ord-

nung Gottes und bringt den Menschen dazu, sich ihr einzu-
fügen.

Jesus vollbringt daher Heilungswunder und redet in Gleichnissen, um mit beidem – gewissermaßen parallel – heilend
einzuwirken. Und im eigenen nächtlichen Beten gewinnt er
selbst Anteil und im wahrsten Sinne Kraft aus der Welt des
Außen II.

Bedingung für diese Anteilhabe ist freilich nicht, daß man
es will, sondern daß man eins ist mit Gott (oder auch den
Menschen). Dieses Einssein mit Gott heißt zum Beispiel
Glaube. Denn wer im Glauben auf Gott baut, auf ihn setzt,
der ist eins mit ihm. Deshalb gelten dann die Verheißun-
gen, daß Glaube, auch wenn er nur so groß ist wie ein Senfkorn, dann schöpfungsmäßige Macht hat, um Bäume oder
Berge zu versetzen oder Kranke gesund zu machen. Und
weil Jesus eins ist mit Gott, erweckt Gott ihn auch auf. Die
Auferweckung Jesu ist als Wunder aus dem Einssein mit
Gott zu verstehen. Dieselben wunderbaren Taten können
Menschen aber auch vollbringen, wenn sie miteinander
eins sind oder untereinander Frieden schließen. Dann wird
ihr Gebet erhört, dann können sie Berge versetzen. Das
Einssein gilt allerdings auch als Bedingung für das Wirken
im Bunde mit der Gegenseite, denn bei Jesus erwägen seine
Gegner auch, ob er »in Beelzebub« die Dämonen austreibt.
– In dem hier skizzierten Weltbild des Neuen Testaments
haben daher Einigsein, Frieden mit jemandem zu haben,
untrennbar zu sein eine geradezu magische Bedeutung und
eine wunderhafte Schöpfungsmacht.

Und wenn diese Regel auch für Menschen gilt, dann handelt es sich dabei geradezu um eine Exklave aus dem
Außen II in der sichtbaren Welt. Wenn dort Menschen Frieden machen, wenn dieses eine, Kostbarste nur gelingt, dann
verfügen auch sie über die Schöpfermacht Gottes selbst.
Wo immer seine Einheit auch nur abgebildet wird, schenkt
er seine Schöpferkraft.

Ähnlich ist es auch mit dem Vergeben: Wo Menschen einander vergeben haben, dort setzen sie Gott gewissermaßen in Zugzwang, daß auch er vergibt. In jedem Vaterunser sagen wir das: »Und vergib uns unsere Schuld, weil (und wie) auch wir vergeben haben unseren Schuldnern.« Gott ist hier kein ferner Generaldirektor, sondern Gott hat, wie man sagt, einen Narren gefressen an Frieden und Versöhnung. Wenn man Versöhnung zustande bringt, kann man, so sagt Jesus, mit seiner Schöpfermacht umspringen, wie man will. Gleichzeitig gibt Jesus dadurch zu erkennen, was ihm das Wichtigste ist: glauben an Gott, bauen auf ihn – und Frieden machen. Der Grund dafür ist nicht moralische Betroffenheit, sondern er liegt darin, daß Gott selbst einer ist und Einheit und Einigkeit will. Besonders im Johannesevangelium kommt dieser Grundsatz deutlich zum Ausdruck: Wenn die Jünger miteinander eins sind, dann können die Menschen daran Gottes Herrlichkeit erkennen – gerade so, wie sie das an Jesu Wundern auch konnten.

Gott wirkt, so ist es die Auffassung Jesu, Glauben in dem, der auf ihn hört. Er hat seine Schöpfermacht direkt der Kraft des Glaubens übertragen, gibt ihm Anteil an seiner eigenen heilenden Macht. Der große Unterschied zu Johannes dem Täufer besteht darin, daß bei Jesus (wie bei Paulus) Gott im Verkündiger und im Adressaten der Botschaft in gleicher Weise wirkt: im Verkündiger durch seine Vollmacht, im Hörer des Wortes durch die Glaubensmacht, die direkt von Gott geschenkt wird.

Ergebnis: Jesus wirkt mit den Gleichnissen ähnlich wie in den Wundertaten. Denn in beiden vermittelt er der zweifelnden und zerrissenen Welt (Außen I) ein Stück von Gottes »Frieden«. Krankheit, ja das Böse überhaupt, erscheint hier als Mangel an heilsamer Ordnung. Jedes Stück »Frieden« (hebr.: *schalom*) hat eine alles überwindende, siegreiche Bedeutung. In diesem Sinne wird man dann in den Apostelbriefen des Neuen Testaments Jesu Tod als Friedensstiftung zwischen Gott und Mensch begreifen. Jesus vermittelt Gottes heilsame Ordnung auf den verschiedensten Wegen. Einer dieser Wege ist auch seine Auslegung des Gesetzes.

Gegenwärtige Bedeutung haben verschiedene dieser Elemente, und zwar ist wohl neben unserem »modernen«, technischen Weltbild her und über dieses hinaus eine Menge von Erfahrungen des Außen II lebendig geblieben, zum Beispiel in den Größen Fest, Tabu und Segen, Gebet, Lied, Heiligkeit und in der Erwartung von Zeichen und Vorzeichen. Das ist immer dort der Fall, wo Wirklichkeit nicht im Sinne technischen Verstandes und im Sinne der Naturgesetze und der rein praktischen Brauchbarkeit verstanden wird. Das ist überall dort der Fall, wo Wirklichkeit *nicht strikt gleich* weit von ihrem Zentrum und Geheimnis entfernt ist, sondern in unterschiedlicher Nähe zu Gott steht, daher auch unterschiedliche Kraft und Macht besitzt. Nicht also, daß alle Wirklichkeit gleichförmig, nach immer gleichen Gesetzen der Natur abläuft. Und auch mit der Geschichte ist es so, daß nicht jede Epoche gleich weit von Gott entfernt ist. Auch für die Menschen gilt das nicht, sondern, wo Frieden ist oder wo die heilsame Kraft und Ordnung des Außen II einwirkt, ist Gott näher. Und wer sich in eine »Sehschule« begibt, wird entdecken, daß auch der Bereich des Außen I zweigeteilt ist in Dinge, die Segen bringen, und solche, die gefährlich sind.

Der Exorzist

Das »Außen II«, die unsichtbare Wirklichkeit, der sich Menschen zur Zeit Jesu gegenüber sahen, ist zweigeteilt, sie umfaßt hilfreiche und gefährliche Mächte, kurz »böse« und »gute Geister« genannt. Die bösen sind die Feinde des Menschen. Als Feinde sieht man zu dieser Zeit nicht mehr oder nicht mehr ausschließlich das Militär fremder Völker. Intensiver und persönlicher bedrohen den Menschen die unsichtbaren Mächte. So las man insbesondere die Psalmen, in denen so häufig von Feinden die Rede ist, als Lieder, mit denen man diese Art Feinde besiegen konnte. Entsprechend wandelt sich die Rolle des Messias. Salomo, der Sohn Davids, nimmt hier eine Schlüsselrolle ein. Er galt schon lange als der König mit Kenntnis über die Abwehr böser Geister. So wird sein Name oft genannt, wenn es darum geht, böse Geister zu bannen. Da er der historische Sohn Davids war, konnte man auch von dem erwarteten Sohn Davids, dem Messias, Vollmacht über die bösen Geister erwarten. Besonders nach dem Matthäusevangelium wird Jesus in diesem Sinn als Sohn Davids angesehen: *Da brachte man ihm einen von Dämonen Besessenen, blind und stumm. Und er heilte ihn, so daß der Stumme redete und sah. Und das ganze Volk geriet außer sich und sagte: Ist dieser etwa der Sohn Davids?* (Matthäus 12,22f) Die pharisäischen Gegner Jesu dagegen teilen diese Deutung nicht, sondern beschuldigen ihn, im Bunde mit dem Teufel Macht über Dämonen zu haben. Die Vollmacht Jesu äußert sich darin, daß er bösen Geistern befehlen kann, die Menschen zu verlassen, die sie besessen halten. Jesus unterscheidet sich darin von Johannes dem Täufer; bei Johannes ist von der positiven Entsprechung zu den Dämonen und bösen Geistern, vom Heiligen Geist keine Rede. Auch von der Erhöhung Jesu nach seinem Tod wird man sagen, diese sei der Triumph über Geistermächte gewesen, die den Menschen mißgünstig oder als Ankläger gegenüberstanden. Im Johannesevangelium gibt es nur den einen Widersacher, den Fürst dieser Welt, dessen Regiment Jesus durch seine Erhöhung beendigt. Der Teufel (auch: Satan, Beelzebub) gilt als der Fürst der Dämonen (der unreinen, bösen Geister). Ihnen stehen die Engel mit Michael an der Spitze gegenüber. Nach Offenbarung 12 hat nicht Jesus, sondern Michael den Satan im Bereich des Himmels besiegt. Nach anderen Briefen des Neuen Testaments ist Jesus auch für diesen Sieg allein zuständig.

Ähnlich wie die Schöpfung, wie Wunder und Gebet geschehen auch Exorzismen durch das Wort. Das Wort wird hier als nahezu konkurrenzloser Vollmachtsträger empfunden. Diese Erfahrungen mit dem vollmächtigen Wort Jesu sind eine der konkreten Ursachen dafür, daß man Jesus als den Vollmachtsträger Gottes selbst »das Wort« nennt (Joh 1,1: *Im Anfang war das Wort… 1,14: Und das Wort ist Fleisch geworden und hat unter uns gewohnt…*). Denn er ist der Inbegriff und die Fülle der den Menschen zugewandten Kraft Gottes. Entsprechend wird vorausgesetzt, daß die Gegenstände, die durch das Wort verändert werden, hören können, daß sie personhafte Eigenart haben. Darin liegt für uns eine Schwierigkeit, die Rede von Dämonen überhaupt zu verstehen, ganz abgesehen von dem Unheil, das man heute mit Exorzismen anrichten kann, insbesondere, wenn man keinen Arzt konsultiert.

Aus folgendem Grund werden Dämonen als Personen vorgestellt: Da man weder von Schwerkraft noch von Chemie etwas weiß, erklärt man sich die in der Natur wirkende Ordnung, Regelhaftigkeit und »Intelligenz« als deren Gehorsam gegenüber einem Herrn. Die religiöse Vorstellung von Gott als dem »Herrn der Welt« hat im wesentlichen hier ihren Ursprung. Sofern die Schöpfung in Regeln verläuft, wird sie von gehorsamen Engeln geleitet. Sofern sie aber aus den Fugen gerät und sofern dabei eine übermenschliche Macht wahrgenommen wird, sind ungehorsame Engel, eben Dämonen dafür zuständig. Aber sie können durch das Wort dessen, der Gottes Schöpfermacht trägt, zur Ordnung gerufen werden. Jesu Kommandos gegenüber den Dämonen sind daher nichts anderes als die auch bei Totenerweckungen und anderen Wundern sichtbaren Schöpferworte. Sie stellen die Ordnung wieder her und schicken die Dämonen an die Orte, wo sie hingehören, z. B. in eine Schweineherde (weil Schweine als unrein gelten, findet sich gleich zu gleich) oder ins Meer. – Daß eine Vielzahl von Dämonen einen Menschen besetzt halten könnte (Markus 5,9:

Legion ist mein Name, weil wir viele sind), erschließt man
aus unterschiedlichen Äußerungen von Macht und Kraft.
Daß wir heute Schwierigkeiten beim Verständnis derartiger Aussagen haben, rührt daher, daß unser Personbegriff
wesentlich enger ist als der der Antike. Denn in der Regel
sehen wir nur das als Person an, was von Menschen
abstammt. Wenn wir von Gott Vater, dem Heiligen Geist
und Erzengeln wie Michael und Gabriel als Personen sprechen, wissen wir, daß das bereits bildhaft geschieht, d. h.
wir können aufgrund des Zeugnisses der Schrift nicht
anders, als diesen »Größen« mindestens auch Personsein
zuzusprechen. Beim Teufel (Satan), insbesondere aber bei
Dämonen können wir das in der Regel nicht mehr. Diese
gewisse Inkonsequenz gegenüber der Verwendung des Per-
sonbegriffs für Gott und Engel rührt auch daher, daß wir
mit der strikten Zweiteilung des »Außen II« in Licht und
Finsternis gleichfalls nicht mehr viel anfangen können.
Aussagen über Satan und Dämonen können uns einige
bedenkenswerte Gesichtspunkte, wenn auch nicht mehr,
vermitteln: Was Menschen zerstört, sind oft überindividu-
elle Phänomene wie Süchte und Ideologien, die regelrech-
ten Machtcharakter bekommen. Ferner: Das »Böse« ist
nichts Irrationales, das man einfach zum Geheimnis erklären müßte, sondern eine, wenn auch tiefgreifende Verlet-
zung der Ordnung. Auch wenn es sich zweifellos um Macht
handelt, so ist es die Quintessenz des biblischen Gottesglau-
bens, und zwar gerade in Gestalt des Schöpferglaubens,
daß diese Macht nicht unbesiegbar ist. Es gibt das heilsame
Wort, und deshalb muß niemand verzweifeln. Ferner: Jesus
tritt den Besessenen als autoritativer Herr gegenüber, dessen Machtanspruch keinen Augenblick in Frage steht. Die
leidenden Menschen gewinnen in ihm ein neues Zentrum,
da sie sich nicht für sich selbst befreien und orientieren können.
Auch könnte die biblische Auffassung von der Personalität
dieser Wesen uns zu bedenken geben, inwieweit es sich

dabei um abgespaltene Züge aus dem Gottesbild selbst handelt. Jedenfalls zeigt die Geschichte der Teufelsvorstellung, daß diese Gestalt und besonders auch die Dämonen erst im Laufe der Zeit selbständig werden. In älteren, aber auch noch in frühchristlichen Texten hat der eine Gott durchaus Züge des Bedrohlichen, des Heimtückischen, des Unheimlichen und Grausamen, und gerade angesichts dieser Erfahrungen gewinnen die Aussagen von Abraham, Mose und Jesus an Gewicht, daß dieser Gott *letztendlich der Liebende* sei. Die Rabbinen haben oft an einen Streit zwischen Gottes schonungsloser Gerechtigkeit und seiner Barmherzigkeit, der sich vor seinem Angesicht abspielte, gedacht.

Und schließlich: Seit der Aufklärung – man rechnet nicht mehr mit Feinden, sondern mit zu Erziehenden –, spätestens seit 1989, mit der Auflösung der politischen Blöcke, geziemt es sich nicht mehr, von Feinden zu reden. Jede strenge Zweiteilung (»Dualismus«) ist verpönt und gilt eines vernünftigen Menschen unwürdig. Die Frage ist indes, ob man sich bei dieser Einschätzung nicht etwas vormacht. Denn unter der Hand bilden sich auch nach 1989 neue Feindbilder heraus (z. B. »Fundamentalismus«), und es wäre wahrscheinlich redlicher und auch vernünftiger, sich darüber Rechenschaft zu geben, um nicht nur vermeintlichen, bzw. den falschen Feinden aufzusitzen.

Ferner: Dämonen werden »magisch« bekämpft, d. h. mit einer in sich selbst wirkenden Sprache, und dabei hat besonders die Nennung des Namens Gottes (oder: Jesu) eine Bedeutung. Es wäre wohl redlich, sich über eine recht breite Weiterexistenz solcher magischen und mythischen Elemente Rechenschaft zu geben, um nicht das eigene Aufgeklärtsein am Ende als einen weniger guten Mythos neben anderen wahrnehmen zu müssen. Das heißt: In Wahrheit haben wir weitaus mehr magische und mythische Elemente bewahrt, als wir zugeben möchten. Um eines realistischen Menschenbildes willen sollten wir es zugeben. Schon jeder Segen, die meisten Berührungen mit der

Hand, alle unsere alltäglichen »Wünsche« haben einen derartigen Charakter.

In diesem Sinne kann man auch heute noch sagen: Jesus Christus als Herr der Dämonen, das hat eine Bedeutung. Nämlich: Er bannt unsere namenlosen Ängste, die wir auch als Ängste vor dem großen und verborgenen Gott selbst begreifen können. Nach Ostern werden Exorzismen nach übereinstimmenden Angaben der Evangelien und der Apostelgeschichte unter Nennung seines Namens vollzogen. Das bedeutet: Sein Wort oder sein Name trägt ein Stück heilende Schöpfermacht selbst in sich. Diese Wirklichkeit ist nicht »irrational«, vielmehr hat sie ihre eigene Logik. Wenn wir in seinem Namen segnen, seinen Namen anrufen, dann kommt eine »magische« Seite der Sprache zum Vorschein, die wir z. B. bei der Nennung des Namens des geliebten Menschen durchaus wahrnehmen und erfahren.

Wunder und Visionen

Was ist ein Wunder?

Ein Wunder ist – im Neuen Testament – der staunenswerte Machterweis eines Wunder*täters*. Dieser durchbricht mit seinem Tun die alltäglichen Grenzen, die »normale« Menschen ständig erfahren. Macht ist – wie Wirklichkeit überhaupt – ungleich dicht verteilt. Der Wundertäter hat eine Macht, die man Vollmacht nennt. Er hat diese Vollmacht nicht von sich selbst her. Leider gibt es nicht nur eine, sondern zwei Möglichkeiten, woher er seine Vollmacht haben könnte: von Gott oder vom Satan. In jedem Falle aber ist der Wunder*täter* »Missionar« für die eine oder andere Seite. Das heißt: »Wunder« ist nicht einfach zum Beispiel der Umstand, daß ein Kalb mit zwei Köpfen geboren wird oder ein Blitzschlag jemanden unversehrt läßt. Wunder ist nicht irgendein Umstand, sondern vielmehr ein Zeichen (so das zumeist gebrauchte griechische Wort), ein Zeichen, das auf etwas weist. Es weist zurück auf den Verkündiger, und es weist darauf, daß seine Botschaft mit Macht erfüllt ist, es weist darauf, daß er nicht von sich selbst her kommt, und unterstützt damit das, was er sagen und auch was er fordern will.

Jesu Wundertaten sind denen, die vom Propheten Elia und seinem Schüler, dem Propheten Elisa, berichtet werden, erstaunlich ähnlich. Zum Beispiel erzählt man auch vom Propheten Elisa eine »Brotvermehrung«:

Es kam aber ein Mann aus B. und brachte Elisa, dem Mann Gottes, Erstlingsbrot, nämlich zwanzig Gerstenbrote und neues Getreide im Bausch seines Gewandes. Elisa aber sagte: Gib es den Leuten, daß sie essen. Sein Diener sagte: Wie soll ich davon hundert Menschen geben? Elisa erwiderte: Gib es den Leuten, daß sie essen! Denn so spricht der Herr: Man wird essen, und es wird noch etwas übrigbleiben. Und er legte es ihnen vor, daß sie aßen. Und es blieb noch etwas übrig, wie es der Herr gesagt hatte (2. Könige 4, 42–44). Man vergleiche damit den Bericht über Jesu Speisung der Fünftausend (Markus 6,35–44). Jesus befiehlt seinen Jüngern: *Gebt ihr ihnen zu essen!* Die Jünger haben fünf Brote und zwei Fische. Sie wollen daher für viel Geld einkaufen gehen. Aber Jesus befiehlt, das Vorhandene zu verteilen. *Und alle aßen und wurden gesättigt. Und sie sammelten noch zwölf Körbe Brotreste ein, ferner Reste der Fische.* – Hier wie dort gibt es den Propheten mit seinem(n) Jünger(n), den Einwand gegen den Auftrag des Propheten, die Speisung einer großen Menge mit überraschend wenig Broten, bei der sogar Reste übrig bleiben.

Gegenüber dem Bericht über Elisa ist das Verhältnis von Broten und Menschen bei Jesus noch ungünstiger (bei Elisa: 20:100 = 1/5, bei Jesus: 5:5000 = 1/1000). Das Wunder ist daher deutlich gesteigert. Ähnlich ist es auch bei anderen Wunderberichten mit alttestamentlichem Vorbild. Jesus muß sich nicht im Obergemach auf die zu erwekkende Tote legen, um sie zu beatmen, es genügt vielmehr, daß er ihre Hand ergreift und sagt: »*Steh auf, Mädchen*« (vgl. Markus 5,35–43 mit 2. Könige 4,33–37). Interessant ist, daß auch die Jüngerberufungen, laut denen Jesus Jünger in seine Nachfolge beruft, der Erzählung nachgebildet sind, nach der Elia den Elisa zu seinem Jünger beruft. Das geschieht jeweils äußerst autoritär, mit einem schlichten Befehl und direkt vom Arbeitsplatz weg, teilweise ohne Abschiednehmen von Verwandten. Wie bei den Wunderberichten geht es hier um Jesu autoritatives Wort, das Neues schafft.

Im 19. Jahrhundert hat man aus den Ähnlichkeiten mit dem Alten Testament geschlossen, die Berichte könnten *deswegen* nicht historisch sein. Es handele sich um literarische Nachbildungen. Das ist jedoch ein Trugschluß. Denn ein derartiges Nachäffen oder »Abschreiben« wäre ein leicht zu durchschauender Trick gewesen und hätte sich als Einbildung nicht lange halten können. Vielmehr steht es mit der Einschätzung dieser Originalität umgekehrt als bei uns. Bei uns stehen Originalität und Größe in direktem Verhältnis zueinander. Das »Genie« ist für uns immer jemand, der ganz Neues hervorbringt. Der Maßstab für jegliche Größe ist der »Erfinder«.

Für die Bibel gilt: Je ausgeprägter die Ähnlichkeiten einer Gestalt mit vergangenen Autoritäten sind und je intensiver das durch diese Vorgezeichnete bei der neuen Gestalt verwirklicht wird, um so mehr kann sie Geltung haben. Also: Im Rahmen der Art, wie Elia und Elisa Jünger berufen und Wunder gewirkt haben, überbietet Jesus sie an Kraft und Radikalität. Daher ist er wie diese, nämlich eine prophetische Gestalt, und zugleich eben mehr als diese, da in ihm alle Wundermacht anwesend ist, die es je zuvor gab. Wie ein Brennglas hat er alle diese Strahlen in sich gesammelt. Daher wird auch diskutiert, ob er der am Ende der Zeiten wiedergekommene Elia sei.

Mehr als ein Wunder

Die meisten Wundererzählungen schildern nicht nur eine rettende Tat, sondern enthalten darüber hinaus auch eine Botschaft, die sich gewissermaßen an die Umstehenden richtet.

Zum Beispiel diese Geschichte (Lk 7,1–9): Ein heidnischer Hauptmann schickt zu Jesus, kommt dann auch selbst, um ihn zu bitten, seinen Sklaven zu heilen. Er vertraut darauf, daß Jesus auch von ferne heilen kann, denn ein heidnisches Haus zu betreten, mag er Jesus nicht zumuten. – Von Fernheilungen hört man immer wieder. Sie gehören zum Beruf des Heilers und sind insofern nichts Besonderes. Denn das homöopathische Prinzip der Unverhältnismäßigkeit, das sich immer wieder bei Wundern findet, gilt auch hier: Wer durch ein Wort Tote erweckt, durch eine Berührung langes Siechtum ändert, der kann auch über eine große Entfernung hin wirken. Immer ist es das Allerwenigste, wo man fast keine Energie mehr spürt, das ein Wunder vollbringt. Zu dem Wunder gehört aber auch, und zwar in ganz ähnlichem homöopathischen Sinne, daß Jesus das Zutrauen, das man ihm wie jedem anderem dahergelaufenen Wunderdoktor zu schenken bereit ist, deutet und annimmt als Glauben. Das ist kein frommer Kirchenglaube und kein Bekenntnis- oder Rechtfertigungsglaube. Das alles wäre viel zu hoch. Einfacher und brutaler geht es hier zu. Denn das Christentum hat seinen Weg in die Herzen der Menschen genommen, weil man Gott um alles bitten darf, auch um Gesundheit, weil die Evangelien voll sind von Wundergeschichten. Bei Krankheiten sind wir wirklich in Not, auch heute noch.

Die verzweifelte Not des Hauptmanns richtet sich auf Jesus: Mein Sklave liegt im Sterben, nur du kannst helfen. Auch das gehört zum Wunder: Daß wir – mit welchem Glauben auch immer – akzeptiert werden, wenn sich unsere Hoffnung und unsere Klage nur auf ihn richten. Unsere

Frömmigkeit ist oft zu akademisch, unsere Gebete sind zu gebildet, sie sind unserem Herzen und unserem Leib zu fremd.

Auch sonst kann man sich über diese Erzählung nur wundern: Mit guter Beobachtungsgabe für Menschen stellt Lukas die Ambitionen der Menschen dar. Die Juden sagen empfehlend über den Hauptmann: *Er ist würdig, denn er liebt unser Volk, und er hat uns die Synagoge gebaut.* Jesus akzeptiert dies. Als ob sich jemand durch Geldaufwendungen würdig machen könnte für den Besuch des Herrn der Welt in seinem Haus. Wie menschlich und allzu menschlich ist diese Beurteilung. Aber Jesus läßt sich darauf ein und zieht mit. Auch die nächste Station ist nicht weniger rührend: Der Hauptmann denkt ganz als Militarist. Wenn er zu seinen Soldaten sagt: »Zack, zack«, dann tun sie es. Und so soll sich nach seiner Vorstellung auch Jesus verhalten. Eben jener Jesus, der wenige Verse zuvor noch Feindesliebe und Gewaltverzicht gepredigt hatte. Ganz sicher hatte Jesus mit höheren Offizieren nicht viel im Sinn, deren militärische Welt sich bis in die Artikulation des Glaubens hinein erstreckt. Aber diesen Offizier, der sich Jesu Handeln wie das Kommando auf dem Exerzierplatz vorstellt, auch ihn akzeptiert Jesus.

Dreimal also, bei den Juden, beim Hauptmann und beim Vertrauen auf die Fernheilung, akzeptiert Jesus abergläubische oder allzu naive Vorstellungen, die wir Glauben zu nennen nicht wagen würden. Aber auch für uns ist Glauben keine Leistung und auch kein besonders klares Denken, sondern eine Richtung, die wir unsere Not und Verzweiflung nehmen lassen, eine Richtung unseres Schreiens. Manchmal sind wir zu sehr wie altkluge Kinder, die sich immer schon selbst die Antwort geben. Wir angeln dann nach Glaubensvorstellungen, statt die Antwort ihm zu überlassen. Er kann wie die Mauer sein, vor der die Menschen klagen. Man muß sich nichts Kluges einfallen lassen.

Man kann auch bemerken, daß der Hauptmann Jesus gar

nicht begegnet, nur über Mittelsmänner hat er Kontakt zu ihm. Er ist in der gleichen Lage wie wir: daß er nur durch andere von Jesus weiß. Und daß sie für ihn eintreten bei Jesus, entspricht dem, daß Menschen füreinander Fürbitte leisten. Denn wie der heidnische Hauptmann sind auch wir fernen Heidenchristen darauf angewiesen, daß Menschen uns von Jesus erzählen. Nur durch eine Menschenkette von Zeugen sind wir mit ihm verbunden. Auch dieses bemerken wir: Nicht die Leute staunen bei diesem Wunder über Jesus, sondern Jesus staunt über ihren Glauben. Denn auch dieser ist ein Wunder. Vielleicht ist auch dies ein Wunder: daß Jesus staunen kann.

All das geschieht, abgesehen von der Heilung, noch zusätzlich, ein Wunder bleibt selten allein. Auch unser Glaube ist dem des Hauptmanns immer noch ähnlich: Wir wissen um Jesus nur von ferne, unsere Nöte sind elementar, und auch uns sagt der Herr: Wer nicht gegen mich ist, der ist für mich. Nur die Richtung muß stimmen, die aber ganz und gar. Dann werden auch alle unsere naiven, falschen und abergläubischen Hoffnungen aufgenommen, wie sie sind. Oft wagen wir auch nicht, in die Nähe zum fernen und hohen Herrn zu treten. Doch wenn nur die Richtung stimmt, müssen wir Menschen keine Angst mehr haben vor den angeblichen Mängeln unseres Glaubens.

Das anstößigste Wunder

Nach dem Johannesevangelium (11,1–45) hat Jesus einen Mann namens Lazarus, der schon vier Tage im Grab bestattet war, von den Toten auferweckt. Drei Tage galten in der Antike als die äußerste Zeitspanne, in der noch ein Funken Leben in einem Toten sitzen und er gewissermaßen zurückgerufen werden könnte. Nach vier Tagen dagegen gibt es nach dieser Vorstellung keine Möglichkeit der Wiederbelebung mehr, Lazarus war daher wirklich mausetot. Alle gutgemeinten Erklärungsversuche, es handele sich bei den

Wundern Jesu um psychosomatische und insofern rational erklärbare Erfahrungen, werden durch diese Angaben der Erzählung von vornherein ausgeschlossen. Anstößig ist diese Wundererzählung auch deshalb, weil erklärt wird, Jesus habe sich sogar gefreut, nicht rechtzeitig bei Lazarus gewesen zu sein, damit jetzt seine Herrlichkeit offenbar werden könne. Überdies verkündet Jesus nach 11,25: *Ich bin die Auferstehung und das Leben.* Das ist so, wie wenn jemand nicht nur sagte: »Ich bin der Präsident der Weltbank«, sondern: »Ich bin die Weltbank«. Ärgerlich ist der doppelte Anspruch auf Leibhaftigkeit, der jeden Fluchtweg versperrt: Lazarus ist leibhaftig auferweckt worden, und Jesus selbst ist leibhaftig »die Auferstehung«.

Wer diese Geschichte einfach »glaubt«, hat sie damit folgenlos abhaken können. Dadurch aber hat er dem Bericht alles Provozierende genommen. Es gibt auch Versuche, die Geschichte so zu deuten, daß das Thema nurmehr »der Glaube« ist; der Glaube sei das eigentliche Wunder, die Tat der Auferweckung sei demgegenüber ganz in den Hintergrund gerückt. Aber auch so wird das Entscheidende weginterpretiert. Wir versuchen daher einen dritten Weg: Die Erzählung ist weder einfach zu glauben und damit zu »schlucken«, noch ist ihr Anspruch auf zweifache Leibhaftigkeit zu leugnen. Wir gehen davon aus, daß dieser Text – wie auch sonst die rätselhaften Bilder, die Jesus im Johannesevangelium gebraucht, ebenso wie seine Gleichnisse und rätselhaften Aussprüche die Aufgabe haben, die Leser in einen Prozeß des unaufhörlichen Nachdenkens hineinzuversetzen, von dem man weiß, daß es den Gegenstand, das Gegenüber nie ganz wird einholen können. So könnte man auch das Johannesevangelium im ganzen begreifen: als uneinholbare Provokation, die den Leser in den Prozeß des »kreisenden« Nachdenkens verstrickt und ihn nicht mehr losläßt. Und Glauben heißt dann hier: sich dieser Verstrikkung nicht zu entziehen, sondern – wie es Psalm 1 sagt – Tag und Nacht darüber nachzusinnen.

Wenn Jesus sagt *Ich bin die Auferstehung,* dann sagt er nichts über das Jenseits, über die Seelen der Toten oder über den Vorgang der Auferstehung. Das ist ja in der Tat auch alles nebensächlich. Denn nur eine Frage ist wichtig: Verdämmert unser Leben an der Grenze, auf das Ende zu in die Ziellosigkeit hinein?

Die Umwelt des Neuen Testaments vergleicht den Tod mit dem Meer. Ist es mit dem Tod so, wie wenn man spätabends bei mulmigem Wetter am Meer ist, daß alles in die dunkle Namenlosigkeit versinkt? Gibt es ein Ziel oder nicht? Jesus beantwortet diese Frage nicht durch etwas, was ohnehin kein Mensch wissen kann, durch Jenseitsschilderungen. Sondern er sagt: Es gibt einen Leuchtturm, und der ist hier und jetzt schon da, ihr könnt ihn anschauen, und keiner, der sich nach ihm richtet, wo immer er auch sei, geht verloren. Alles andere wäre reines Dahinvegetieren und reine, absurde Vergänglichkeit. Nicht irgendwo, sondern hier, mitten unter euch, ist das Ziel.

Also nicht irgendwann am Ende oder nach dem Tod werden wir vielleicht auf etwas stoßen, das dann »positiver« ist, als wir dachten. Das ist ja genau die schreckliche Ungewißheit und die Angst vor dem Tod, die uns – bewußt oder unbewußt – schreckt. Vielmehr: Es geht nicht um irgendein Vielleicht und Demnächst. Sondern: Wenn ihr nur dieses Licht im Auge behaltet und keinen Augenblick außer acht laßt, dann entfallen Angst und Schrecken und Ungewißheit. Ihr müßt ja nicht an irgend etwas glauben, das dann kommt oder das nach dem Tode sein könnte. Sondern den Leuchtturm, den habt ihr doch schon, daran ist nicht zu zweifeln. Sein Licht ist rein und so klar wie das Maßwerk gotischer Fenster. – Und das Licht dieses Leuchtturms betrifft jetzt und immer auch euren Leib. Denn es gibt keine Trennung in Leib und Seele. Alles, was ihr leiblich tut, ist auch seelisch und umgekehrt. Wer ein Ziel hat, der spürt es bis in die letzten Zonen des Körperempfindens hinein. Und weil es keine Trennung von Leib und Seele gibt,

148

deshalb hat unser Glauben immer sichere Konsequenzen, findet sicheren Ausdruck in unserem Handeln.

Lazarus wird deshalb leibhaftig auferweckt, damit demonstriert werden kann: Jede Berührung mit diesem Herrn betrifft uns ganz. Und wie es vor diesem »ganz« kein Entrinnen und keine Entschuldigung gibt, so liegt darin auch alle Hoffnung für den Leib begründet. Gott fordert uns ganz und bewahrt uns ganz. Nur wo Christentum leibhaftig ist, kann es Wirklichkeit werden. Genau das macht Christentum unangenehm für unsere Bequemlichkeit, denn es ist verbindlich. Allein so aber kann es auch alle Angst in uns überwinden. Denn in dieser Bindung lassen wir uns auf etwas ein, das stärker ist als unsere Angst vor aller Ungewißheit. Christentum ist etwas für Leute, die nachgedacht haben, denen ihre eigene Bequemlichkeit zum Hals heraushängt, die wissen, daß sie ein Ziel brauchen, das sie sich aber nicht machen können, und die nach der Überwindung ihrer Angst fragen.

Jesus macht den Vorschlag, daß wir den Blick auf etwas sehr Eindeutiges richten, auf ihn selbst. Und eben deshalb ist es zu billig, diese Erzählung einfach nur zu »glauben«. In Wahrheit geht es um einen langen, lebenslangen Weg. Ich denke daran, daß es Leuchttürme gibt, die am Ende eines Wellenbrechers ganz vorne im Meer stehen. Man kann ihn wohl sehen, aber der Wellenbrecher ist schwierig zu begehen und fast immer zum Ende hin überspült. Und das heißt: der Text bringt uns auf den langen Weg des Nachdenkens. Seine steilen Behauptungen wollen nicht einfach quittiert oder kassiert werden, wir sollen uns daran reiben, vielleicht ohne den Leuchtturm je zu betreten. Wir sollen ihn nur im Auge haben und nachdenklich werden.

Im Anschluß aber an diese Erzählung wird Jesus dem Tod überliefert, er, der Leben gibt. Auch Lazarus, den er lebendig gemacht hat, soll getötet werden. Der übliche Weg ist nämlich nicht nur Hoffnungslosigkeit, sondern auch Mord. Wer keine Hoffnung hat, tötet. Wer dem Tod verfallen ist, tötet selber. Wer (für sich) sauer ist, verdirbt anderen die Freude. Wenn wir also durch diese Erzählung nachdenklich gemacht werden sollen, dann deshalb, weil es um das Leben für uns und für die anderen geht. Nicht mehr um Täter und Opfer, sondern um Brüder und Schwestern.

IV Der Jesus der außerbiblischen Evangelien

Wer war Jesus wirklich? Die vier Evangelien können diese Frage nicht allein beantworten, denn zu viel Material ist außerhalb ihrer bekannt. Da es fast unerforscht ist, gleicht das Eindringen in diese Texte einer spannenden Expedition in die Regionen der letzten weißen Flecken unserer Landkarten.

Die Quellen

Besonders in den letzten einhundert Jahren hat man zahlreiche Evangelien gefunden, die noch im 2. Jahrhundert nach Christus entstanden sind, die aber dennoch nicht in das Verzeichnis der kanonischen Schriften des Neuen Testaments aufgenommen wurden. Die bekanntesten dieser Evangelien sind: das koptische Thomasevangelium, das griechische Petrusevangelium, der Papyrus Egerton 2, das koptische und griechische Evangelium der Maria, ferner aus dem ägyptischen Ort Oxyrrhynchus die Papyri Nr. 840 und 1224. In jüngster Zeit hat besonders das »Geheime Evangelium nach Markus« von sich reden gemacht.

Diese Schriften gelangten offenbar zum Teil deshalb nicht in den sogenannten Kanon, weil sie der Kirche Roms nicht bekannt waren und nur zum Beispiel in Ägypten umliefen; dort wurden sie auch gefunden. Generell kann man über ihren Wert sagen: Alles, was bis zum Jahre 200 n. Chr. aufgeschrieben wurde, sollte zumindest die Chance bekommen, ernstgenommen zu werden. Denn da die Frage nach der Echtheit ohnehin in keinem Fall entscheidbar ist, kann

auch die vermeintliche inhaltliche Nähe zu den synoptischen Evangelien kein verläßliches Kriterium für hohes
Alter sein. Es bleibt daher die ungefähre Datierung um 200
n. Chr. als eine gewisse Grenze.

Unser Bild von Jesus wird durch diese Evangelien in wichtigen Zügen ergänzt. Und die Tatsache, daß die Kirche die
vier neutestamentlichen Evangelien zum Kanon rechnet,
besagt nichts über die Wertlosigkeit der Schriften, die nicht
im Kanon stehen. Dabei ist freilich zu beachten, daß das
Wort »Evangelium« hier fast immer eine andere Art von
Schrift bezeichnet, als wir sie aus dem Neuen Testament
gewöhnt sind. Denn »Evangelium« sind hier vor allem vier
Arten von Schriften, die wir nun gerade nicht im Neuen
Testament finden: Erstens die sogenannten *Kindheitsevan-
gelien,* in denen die Umstände der Geburt und Jesu erste
Taten im Sinne von Wundererzählungen entfaltet werden.
Zweitens sind die *Passionsevangelien* zu nennen. Hier werden nicht nur Jesu Gefangennahme und Hinrichtung, sondern auch sein Abstieg zur Hölle und seine Auferstehung
ausführlich dargestellt. Erstaunlich ist bei diesen Erzählun-
gen über Jesu Wirken in der Unterwelt, daß man auf beglau-
bigende Zeugen durchgehend verzichten mußte. D. h.: Die
Frage, woher man das, was sich ereignet hatte, so genau
wußte, stellte sich einfach nicht. Denn es gab keinen Zweifel daran, daß man Jesus als Sieger über Tod und Teufel
schildern konnte. Man hätte es eher verwegen gefunden,
wenn man derartige Schilderungen abgelehnt hätte.

Drittens sind *Spruch-Evangelien* überliefert, Schriften also,
die keine fortlaufende Erzählung bieten, sondern nur anein-
ander gereihte Aussprüche Jesu, teilweise auf Fragen der
Jünger hin. Dazu gehören besonders das koptische Thomas-
und das Philippusevangelium. Viertens kennen wir Evangelien, die sich ausdrücklich als *Belehrung Jesu an die Jünger
auf dem Ölberg* vor der Himmelfahrt verstehen. – Nur
wenige der Texte, die man gefunden hat, sind Bruchstücke
aus Evangelien, wie wir sie aus dem Neuen Testament

kennen. Dazu gehören aber vor allem Papyri (Papyrus Egerton 2 und die Papyri aus Oyrrhynchus Nr. 840 und 1224) und das »Geheime Markus-Evangelium«. Nachzulesen sind alle diese Texte bei Wilhelm Schneemelcher: Neutestamentliche Apokryphen I: Evangelien, Tübingen 1987. Wir geben uns hier nicht mit einer Inhaltsangabe dieser zahlreichen Texte zufrieden, sondern versuchen gleich eine Auswertung unter der Frage: Was erfahren wir an zusätzlichen Nachrichten über Jesus, die einigermaßen glaubwürdig sind? Darauf lassen sich folgende Antworten geben.

Jesus und die Frauen

Die außerbiblischen Evangelien bezeugen eine besonders enge Beziehung zwischen Jesus und Jüngerinnen. Unter den kanonischen Evangelien bezeugt noch das Johannesevangelium, daß die Jünger Anstoß daran nahmen, wenn sich Jesus unbefangen mit Frauen unterhielt *Und sie wunderten sich, daß er mit einer Frau redete. Keiner jedoch sagte: Was suchst du da? oder Warum redest du mit ihr?* (Joh 4,27) In den anderen Evangelien werden diese Züge entsprechend wohl aus Vorsicht nicht oder nur am Rande (Lukas) berichtet, sie leben aber weiter in den außerbiblischen Evangelien. Diese berichten häufig von Rivalitäten zwischen weiblichen und männlichen Jüngern Jesu. Die männlichen, an ihrer Spitze Petrus, führen Klage darüber, daß Jesus die Frauen bevorzuge und ihnen häufiger das Wort erteile. Das gilt besonders von Maria Magdalena. Sie wird dann entsprechend oft auch als besondere Quelle dieser zusätzlichen Offenbarungen bezeichnet, die sie, wie es öfter heißt, durch einen »Kuß auf den Mund« empfangen hat, durch besondere Miteilung des Heiligen Geistes also. Die Bilder, die die Beziehung zwischen Jesus und Maria Magdalena umschreiben (Kuß, Gefährtin, Bevorzugung), sind oft durchaus anstößig, das finden jedenfalls verklemmte Menschen, wie wir es (oft) sind. Die Gemeinde, die diese Bilder gebraucht, nimmt Mißverständnisse in Kauf, ist sich selbst aber offenbar ganz sicher darin, daß es sich hier nur um Bilder, um symbolische Gesten, handelt.

Andererseits wird gerade in diesen Worten immer wieder »das Weibliche« abgewertet; gemeint sind damit jedoch nicht die Frauen als menschliche Personen, sondern das »Prinzip« des Weiblichen. Weil Frauen Kinder gebären, Geburt aber die Ursache des Todes ist, ist »das Weibliche« die dem Tod ausgelieferte Vergänglichkeit überhaupt. Das »Männliche« ist dagegen Bild der stabilen Ewigkeit Gottes. Beide Einteilungen sind weder auf das Geschlecht noch auf Personen bezogen, sondern sind lediglich anschauliche Bilder für Vergänglichkeit und Unvergänglichkeit. – Auch die Jüngerin Salome spielt eine große Rolle, und zwar immer dann, wenn es darum geht, daß Gott aus scheinbar hoffnungslos Verschlossenem dennoch Leben hervorgehen läßt. Das ist sowohl beim Mutterschoß Mariens der Fall als auch beim verschlossenen Grab zu Ostern. Salome ist immer Zeugin, wenn Gott durch seinen Schöpfungsakt die Verschlossenheit der Kreatur überwindet, Leben dort stiftet, wo zuvor nur Barrieren und Sperren zu sein schienen. Daher bezeugt Salome sowohl die unversehrte Jungfräulichkeit Mariens (im ältesten Kindheitsevangelium) als auch die Unversehrtheit des Grabes, aus dem Jesus auferstand. – Überdies ist sie Muster aller, die mit Jesus als Jünger(innen) eins werden (Thomasevangelium, Spruch 61).

Radikalität

Die außerkanonischen Evangelien vermitteln uns ein Jesusbild, das sehr viel härter, kompromißloser, radikaler und distanzierter ist gegenüber der »Welt« als das der bekannten Evangelien. Man gewinnt den Eindruck, als sei hier auf nichts und niemanden Rücksicht genommen und als sei insbesondere die Reichtumskritik schonungsloser formuliert als irgendwo anders. Es könnte sein, daß sich hier ein gewissermaßen unzensierter Jesus zeigt, doch sicher kann man nicht sein. Denn das ägyptische Christentum beispielsweise ist uns von Anfang an als stark asketisch geprägt überliefert. Und die Frage, ob dieses Christentum das wahre und legitime ist oder ein asketisches, radikalisierendes Mißverständnis, diese Frage ist kaum zu beantworten. Jedenfalls haben wir in den außerkanonischen Evangelien Texte überliefert, die unser Bild von Jesus farbiger werden lassen:

Jesus sagte: Das Königreich des Vaters gleicht einem Menschen, der einen Vornehmen töten will. Er zog das Schwert aus seiner Scheide und durchbohrte die Wand, um zu erkennen, ob seine Hand stark genug wäre. Dann tötete er den Vornehmen.[1]

So ist also das Reich Gottes. Jesus gebraucht ein Bild aus der Welt der politischen Gewalttat, der Attentäter und Gewaltverbrecher. Der »vornehme Mann« dürfte ein Regierungsmitglied sein. Er, eine politisch wichtige Figur, soll ermordet werden. Der Attentäter unternimmt zuvor eine Art Schießübung. Er prüft die Festigkeit des Griffs und die Härte des Dolches. Die Hauswände waren damals aus Lehm oder Backsteinziegeln. Wir sehen den Attentäter vor uns, wie er den entscheidenden Stoß an der Wand zuvor ausprobiert.

Jesus verwendet auch sonst anstößige Bilder, z. B. im Gleichnis vom »ungetreuen Verwalter«. Auch im obigen Gleichnis ist die kriminelle Energie zum Vergleichspunkt geworden. So intensiv, wie man zweifelhafte Dinge tut, so intensiv soll man sich um das Gottesreich kümmern. Aktivität solcher Art fasziniert uns, verwandelt uns, weckt uns auf. Wie sorgfältig und mit wieviel Phantasie organisieren Profis unter den Ganoven ihren Weg. Terroristen ließen sich für einen einzigen Zugriff monatelang zuvor in Lagern ausbilden und observierten dann wochenlang ihre Opfer.

Jesus kennt diesen Reiz des moralisch Zweifelhaften. Jesus weiß um die Augenblicke, an denen plötzlich alle Lebensgeister geweckt sind. Er sagt: Die Kraft, die ihr nötig braucht, ihr habt sie in euch. Verwendet sie nur für euer wahres und eigentliches Interesse, für das kommende Reich.

Daher übt der kluge Attentäter den Griff und den Stoß, um nicht in der entscheidenden Sekunde am Technischen zu scheitern. Denn wer etwas Großes und Faszinierendes vorhat, der soll zuvor prüfen, ob er dazu imstande ist. Das ist der Vergleichspunkt, darauf kommt es hier an. Zuvor prüfen, ob man das überhaupt leisten kann, was man will. So redet Jesus auch sonst: Wer einen Turm bauen will, überschlägt vorher die Kosten, ob das Geld reicht. Und wer einen Feldzug unternehmen will, überlegt vorher, ob er genug Soldaten hat. Denn wenn er selbst nur zehntausend, der andere aber zwanzigtausend Soldaten hat, bittet er lieber rechtzeitig um Frieden. So prüft der Attentäter zuvor, ob seine Hand geschickt und ob seine Waffe scharf genug ist für das, was er will. Daraus kommt die Anfrage an uns: Sind wir dem gewachsen, was uns erwartet? Christsein ist keine harmlose Sache. Wenn einem beim Bauen das Geld ausgeht, bleibt eine Bauruine. Wenn man nicht genug Soldaten hat, gibt es eine Katastrophe, und wenn man beim Attentat nicht die richtige Waffe hat, den rechten Griff ansetzt wie der Chirurg, dann wird man selbst das Opfer. Und wer als Christ die Kraft, die er hat, nicht sachkundig und genau einsetzt, ist eine lächerliche Karteileiche mit einem großen Namen für eine jämmerliche Ruine. Dann soll man es lieber bleiben lassen. Die Welt ist voll von Menschen, die irgendwelche guten Absichten haben oder hatten. Die guten Absichten genügen nicht, sie müßten vielmehr, um mit dem Bild des Gleichnisses zu sprechen, wirklich zielen und treffen können. Das heißt: Zum guten Willen müßte die Sachkunde hinzutreten. Wie der Chirurg, der nicht irgendetwas herausnehmen darf, sondern gezielt vorgehen muß oder gar nicht. Und wer seine Kraft nicht gezielt eingesetzt, vergeudet sie im Übermaß.

Eigentlich möchten wir ein solches Engagement und solche Anspannung, die eigene Lauheit ist uns zuwider. Es ist eine große Sache, die alles fordert. Man muß sich vorher prüfen. Es ist ein Spiel nach strengen Regeln. Halbheiten kritisieren wir bei anderen, wollen sie also bei uns selbst auch nicht. Wir möchten begeistert bei der Sache sein. Und Jesu Gleichnis, das uns auf die Größe der Sache aufmerksam macht, ist nur scheinbar abschreckend, in Wahrheit ist es eine ganz gute Reklame.

Radikal ist die Kritik des Reichtums zum Beispiel in diesem Satz des Thomasevangeliums: *Wenn ihr nicht fastet gegenüber der Welt, werdet ihr das Reich nicht finden* (Spruch 27). Das Fasten ist hier nicht auf Nahrung beschränkt, auch nicht auf bestimmte Zeiten, sondern es gilt grundsätzlich, als Freiheit. Wer ißt, scheint zu nehmen und zu gebrauchen, in Wahrheit wird er selbst vereinnahmt und mit Beschlag belegt. – Im Gleichnis von den verschiedenen Gästen, die zum Hochzeitsmahl geladen sind und sich entschuldigen, bestehen nach dem Thomasevangelium (Spruch 64) die Ausreden fast alle in Geldgeschäften oder Käufen: Der erste, der nicht kommen kann, sagt: *Ich habe Geldforderungen an Kaufleute. Sie kommen zu mir am Abend. Ich gehe hin und stelle meine Forderungen.* Der zweite sagt: *Ich habe ein Haus gekauft, und man braucht mich für einen Tag.* Der vierte sagt: *Ich habe ein Gut gekauft, ich gehe den Pachtzins holen, ich werde nicht kommen können.* Dann werden andere Gäste von der Straße geholt. Die Pointe gibt Jesus mit dem Satz: *Die Käufer und die Kaufleute werden nicht hineingehen in das Haus meines Vaters.*

Zur Radikalität besonders des Thomasevangeliums gehört auch, daß die Einsamen, von der Menge Abgesonderten als die Erwählten im Blickpunkt stehen. Christentum gilt hier ausdrücklich nicht als Massenbewegung, sondern als kleiner Kreis von Einzelkämpfern und Partisanen.

Einen breiten Strom von sogenannten Agrapha, von nicht im Neuen Testament verzeichneten Jesusworten, hat der Islam bewahrt. In den ersten Jahrhunderten seiner Geschichte steht der Islam bekanntlich einigen judenchristlichen Gruppen so nahe, daß man ihn zunächst selbst für eine christliche Bewegung hielt. In den früh-islamischen Schriften findet sich eine erstaunlich große Zahl von einzelnen Jesusworten, die sonst nicht erhalten sind. Das bekannteste von ihnen hat eine besondere Geschichte durchgemacht. Sie zu erforschen gleicht einem Detektiv-Auftrag für eine Geschichte zwischen Jerusalem, Mekka und Delhi. Im Jahre 1900 entdeckte man in der nordindischen Ruinenstadt Fathpur Sikri 175 km südlich von Delhi über dem südlichen Hauptportal der großen Moschee folgende Inschrift: *Jesus, über dem Friede sei, hat gesagt: Die Welt ist eine Brücke. Geht über sie hinüber, aber laßt euch nicht auf ihr nieder.* Diese Inschrift ist auf die Zeit zwischen 1569 und 1601 zu datieren. Sie geht zurück auf handschriftliche arabische Zeugnisse des 7.–10. Jahrhunderts n. Chr. Fast alle Zeugnisse führen das Wort auf Jesus zurück, und nach einem arabisch-moslemischen Dokument des 8. Jahrhunderts habe Jesus dieses Wort gesagt »unmittelbar bevor er in den Himmel erhoben wurde«. Dieser Hinweis ist sehr interessant, denn er weist unzweifelhaft auf ein christliches Evangelium, auf eines jener Evangelien, die Worte Jesu, die er auf dem Ölberg zwischen Auferstehung und Himmelfahrt gesprochen haben soll, enthielten. Dieses Evangelium ist leider nicht erhalten. Freilich konnte ich eine jüdische Vorlage ausfindig machen. Denn im Jahre 1969 stieß ich auf eine über viele Jahrzehnte verschollene Weisheitsschrift aus der Kairoer Geniza (Kammer für Entsorgung alter Bibelhandschriften), in der folgender Satz steht: »Wie eine Brücke, über die man hingehen soll, so ist diese Welt für die Menschen. Eilen nicht die Wanderer zu ihrer Herberge? So sollten die Weisen zu ihrer Herberge eilen.« Das Wort von der Welt als Brücke steht hier in einem einheitlichen jüdischen Kontext. Dieser Kontext propagiert eine Weisheit, die gegenüber Besitz und Weingenuß in der Welt abweisend eingestellt ist und die das Ideal des Nasiräers zu dem des asketischen Weisen ausgestaltet. Das Jesus zugeschriebene Wort könnte daher seine Wurzeln in einem asketischen Judentum haben. Auch das Thomasevangelium (Spruch 42) kennt übrigens ein altes Jesuswort in diesem Sinne: *Jesus sprach: Werdet Vorübergehende.*

Ergebnis: Das Wort Jesu über die Welt als Brücke kommt aus einem verschollenen Evangelium. Es weist auf frühchristliche Richtungen, die die Enthaltsamkeit offenbar in mehrfacher Hinsicht stark betonten.

Der kostbare Augenblick

Die Evangelien außerhalb der Bibel betonen mit Nachdruck die unausweichliche Bedeutung und Forderung des gegenwärtigen Augenblicks. Darin sind diese Zeugnisse oft dem Johannesevangelium nahe verwandt. Auch dieses Evangelium wird in Ägypten früh und oft bezeugt.

Jesus sprach: Das Reich des Vaters gleicht einer Frau, die einen Krug trägt, der voll Mehl ist, und die einen weiten Weg geht. Der Henkel des Kruges zerbrach; das Mehl strömte herab hinter ihr auf den Weg. Sie merkte es nicht; sie wußte nichts vom Mißgeschick. Als sie in ihr Haus gelangt war, stellte sie den Krug auf den Boden. Sie fand ihn leer.[2]

Was das Reich ist, wird am Bild eines Unglücks beschrieben. Das weckt unser Interesse. Eine kleine Katastrophe, kostbares Mehl. Ein orientalisches Bild von großer Schönheit wird vor uns entfaltet: Wir sehen eine Frau, sie trägt den schweren Krug geschickt auf dem Haupt. Wo der Henkel ansetzt, dort ist die empfindlichste Stelle, und wenn der

Henkel herausbricht, fehlt damit auch ein Stück von der Wand des Kruges. In unzähligen Keramikfunden sind solche Henkelstücke erhalten. Das Ende des Weges ist Schrekken, denn der Krug ist leer, die Frau hat nichts gemerkt auf dem weiten Weg bis zum Haus. Denn unmerklich ist das Mehl herausgerieselt, hinter ihr auf den Weg. Das Erwachen kommt erst am Ende, als der Krug abgesetzt wird. Auf dem weiten Weg hatte die Frau den Krug nicht absetzen können, und er war so schwer, daß man den allmählichen Verlust des Mehls nicht merkte. So sieht sie erst am Ende, was los ist. Dann ist alles zu spät.

So ist es also mit dem Reich Gottes. Es ist wie etwas, das aus einem Krug rinnt, unmerklich, niemand sieht es. Doch irgendwann ist man am Ziel, und dann ist es soweit. Der weite Weg, die Unmerklichkeit und das Erwachen am Ende, sie stehen für das Reich Gottes. Was am Ende offenbar wird, geschieht jetzt, immerzu, wie das Rieseln einer Sanduhr. Die Unmerklichkeit und das Erwachen stehen hier für eine Katastrophe. Aber das Bild ließe sich genauso auch positiv verwenden. Das Ende wird nicht etwas Neues sein, sondern die Vollendung dessen, was jetzt läuft, was unaufhörlich rinnt. Entscheidend ist: Es geschieht immer schon jetzt, verborgen. Es füllt sich, so wie der Krug sich leert. Das Reich ist nicht erst am Ende. Es ist wie ein Prozeß, der unmerklich, zielgerichtet immer schon verläuft. Unaufhaltsam zugunsten derer, die Kinder des Reiches sein möchten. Nicht ein großer Spektakel, nicht ein prunkvolles Weltende, sondern etwas, das jetzt geschieht und das irgendwann offenbar wird.

Das Reich Gottes, die große Wende, von der Jesus spricht, geschieht und wächst immerzu, wird heimlich durchgesetzt, hinter unserem Rücken und unter unseren Füßen. Wir fragen oft, was sich denn verändert hat, seitdem das begonnen hat, suchen nach eindeutigen Beweisen, aber alles Wachsen braucht seine Zeit. Nur eines gilt: Steter Tropfen höhlt den Stein. Aber es rinnt und geschieht nicht ohne uns. An den meisten Tagen vollbringen wir nichts Besonderes, nur das, was ansteht. Doch oft fragen wir, worauf das Ganze hinausläuft. Diese Antwort ist im Kleinen wichtig für die Frage, wie wir mit Menschen und Schöpfung umgehen. Ob wir meinen, daß eigentlich alles Staub und Dreck wird, oder ob alle Kreatur zu Freiheit und Herrlichkeit berufen ist. Und von daher ihre Würde bekommt, mehr ist als Wasser und Staub. Gerade da wird dieses Gleichnis wichtig: Unmerklich geschieht durch unser Handeln hindurch das, was Hoffnung bedeutet. Durch viele kleine Teilchen, auch durch unsere Schmerzen hindurch, zielt etwas auf Befreiung und Seligkeit. Wie wenn im Mittelalter die Menschen in der Regel jahrhundertelang an einem Dom bauten. Was für eine Seligkeit war dann das Fest der Kirchweihe. Diese Hoffnung aber, daß jeder Tag wie ein Stein ist, eingefügt in einen großen Dombau, dem er dient, meint das Gleichnis – daß nicht Schmerz und Tod, sondern eine große heilige Kirmes das Ziel aller Dinge ist. So macht das Bild nicht nur angst, es tröstet in demselben Maße.

Jesus redet in Rätseln

Sehr häufig, ja fast regelmäßig wird Jesu Rede als Rätselrede dargestellt. Jesus spricht danach gerade nicht allgemein verständlich, so daß man die Allerweltssprüche gleich wieder vergäße, sondern er setzt den Menschen Worte vor, an denen sie zu knabbern haben. Was in den drei ersten Evangelien für die Gleichnisse gesagt wird, was nach dem Johannesevangelium für die mißverständlichen Bilder Jesu gilt (Neugeborenwerden, Wasser, Fleisch und Blut), das gilt für außerkanonische Spruch-Evangelien (zum Beispiel: Thomasevangelium, Philippusevangelium) ganz allgemein: Jesus hat rätselhafte Worte gesagt, hinter deren Sinn man oft erst nach jahrelangem Nachdenken kommt. Das hat seinen guten Sinn, denn so lassen einen diese Worte nicht los, und wenn man zu einer Lösung gekommen ist, behält man diese auch. Zum Beispiel dieses Wort: *Jesus sprach: Wo drei Götter sind, dort sind Götter; wo zwei oder einer ist, ich bin bei ihm.*[3] Dieser Satz ist in der Forschung nie entschlüsselt worden. Aber: *Wo drei Götter sind, dort sind Götter.* Das könnte heißen: Bei anderen, heidnischen Göttern gilt, daß sie zumeist mit Göttern zusammen sind, in guter Gesellschaft. Anders steht es um die Gegenwart Jesu. Er ist auf die Weise gegenwärtig, wie der eine und einzige Gott gegenwärtig ist, nämlich bei Menschen. Bei dem einen oder bei den zweien, die auf ihn hoffen. Dieser Gott hat keine anderen Götter zu seiner Gesellschaft, sondern Menschen, und zwar die wenigen aus der Masse Ausgesonderten, die Einsamen. Das ist schon beim Gott Israels so: Er hat keine Göttin zur Partnerin, sondern Israel. Er will »mit« den erwählten Menschen sein. Daher gibt es hier auch keinen Götterhimmel, sondern dieser Gott geht mit seinen Erwählten durch dick und dünn. Er ist nicht abgesondert in der »Abteilung für Götter«, sondern bei ihnen.

Bilder und Gleichnisse

Viele eindrückliche Bilder, auf die wir nicht gerne verzichten möchten, kennen wir nur durch die außerbiblischen Evangelien. Dazu gehört Philippusevangelium 52:
Ein Esel, der einen Mühlstein drehte, legte hundert Meilen zu Fuß zurück. Als er losgemacht wurde, fand er, daß er noch an demselben Platz war. Es gibt Menschen, die viele Wegstrecken zurücklegen, ohne irgendeinem Ziel näherzukommen.
Oder Philippusevangelium 54:
Der Herr ging in die Färberei des Levi. Er nahm 72 Stoffe von verschiedenen Farben und warf sie in den Kessel. Er zog sie alle weiß wieder heraus. Und er sagte: So ist auch der Menschensohn als Färber gekommen.

Das Wort ist sicher judenchristlichen Ursprungs. Denn 72 ist die Zahl der Heidenvölker; daher sendet Jesus auch nach Lukas 10,1 laut einigen Handschriften 72 Jünger aus. Auf ein hohes Alter des Wortes weist auch die stilgerechte Formulierung als Menschensohn-Wort. Denn wenn Jesus von sich als vom Menschensohn redet, gebraucht er nie die 1. Person, sondern spricht in der 3. Person. Das Kleiderbad, in dem die 72 Stoffe entfärbt werden, ist gut mit der Wirkung der Taufe vergleichbar, die schon nach Galaterbrief 3,26–28 alle Unterschiede zwischen Ständen, Geschlechtern und Völkern beseitigt. Wir haben es mit einem eindrücklichen Bild für die Taufe aus der Zeit der frühen Heidenmission zu tun.

In dem Wort *Werdet gute Wechsler*[4], so die gewöhnliche Übersetzung, mahnt Jesus dazu, wie ein guter Wechsler die echten von den gefälschten Münzen zu unterscheiden. Das Wort bedeutet daher: Übt strenge Unterscheidung, prüft sorgfältig, was echt und annehmbar und was nicht echt ist.

Im Philippusevangelium heißt es: *In dieser Welt sind die, die Kleider anziehen, wertvoller als die Kleider. Im Himmelreich sind die Kleider wertvoller als die, die sie angezogen haben.*[5]

Die Kleider sind ein Bild für die jeweilige Art des Leibes und die dazu gehörige Existenzweise. Auf Erden haben kostbare Menschen wertlose, vergängliche Leiber. Im Himmel tragen sie die Herrlichkeit Gottes selbst. Der Himmel wird – ähnlich wie bei Paulus – nicht ohne Leib vorgestellt. Nach demselben Evangelium hat Jesus dieses gesagt:

Wenn eine Perle in den Schmutz geworfen wird, wird sie nicht minderwertiger, noch wird sie (erst), wenn sie mit Balsamöl gesalbt ist, wertvoll werden. Sondern sie hat immer denselben Wert in den Augen ihres Besitzers. Ebenso verhält es sich mit den Kindern Gottes, wo sie auch sein mögen. Sie haben noch denselben Wert in den Augen ihres Vaters.[6]

Die Perle bezeichnet den von Gott geliebten Menschen.

Der Schmutz sind die verschiedenen Umstände in der
Welt, denen auch Kinder Gottes ausgesetzt sind. Die pharisäische Orientierung an der »Reinheit« ist geblieben.

Menschliche Züge Jesu

Die menschlichen Züge Jesu werden in der Regel stark
betont. Doch ist er gleichzeitig vollgültig Repräsentant Gottes. Beides sind nicht Gegensätze, das will uns Heutigen
nur so erscheinen. So kann Jesus hier noch sagen: *Der Arzt
heilt nicht die, die ihn kennen*[7] und erklärt so, warum Jesus
in seiner Heimat keine Wunder wirkt. Oder Jesus sagt, er
habe die Quelle, das Geheimnis Gottes, nur ausgemessen,
mehr nicht. Oder er sagt von diesem Geheimnis Gottes:
*Viele stehen um den Brunnen herum, aber keiner ist im Brun-
nen* – ein schönes Bild, übrigens. Denn auf das lebendige
Wasser, das aus dem Brunnen geschöpft wird, sind alle
angewiesen. Und dort, wo es noch heute nur Brunnen und
noch keine Wasserleitungen gibt, ist der Brunnen der Ort,
an dem Menschen zusammenkommen. Die Menschen stehen am Rand und versuchen, an Stricken oder mit der
Winde Wassereimer heraufzuziehen. Aber niemand ist im
Brunnen, dort unten in der Tiefe. Das ist niemandem möglich und auch niemandem erlaubt. So wird dieses Bild zum
Gleichnis für das Verhältnis der Menschen zum Geheimnis
Gottes. Das Wasser ist das Leben, und so stelle ich mir Gott
vor: als die reine Quelle des Lebens selbst. Doch niemand
war unten an der Quelle, niemand kann sagen: Ich habe in
der Quelle gestanden, niemand hat dieses Geheimnis von
Angesicht zu Angesicht gesehen. Alle stehen wir nur oben
am Rand. Manchmal spiegeln wir uns selbst im Brunnen-
wasser und dann täuschen wir uns und meinen, das Geheimnis wäre wie wir. Aber in Wirklichkeit ist es die rätselhafte,
unfaßliche, unerreichbare Quelle, tief am Grund des Brun-
nens, den wir Leben nennen. Wir stehen nur oben am

Rand, voll von Durst nach Leben, voll von Sehnsucht nach Wasser, aber wir können dieses Geheimnis selbst nicht fassen. Gerade so sagt es R. M. Rilke, der uns mit Vögeln vergleicht, die seit unvordenklicher Zeit um den Turm, den Turm des Geheimnisses kreisen. Wir umkreisen, aber wir dringen nicht ein, sind wie magnetisch angezogen, weil es das Leben ist, doch wir bleiben auf Distanz.

Aber am Brunnen treffen sich die Menschen und halten ein Schwätzchen miteinander. Manche Ehe bahnte sich am Brunnen an, und man kommt zusammen an diesem Mittelpunkt der Siedlung, oft vor den Toren der Stadt. Genau das ist Gemeinde, das ist Kirche: auf der Suche nach Wasser rund um den Brunnen leben. Niemand kennt das Geheimnis, aber es vermag uns gleichwohl zu verbinden. Menschen, die wissen, daß es auf Wasser ankommt. Und die hier einander treffen und sich ins Gesicht sehen können. Vor der verborgenen Quelle sind wir alle gleich, keiner weiß mehr, auch kein Prophet und Lehrer. Nur dieses wissen wir: daß wir von der Quelle leben, aber sie nicht besitzen, daß wir einander haben, sonst nichts. Menschen um den Brunnenrand, auf der Suche nach Leben.

Andererseits kann Jesus sagen: *Wer mir nahe ist, der ist dem Feuer nahe, wer mir fern ist, ist dem Königreich fern.*[8] So spricht kein harmloser Mitbürger. Auch keiner, der Kumpel oder einfach Bruder sein will. Bei dem Stichwort »Feuer« denken wir vielmehr zuerst an den brennenden Dornbusch, in dem Gott Mose erscheint und seinen namenlosen Namen kundgibt. Dieser Gott sagt: Zieh die Schuhe aus, denn hier ist heiliges Land. Der Gott, der im Feuer erscheint, ist heilig. Die Schuhe auszuziehen, bedeutet: Wir sollen die üblichen Wege unterbrechen. Wenn Jesus sagt: »Wer mir nahe ist, ist dem Feuer nahe«, dann geht es um das gefährliche wie um das wärmende Feuer, das Feuer, das die Welt erhellt, das aber auch Gold und Schlacken trennt. – Um die Präsenz Gottes in Jesus geht es auch, wenn Jesus nach dem Thomasevangelium die Jünger kritisiert, die von den Propheten sprechen: *Ihr habt doch den, der lebt, vor euch, wie könnt ihr da von denen reden, die tot sind.*[9]

Rein und Unrein

Schließlich sind in den alten Evangelienfragmenten noch einmal die Fragen der Reinheit von Bedeutung, und zwar an der Grenzlinie zwischen Judentum und Christentum. Es überrascht, wie wichtig diese Diskussionen waren, wo wir doch heute meinen, alle diese Fragen und die alten Antworten darauf vergessen zu dürfen. Hören wir einige Texte: *Jesus sagte zu dem pharisäischen Oberpriester: Du hast dich in diesen ausgegossenen Wassern gebadet, in dem Hunde und Schweine bei Tag und Nacht liegen, und hast dich gewaschen und die äußere Haut abgerieben, die auch die Dirnen und Flötenspielerinnen salben, baden, abreiben und schminken... Ich aber und meine Jünger, von denen du sagst, wir hätten uns nicht untergetaucht, wir sind untergetaucht in dem lebendigen Wasser, das herabkommt von oben...*[10]

In einem anderen Evangelium heißt es: *Und siehe, ein Aussätziger nahte sich ihm und sagte: Meister Jesus, mit Aussätzigen bin ich gewandert und habe mit ihnen in der Herberge gegessen. So bin auch ich aussätzig geworden. Wenn du nun willst, werde ich rein.*[11]

Das Thema Reinheit oder Unreinheit ist für das frühe Christentum keineswegs erledigt. Jesus und die frühen Christen beteiligen sich äußerst intensiv an dieser Diskussion. Mir scheint es auch heute nützlich zu sein, an diese Diskussion zu erinnern. Denn die Fragen der Religion beziehen sich nicht nur auf den sogenannten personalen Bereich, auf die Frage des Dialogs oder der Kommunikation zwischen Gott und Mensch oder Mensch und Mensch. Das ist doch nicht alles, denn die Fragen der Qualität, der Materie, der Tabus bleiben bestehen.

»Rein und Unrein« bezieht sich räumlich und qualitativ auf

den Bereich des Lebens oder den des Todes. Und eine Religion, die so zu reden wagt, bleibt nicht in den Gefilden des Denkens, des Herzens und der Moral, sondern wagt es, auch welthaft zu reden, erhebt den Anspruch darauf, daß auch das Leben im ganzen gestaltet werden kann und soll von der Mitte her, die Gott als der Schöpfer ist. Es ist kein Zufall, daß dasselbe Judentum, das verstärkt von Gott als dem Schöpfer redet, auch die Tabuzonen *Rein* und *Unrein* damit in die Diskussion bringt. Dabei ist Rein und Unrein nichts an sich Primitives, die Frage ist nur, wer und wo die Quelle der wahren Reinheit ist. Und worin die eigentliche Unreinheit besteht. Wir wissen, daß dieses im frühen Christentum auch mit dem Heiligen Geist und den unreinen Geistern zu tun hat. Denn Jesus ist der Heilige Gottes und ist mit dem Heiligen Geist erfüllt. Durch seine Vollmacht besiegt er alle Unreinheit, treibt sie in ihrer Lebensbedrohlichkeit zurück. Daher wirkt Jesus Wunder und treibt unreine Geister aus.

Ein Christentum, das die Dimension der Heilung, des Ausgreifens des Heiligen nach der Welt, der Verwandlung von Materie, im ganzen verloren hat, kann auch nichts mehr von Rein und Unrein verstehen. Denn Rein und Unrein hat mit der Erfahrung zu tun, daß nicht alle Wirklichkeit gleich ist, sondern daß sie verwickelt ist in einen Kampf um Leben und Tod. Der Tod bedroht den Menschen, und er bedeutet gleichzeitig Gottesferne. Unrein ist alles, was dem Leben so fern steht, daß es gefährlich wird. Denn der Mensch ist ein bedrohtes Wesen. Jede Art von Zweiteilung der Wirklichkeit (genannt »Dualismus«) hat im biblischen Denken ihren Ursprung in der Erfahrung der Bedrohtheit und Gefährdung von Leben. Diese Gefährdungen sind um jeden Preis zu meiden.

Der nackte Jüngling

Für die nicht nur im »puritanischen« angelsächsischen Bereich, sondern auch in Deutschland und Österreich grassierende Mischung aus sexueller Neugier, bürgerlichem Schein und frommer Empörung nicht untypisch ist das Interesse an dem angeblich homosexuellen Jesus des Geheimen Markusevangeliums. Der amerikanische Gelehrte M. Smith sah es in einer Abschrift, die aber seitdem leider verschollen ist. Auf der einen erhaltenen Textseite wird die Auferweckung des Lazarus geschildert. Dann heißt es:

Nach sechs Tagen kommt der Jüngling zu ihm (d. h. zu Jesus), nur mit einem Hemd auf dem bloßen Leibe bekleidet. Und er blieb bei ihm jene Nacht; denn es lehrte ihn Jesus das Geheimnis des Reiches Gottes.[12] Daraus eine homosexuelle Angelegenheit zu machen, verrät Mangel an historischer Kenntnis. Denn im Frühjudentum ist die nächtliche Belehrung, insbesondere in Gestalt des gemeinsamen Schlafens auf derselben Schlafstelle geradezu üblich, wenn nämlich hervorgehoben werden soll, wie intensiv und getreulich die Lehre vom Meister auf den Jünger überging. Das gemeinsame Schlafen hat etwas mit psychologischem Wissen um die ganzheitlichen Voraussetzungen des Lernens zu tun. Denn man erwartet eine Weitergabe durch Traumoffenbarung. Parallel zum Heilschlaf, in dem man es mit dem heilenden Gott zu tun hat, geht es hier um den Lehrschlaf. Bei uns haben sich derartige Auffassungen noch erhalten in der volkstümlichen Auslegung des Bibelwortes *Den Seinen gibt es der Herr im Schlaf.* Im übrigen besteht der Wert dieses Evangelienfragments in einer von der Version im Johannesevangelium unabhängigen Fassung der Erzählung von der Auferweckung des Lazarus.

Ergebnis: Neue *Taten* Jesu werden vor allem im Kindheitsevangelium nach Thomas berichtet und ferner in dem »Wunder« nach Papyrus Egerton 2, wo Jesus Samen in den

Jordan wirft, der alsbald Frucht trägt – falls man den Text so ergänzen darf. Im übrigen aber sind neue *Worte* Jesu hier von Bedeutung: Jesus redet in Rätseln, in die hinein er Menschen verstrickt, die immer wieder über deren Sinn nachdenken sollen. Und Jesus ermahnt zur Freiheit gegenüber der Welt.

Der *Wert* dieser Evangelien für unser Bild von Jesus beruht in folgendem: Wir erkennen aus diesen Texten, daß der christliche Bibelkanon nicht wie ein Block in der Geschichte steht, sondern daß er eine Auswahl aus zahlreichen möglichen Ansätzen dazu ist, das Geheimnis der Person Jesu zu deuten. Und im Lichte dieser Überlieferungen gewinnen auch die neutestamentlichen Berichte neue Farbe und neue Bedeutung. Oft verstehen wir ihre wahre Bedeutung besser im Spiegel all der anderen Worte, die Jesus zusätzlich zugeschrieben werden.

V Jesus in Jerusalem

Wer war Jesus wirklich? Diese Frage spitzt sich dramatisch zu, als Jesus nach Jerusalem kommt. Hier bricht die Stunde der Wahrheit an – als Kreuz und Auferstehung.

Auf dem Esel

Der Einzug Jesu nach Jerusalem (Mk 11,1–11) gehört zu den liebenswertesten Szenen der Evangelien. Die Menschen erleichtern Jesus das Reiten auf dem Esel, indem sie Kleider auf dessen Rücken und auf die Straße legen. Sie begrüßen ihn mit Palmzweigen und zustimmenden Rufen. Sie stehen dabei gewissermaßen Spalier. Denn wenn ein Herrscher in »seine« Stadt einzieht, kommen ihm die Menschen gleichfalls entgegen, stehen sie am Weg und schmücken diesen, sie verleihen ihrem Zuwinken Nachdruck, indem sie durch Zweige, später und noch heute durch Fähnchen, manchmal auch durch Fackeln, ihre Hände und Arme sozusagen verlängern. Ein fröhliches, fast ausgelassenes Bild. Es ist die einzige eindeutig messianische Szene der Evangelien, wenn man »Messias« im Sinne des erwarteten Königs versteht. Der König nimmt seine Stadt in Besitz, und alle Evangelien wagen es, an dieser Stelle vom König oder (so das Markusevangelium) zumindest vom Königtum zu sprechen.

Auffällig ist auf jeden Fall, daß Jesus nur auf einem Esel und nicht feierlich oder prunkvoll in die Stadt hineinreitet. Natürlich war der Esel ein ganz gewöhnliches Reittier. Das Besondere aber liegt darin, daß es sich um Jerusalem handelt, die alte Königsstadt, ferner, daß Jesus es ist, der einzieht, und schließlich, daß er zum Einzug in die Stadt nicht weiterhin zu Fuß wandert, sondern ein Reittier nimmt. So liegt bei aller Bescheidenheit doch etwas Besonderes in der Szene. Sie erhält durch Einzelzüge unübersehbare Akzente.

Und weil dieser Einzug so wichtig ist, hat es mit dem Esel eine besondere Bewandtnis: Nach Markus und Lukas ist es ein Esel, auf dem vorher noch nie ein Mensch gesessen hat (Mk 11,2). Dinge zum ersten Male zu gebrauchen ist Recht des Eigentümers. Wir kennen das von der mittelalterlichen Leibeigenschaft und den sich daraus ergebenden Rechten der Fürsten. Wenn Jesus der wahre Besitzer dieses Esels ist, dann kann man diese Leibeigenschaft als Ausdruck eines königlichen Anspruchs auffassen: Der König ist der wahre Eigentümer von Mann und Maus in seinem Reich. Oder aber der Anspruch reicht noch tiefer: Gott als der Schöpfer ist der wahre Eigentümer aller Dinge. Und in Jesus ist Gott gegenwärtig.

Die Evangelisten Matthäus und Johannes deuten den Esel anders. Sie sehen darin die Erfüllung des Prophetenwortes aus Sacharja »Siehe, dein König kommt auf einem Esel«. Sie deuten diese Stelle im Sinne des Kommens des Messias und führen sie für ihre jüdischen bzw. judenchristlichen Leser an. Während für die eher heidenchristlichen Leser des Markus und des Lukas das Königtum aus dem Besitzrecht hervorgeht, soll für die judenchristlichen Leser des Johannes und des Matthäus die Übereinstimmung mit dem Propheten zeigen, daß Jesus der König für Jerusalem ist und damit der Messias (Mt 21,1–9; Joh 12,12–16).

Der friedliche Einzug wird dabei von Matthäus besonders betont. Er zitiert aus dem Propheten Sacharja (9,9) in dem Satz »dein König kommt« auch das Wörtchen »sanftmütig« mit. Im 2. Jahrhundert wird ein späterer Bericht noch ergänzen: »sanftmütig und arm«. Dieser Messias ist nicht militärisch. Es gab im Judentum eben auch diese Art messianischer Erwartung.

Alle Evangelien berichten, daß die Menge gerufen hat: »Osanna, gesegnet, der im Namen des Herrn kommt.« In diesem Ausruf liegt der Höhepunkt des Berichts. Es handelt sich dabei nicht einfach um die alte Begrüßung eines Pilgers im Tempel von Jerusalem, wie wir das aus Psalm 149,1 kennen. Zur Zeit des Neuen Testaments ist daraus längst der Satz geworden, mit dem man den Messias begrüßen wird. Das geht besonders hervor aus einer ganz anderen Szene, für die dieser Satz genauso zitiert wird: Jesus kündigt an, daß als Strafe für den Ungehorsam Israels der Tempel zerstört und er, der Messias, Israel genommen wird. Die Bewohner Jerusalems werden ihn nicht mehr sehen, bis sie sagen werden: »Gesegnet, der im Namen des Herrn kommt« (Matthäus 23,39; Lukas 13,35). Das ist eine andere Situation: die der Wiederkunft des Herrn. Und es herrscht Gewißheit, daß die Bewohner Jerusalems dann dem Messias zustimmen werden, indem sie ihn dann (endlich) »freundlich« begrüßen.

Hier entstehen einige Fragen: Warum wurde überhaupt der Satz »Gesegnet, im Namen des Herrn kommt« zur speziellen Begrüßung des Messias? Einmal war der Ausdruck »der (da) kommt« zur Bezeichnung des künftigen Heilsbringers geworden. So fragt zum Beispiel der Täufer: »Bist du es, der da kommt?« (Matthäus 11,3; Lukas 7,19). Und bei Matthäus werden direkt davor (in 11,2) die Wunder Jesu »Werke des Christus« genannt. Also ist »Der da kommt« Bezeichnung des Christus, bzw. des Messias. – Zum anderen ist es eben wichtig, daß der wahre Messias wirklich »im Namen des Herrn« kommt. Denn bekanntlich gab es nicht nur Pseudo-Messiasse in großer Fülle, auch Jesus selbst weissagt das Kommen derartiger Figuren, vor allem aber wird er selbst beschuldigt, eben nicht im Namen des Herrn aufzutreten, d. h. zu kommen, sondern mit der Gegenseite, mit Beelzebul, dem Satan, im Bunde zu sein. Bei dem Ausdruck »Kommen im Namen des Herrn« geht es daher um das zentrale Problem der Legitimation. Das heißt: Wer steht in Wirklichkeit hinter Jesus? Woher hat Jesus seine besonderen Gaben? Diese Frage ist beim Einzug Jesu in Jerusalem für die Mehrheit der Juden noch offen geblieben. Für die Gemeinde wurde sie zu Ostern eindeutig beantwortet. Für die übrigen Juden wird sie, so die Auskunft von Matthäus und Lukas, am Ende, bei der Wiederkunft Jesu, beantwortbar sein, und zwar im Sinne der Zustimmung.

Im Lukasevangelium wird deutlich erkennbar, wie Lukas sich das Verhältnis der beiden Szenen zueinander gedacht hat, nämlich der Ankunft und Begrüßung Jesu vor Ostern und der bei der Wiederkunft Jesu: Nach Lukas 19,39f wollen »die Pharisäer« die Jubelrufe unterbinden. Das heißt: Sie und alle, die ihnen folgen, sind jedenfalls jetzt nicht bei den Zustimmenden, sie werden erst »am Ende« dabei sein. Die andere Frage ist, wie Markus und Johannes den Einzug deuten, da sie doch keine zukünftige Begrüßung des Messias kennen. Bei Johannes (12,12 *»und der König Israels«*) geht es hier wie auch sonst nicht um die Spannung zwischen »jetzt« und »dereinst«, sondern um das Verhältnis zwischen oben und unten, Gott und Welt. Für Johannes ist »König Israels« schon in 1,49 dasselbe wie »Sohn Gottes«. Diese besondere Auffassung vom Königtum wird in Johannes 18,37 bestätigt. König ist Jesus hier, im Verhör durch Pilatus, weil er für die »Wahrheit«, nämlich für die Wirklichkeit Gottes, Zeugnis ablegt. Und jeder, der vor irdischen Machthabern für diesen wahren und allein mächtigen Gott zeugt, hat Anteil an dessen Freiheit und Königtum, ist selbst Sieger (gegenüber dem irdischen Potentaten) und König. Bei Markus wird Jesus nicht als König der Juden begrüßt, vielmehr heißt es nur: »Gesegnet das Königreich unseres Vaters David, das (hiermit) kommt« (Mk 11,10). So stehen hier beide Sätze nacheinander: »Gesegnet der im Namen des Herrn kommt« und »Gesegnet das Königreich unseres Vaters David, das kommt«. Aus dem weiteren Verlauf des Markusevangeliums wird deutlich, wie Markus sich dieses Königreich denkt. Schon in der jüdischen Tradition besteht Davids Reich immer darin, daß Israel mit Jerusalem in seiner Mitte die Heidenvölker »kontrolliert«. Auch im Frühjudentum zur Zeit Jesu ist dieses nicht anders. Nach Markus wird diese Ausrichtung aller Heiden auf Jerusalem so geschehen, daß sie im »Vorhof der Heiden«, der bisher zweckentfremdet dem Geldwechsel diente, Gott anbeten werden (Markus 11,17). Und umgekehrt wird das Evangelium von Jerusalem aus zu allen Heidenvölkern dringen (Markus 13,10; 14,9: Das Geschehen von Bethanien wird in der »ganzen Welt« verkündet.). Der Beginn wird offenbar in Galiläa angesetzt. Die Markus-Fassung gibt daher eine deutliche Ausdeutung jüdischer Erwartung in christlicher Sicht: Jerusalem wird auf diese Weise Mittelpunkt der Völker sein. Eines der Anliegen des Evangeliums besteht darin, auf diese Art jüdischen Erwartungen zu ihrem Recht zu verhelfen. – Anders die Auffassung bei den anderen Evangelisten: Jesus wird nach ihnen ohne Umschweife als König anerkannt, aber eben nur von einem Teil Israels. Und erst am Ende der Zeiten wird nach Matthäus und Lukas diese Anerkennung ganz eingelöst werden. Bis dahin kommt es zur Zerstörung Jerusalems. Sie liegt für die Adressaten des Matthäus- und des Lukas-Evangeliums bereits in der Vergangenheit. Und daher begreifen sie die Geschichte so: Wegen der Ablehnung Jesu durch die Mehrheit der Juden ist Jerusalem zerstört worden. Aber es gibt noch eine zweite Chance. Sie wird durch die Missionspredigt, die nach der Zerstörung der Stadt noch einmal neu beginnen kann, vorbereitet.

Interessant ist, daß die Auffassung von der künftigen zustimmenden Begrüßung des Messias sich nur bei Matthäus und Lukas findet und wohl auf die ihnen vorliegende gemeinsame Überlieferung zurückgeht (Matthäus 23,39; Lukas 13,35). Es ist offensichtlich, daß diese Überlieferung insgesamt sehr stark appellativen, d. h. aufrüttelnden Charakter hatte. Das heißt: Sie ist im wesentlichen aus direkter mahnender Anrede, aus Missions- und Umkehrpredigt, gerichtet an Juden hervorgegangen. Daher rührt oft die Schwarz-Weiß-Malerei in diesen Reden (z. B. der Satz: Disteln können nicht Feigen hervorbringen und Dornen nicht Trauben).

Ergebnis: Der Einzug Jesu in Jerusalem schildert eine Schlüsselsituation. Er gibt Antwort auf die Frage, wie sich das Volk der Juden zu seinem Messias verhält. Das Markusevangelium verbindet mit dieser Nachricht eine Deutung des Reiches Davids. Denn auch in der Zeit der Völkermission wird Jerusalem seine Stellung bewahren und neue Bedeutung gewinnen. Bei Matthäus und Lukas ist diese Szene nurmehr so etwas wie eine »erste Ankunft Jesu« in seiner Stadt. Er wird nochmals kommen und dann Zustimmung finden. Bis dahin gilt der Appell, sich angesichts der zerstörten Stadt seiner Botschaft anzuschließen. In hellenistischer Zeit hätte man für diese »Ankunft« das Wort Parusie gebraucht, und tatsächlich spricht man im 2. Jahrhundert von der ersten und zweiten Parusie Jesu und sagt, die erste sei in Niedrigkeit und Armut, in Ehrlosigkeit und Friedfertigkeit geschehen. Genau dafür steht Jesu Einzug in Jerusalem.

Die Händler im Tempel

Alle Evangelien berichten: Jesus hat Menschen vertrieben, die im Vorhof des Tempels etwas verkauften (Mk 11, 15–17). Alle – abgesehen von Lukas – sprechen auch davon, daß Jesus die Tische der Wechsler »umkehrte«. Die Händler verkauften Tiere, die man dann im Tempel opfern ließ, die Wechsler tauschten die landesübliche Währung gegen die besondere Tempelwährung um, die ihrerseits nicht den Makel strotzender Unreinheit aufwies.
Jesus begründet sein Tun: Die Angeredeten haben Gottes

»Haus« zu etwas Sinnwidrigem gemacht. Er rechtfertigt sein Vorgehen mit der Schrift. In den drei ersten Evangelien stellt Jesus mit einem Zitat aus Jesaja und Jeremia das Haus des Gebets der Räuberhöhle gegenüber; nach Johannes (2,13–22) wird die Begründung mit Psalm 69 gegeben: »Der Eifer für dein Haus wird mich auffressen.«

Durch seine Aktion stellt Jesus Gottes Recht an seinem Haus und damit dessen ursprünglichen Zustand wieder her. – Zweifellos führt sich Jesus hier nicht gerade zartfühlend auf, sondern er gebraucht Gewalt, wenn auch nicht gegen Personen. Er verdirbt den Händlern und Wechslern das Geschäft. Er setzt ein Zeichen. Natürlich erhob sich und erhebt sich die Frage danach, welches Recht er dazu hatte. Denn er verhält sich wie der Hausherr.

Durch seine Tat wird Jesus nicht viel geändert haben. Nach wenigen Minuten werden die Händler und Wechsler ihre Dinge wieder geordnet haben und an ihre angestammten Plätze zurückgekehrt sein. Damit mußte Jesus rechnen. Es war wohl wie mit den Razzien der Polizei gegen die illegalen »fliegenden Händler« auf der Spanischen Treppe in Rom: Die Polizei ist blitzschnell da, ebenso schnell raffen die Händler ihre Waren auf Tüchern zusammen und verschwinden in der Menge. Nach wenigen Minuten ist alles beim alten. Jesus verhält sich auch wie eine Tempelpolizei. Um so dringlicher stellt sich die Frage: Was wollte Jesus mit dieser Aktion? Ohne Zweifel ist es eine prophetische Zeichenhandlung. Mit entsprechenden Taten der alten Propheten hat Jesu Tun dies gemeinsam: Was er tut, erregt Aufsehen, ist an publikumsträchtigem Ort vollzogen, besteht nicht nur aus Worten, sondern vor allem aus einer »sprechenden« Tat. Ferner hat es deutlich Protestcharakter, da es Mißstände anprangert und sie wenigstens für eine kurze Zeit beseitigt. Prophetischer Protest am Tempel ist nicht gerade selten überliefert, dem Ort ihres Wirkens. Jesus begreift sich daher zumindest *auch* als Prophet und als Anwalt des wahren und reinen Tempeldienstes. Sein Tun ist nicht gegen das Opfern selbst gerichtet, dann hätte er an anderer Stelle eingreifen müssen. Noch viel weniger stellt eine solche Aktion den Tempel selbst in Frage. All das ist viel zu modern gedacht und macht aus Jesus einen Anwalt rationalistischer Aufklärung. Auch von Moral im Kontrast zu Opfern ist nichts erkennbar. Jesus sagt nicht: Statt die Opfer vorzubereiten, solltet ihr lieber Nächstenliebe üben. Vielmehr liegt der gemeinsame Nenner des Vorgehens gegen die Wechsler wie des Vorgehens gegen die Händler darin, daß es hier um Geld geht. Warum aber will Jesus Geld aus dem Heiligtum verbannen? Nun tadelt Jesus nicht Geld überhaupt im Tempel, wie an der Erzählung vom Scherflein der Witwe erkennbar ist, die in den ersten drei Evangelien am Ende der Tempelphase Jesu diesem Abschnitt wie ein flankierender Eckturm gegenübersteht. Jesus lobt es, wenn Geld im Tempel gegeben wird, aber er tadelt es, wenn im Tempel andere als Gott Geld nehmen, Geschäfte machen und so Besitz gewinnen.

Es kann daher gut sein, daß die beiden Aktionen Jesu am Tempel ein Stück gezielter Reichtumskritik sind. Damit verknüpft ist dann auch eine besondere Auffassung vom Tempel und seiner Aufgabe. Dann gilt für den Sinn dieser Aktionen Jesu: Der Tempel ist ein Zeichen dafür, daß Gott alles gehört. Denn jeder ausgegrenzte heilige Bereich ist eben dadurch heilig, daß er für das Ganze steht und den Sinn des Ganzen angibt. Das gilt vom Sabbat bezüglich der Woche, von den Erstlingen für die restliche Ernte, vom Tempel und seinem Gebiet für alles Land und alle anderen Häuser. Gott ist der Herr und Besitzer. Diese steinerne Botschaft des Tempels wird vollständig verdunkelt, wenn sich ausgerechnet hier Menschen durch Handel bereichern, menschlicher Besitz zunimmt. Man könnte Jesu Aktionen daher mit dem Wort kommentieren: *Ihr könnt nicht Gott dienen und dem Mammon.* Nur einem der beiden Herren kann man dienen. Und den Tempel, der Inbegriff des Dienstes vor Gott ist, kann man unmöglich verstellen durch ein Zeichen, das genau in die entgegengesetzte Richtung zielt, nämlich Dienst am Mammon bedeutet.

Das Johannesevangelium gäbe dann die ursprüngliche Absicht Jesu treffend wieder: *Macht nicht das Haus meines Vaters zum Handelshaus* (2,16). Und der »Eifer« für das Haus Gottes, den Johannes hier nennt, ist kein klerikaler oder priesterlicher Reinheitsfimmel, sondern es geht um das, was Gottes Haus für die Menschen darstellt. Und das ist dies: Gott ist Besitzer und Eigentümer. Ihm gehören wir Menschen, und das wollen und sollen wir anerkennen. All unser Besitzenwollen und damit all unsere Macht ist fragwürdig angesichts Gottes. Daher sollte man nicht ausgerechnet dort, wo Gottes Anspruch erhoben wird, Geschäfte machen. Tempel und sein Gottesdienst, als Opfer wie als Gebet, ist Anerkennung dieses Rechtes Gottes. Daher hat die Witwe mit ihrem Scherflein nicht nur Jesus, sondern auch den Sinn des Tempels richtig verstanden: nicht Habenwollen, sondern alles geben. Mit ganzem Herzen und mit allen Kräften und, so legt das zeitgenössische Judentum das Hauptgebot aus, auch mit dem ganzen Vermögen.

Insbesondere die Gleichnisse Jesu zeigen, daß er die Bedeutung von Besitz und gewinnbringendem Handel für das menschliche Zusammenleben sehr genau kennt, ohne sie freilich für problemlos zu halten; er weiß, daß Mammon aus Ungerechtigkeit geboren wird. Und Jesus zeigt keine erkennbare Neigung, diese wichtigen Aktivitäten überhaupt abzuschaffen. Doch mit seiner Zeichenhandlung am Tempel demonstriert Jesus: Es gibt etwas anderes als dieses, es gibt einen anderen wahren Herrn, der nicht Mammon heißt. Angesichts seiner ist Schenken, nicht Habenwollen gefordert.

Das Scherflein der Witwe

Die letzte öffentliche Szene, die in den synoptischen Evangelien aus dem Leben Jesu berichtet wird, ist die als »Scherflein der Witwe« bekannte Erzählung (Mk 12, 41 – 44). Durch ihre Position am Abschluß des Lebens Jesu bekommt diese Schilderung ein besonderes Gewicht. Unmittelbar zuvor hatte Jesus vor den Schriftgelehrten gewarnt: *Sie fressen die Häuser der Witwen auf und beten mit großem Getue. Sie werden besonders streng bestraft werden.* Dann sehen Jesus und seine Jünger, wie eine arme Witwe zwei Münzen von allergeringstem Wert in den »Opferstock« wirft. Außer ihr hatten viele andere, die reicher waren, dort Geld eingeworfen. Jesus erklärt:

Diese Witwe, die doch arm ist, hat mehr als alle anderen in den Opferstock geworfen. Denn alle anderen haben aus dem gespendet, was sie übrig hatten. Diese aber hat aus ihrer kümmerlichen Habe alles gespendet, was sie hatte, ihren ganzen Lebensunterhalt (oder: ihr ganzes Leben).

Jesus stellt es so dar, daß diese Frau in Wahrheit verstanden hat, worum es ihm geht. Diese kleine Szene wird daher zum Schlüssel für das Ganze seines Wirkens. Im Griechischen ist das Wort für das, was die Witwe spendete, doppeldeutig: »Bios« bedeutet Leben oder Lebensunterhalt. Diese Doppeldeutigkeit ist sicher nicht zufällig, denn mit ihrem Lebensunterhalt hat sie auch ihr ganzes Leben gegeben. Sie hat alles dem Tempel und damit Gott geschenkt. Er wird für sie sorgen. Sie hatte die Freiheit, alles loszulassen. Damit hat sie verstanden, was Jesus wollte. In den Worten gegen das Sorgen hat Jesus es ähnlich gesagt. Wer alles vernünftige Sorgen aufgibt, rechnet ernsthaft mit der Wirklichkeit Gottes.

Für das Gottesbild Jesu bedeutet das: Gott wird nicht vorgestellt als unbeteiligter Direktor eines Apparats, sondern als ein Vater, der gebraucht sein möchte. Er ist nicht »weit hinter den Kulissen«, sondern fordert dazu auf, selbst in elementarsten Dingen mit seiner fürsorglichen Wirklichkeit zu rechnen. Sich auf diesen Gott einzulassen bedeutet, sich wie ein Kind zu verhalten, das sich oben auf eine Rutsche setzt und keine Angst hat, sich hinuntergleiten zu lassen, weil unten, an der gefährlichen Stelle, sicher jemand steht, der es auffangen wird. Dieser »Jemand« ist Gott. Tollkühn darf man sich der gefährlichen Rutsche anvertrauen, weil dort, wo sie abbricht, Gott steht. Nicht nur im Leben gibt es immer wieder Situationen, die solchen Mut erfordern, vor allem auch angesichts des Todes ist dieser Mut vonnöten. Gott wird für den sorgen, der zu erkennen gibt, daß er ihn braucht.

Die Witwe, die ihr letztes und einziges Geld in den Tempel trägt, vertraut sich damit elementar der Fürsorge Gottes an. Hier stoßen wir wieder auf die Bedeutung des Schöpferglaubens für Jesus. Wo Menschen sich von Sorge frei machen, geben sie Gott eine Chance, vom Außen II her einzuwirken. – Ähnlich ist wohl auch Ignatius von Loyola verfahren, der sich ohne einen Pfennig Geld auf die Pilgerfahrt nach Palästina begab, dort ankam und wieder zurückkehrte. »Spielen mit Gott« hat man das genannt. Offenbar ist der Gott Jesu einer, der so herausgefordert werden möchte. Wie es kleine Kinder tun, die alles Mögliche und auch Gegensätzliches in kurzer Folge von ihren Eltern verlangen. Später sehnen sich die Eltern nach der Zeit zurück, in der sie so gebraucht wurden.

Die Witwe stellt das Gegenbild zum reichen Jüngling dar, der sich voll Trauer von der Abhängigkeit gegenüber seinem Reichtum nicht trennen konnte. Die Witwe tritt an die Seite der Frau, die Jesus salbte und die dafür ein Vermögen aufwandte. Neben den jungen Mann, bei dem der Ruf Jesu keinen Erfolg hatte, treten daher zwei Frauen, die jede auf ihre Weise als verschwenderisch geschildert werden.

Die Salbung

Allen vier Evangelien ist eine Erzählung gemeinsam, wonach Jesus in einem Haus zu Gast ist und während eines Mahles (Matthäus erwähnt nur das Haus) von einer – ihm nach den synoptischen Evangelien fremden – Frau gesalbt wird, und zwar mit Salböl (Mk 14,3–9; Lk 7,36–50). Dieses Tun erweckt den Widerspruch der übrigen Anwesenden. Jesus aber verteidigt die Frau. Widerspruch und Verteidigung beziehen sich auf die Themen »Liebe« (oder: Liebestat) und »gutes Werk«. Die Salbung wird als Zuwendung zu Jesus begriffen. Jesus nutzt den Widerspruch, um noch Anstößigeres von sich selbst zu sagen. So etwa, daß er Sünden vergebe oder daß man »Arme allzeit« bei sich haben werde, »mich aber nicht«. Was die Frau getan hat, das hat sie nicht dem Menschen Jesus getan, sondern dem in ihm anwesenden Gott selbst.

Die verschiedenen Evangelisten fassen den Vorfall unterschiedlich auf, sei es in Richtung Liebe und Sündenvergebung, sei es als Vorwegnahme der jüdischen Totensalbung. Der Grundbestand aber ist gleichartig. Der Protest richtet sich entweder gegen die Person der Frau oder gegen die Verschwendung, die sie an Jesus übt.

Der Kontakt Jesu mit Frauen wird auch sonst offenbar von Jesu männlicher Gefolgschaft beargwöhnt. Daher heißt es in Johannes 4,27 dezent von den Jüngern: *Sie wunderten sich, daß er mit einer Frau sprach. Doch keiner sagte: Was suchst du? oder: Warum sprichst du mit ihr?* Jesus ist hier offenbar freier als die spätere Gemeinde.

Diese Frau tut Jesus etwas Großartiges, Übermäßiges. Der Protest der Anwesenden scheint gerechtfertigt. So etwas läßt man sich nicht schenken. Heutzutage erlebt man es öfter bei Publikumslieblingen, wenn man sie so nennen darf, daß Menschen angesichts ihrer weich werden, plötzlich schenken wollen, ihre Geldbörse öffnen können, um das lange darin angestaute Geld diesem einen zuzuwenden, bei dem sie sich ganz sicher sind, daß bei ihm alles gut aufgehoben ist. Heiratsschwindler bauen auf diesen Trick. Jesus hat diese Erfahrung gemacht, daß Menschen angesichts seiner weich wurden und ihm alles schenken wollten. Er wehrt nicht ab, sondern verteidigt diese Frauen. Es ist dasselbe, wenn Jesus zu Zachäus, bei dem er zu Besuch ist, sagen kann: »Heute ist diesem Haus Heil widerfahren.« Wie kann man so etwas sagen? Weiß Jesus, daß Gott mit ihm ist? Ist dieses das sogenannte Selbstbewußtsein Jesu? Mit dieser Frage hat sich das 19. Jahrhundert beschäftigt, und am Ende standen rund siebzig psychiatrische Arbeiten über Jesu Geisteszustand. Auch Albert Schweitzer hat darüber seine medizinische Doktorarbeit geschrieben; sein Ergebnis: Jesus war nicht krank, sondern ein religiöser Mensch. Ich meine: Ohne Kenntnis des Judentums kann man in dieser Frage nicht weiterkommen.

Das damalige Judentum hatte durchaus Instrumente, das heißt Vorstellungen entwickelt, mit denen wir Jesu Reaktionen und Verhalten verstehen können. Es ist vor allem die Auffassung vom Boten, vom Gesandten, insbesondere vom Gesandten Gottes, die Jesus sich offenbar zueigen gemacht hat und die wir dann auch bei anderen Jüngern und bei Paulus finden. Man sagte damals im Judentum: »Der Gesandte ist wie der, der ihn sendet.« Das heißt: Alles, was er sagt, gilt so, als hätte es der gesagt, der ihn geschickt hat. Und alles, was man ihm antut, gilt dem, der ihn gesandt hat. Nur unter dieser Voraussetzung kann Jesus so reagieren. Was ihm getan wird, gilt Gott, denn der steht hinter ihm, der hat ihn gesandt. Der Jesus des Johannesevangeliums spricht in diesem Sinne immer wieder von dem »Vater, der mich gesandt hat«. Damit hat das Johannesevangelium einen Zug bewahrt, der es ermöglicht, auch die anderen Evangelien zu verstehen.

Das Gesandtsein Jesu hat damit helle und dunkle Seiten: Einige Menschen lieben ihn so ohne Maß, wie es Gott gegenüber allein angemessen ist. Die meisten aber hassen ihn, weil sie den guten Gott nicht ertragen und Leben nur mit Tod bedrohen können. Warum? Vielleicht sind sie nicht gelassen genug, müssen immer – voller Trotz – etwas wollen und überhören die Signale der Wirklichkeit. Wenn man aber das Gras wachsen hören will (und wer müßte das nicht können im Leben und im Beruf), dann muß man schon niederknien, sich tief beugen.

Wie kam es zum Prozeß gegen Jesus?

Die Antwort auf die Frage, wie es zur Kreuzigung Jesu kommen konnte, ist recht umstritten. Sicher ist zunächst, daß das jüdische Volk keine Kapitalgerichtsbarkeit besaß, d. h. eine Todesstrafe nicht vollziehen durfte. Eine spontane Lynchjustiz dagegen, wie sie bei Stephanus geübt wurde, konnten die Römer dulden, wenn es ihnen opportun erschien. Sicher ist daher, daß Pilatus den Befehl zur Kreuzigung gegeben hat. Daß diesem Befehl ein in irgendeinem Sinne ordentliches Gerichtsverfahren zugrunde lag, ist nicht zu erkennen. Eine nächtliche Verhandlung des Hohen Rates (Synhedrium), zumal in der Passahnacht, wird von den meisten Forschern für unmöglich gehalten.
Erkennbar ist lediglich noch, daß der Titel »König der Juden« für Pilatus eine Rolle spielte, denn in diesem Sinne ließ er auch die Kreuzesaufschrift verfassen. In dreien der vier Evangelien findet sich der Titel »König der Juden« erst in der Passionsgeschichte, von der Verhandlung vor Pilatus an. Nur Matthäus macht eine Ausnahme, indem er diesen Titel schon in der Erzählung über die Magier verwendet, die das Jesuskind anbeten. Auch dort bezeichnet der Titel »König der Juden«, den Herodes gebraucht, den extremen Konflikt mit dem herrschenden Machthaber. So ist es auch in den Passionsgeschichten.
Wenn aber Pilatus die Verurteilung Jesu zur Kreuzesstrafe mit dem Titel »König der Juden« begründete, hat er diese

183

Bezeichnung zweifellos zur Verspottung Jesu und der Juden verwendet. Aus diesem Grund wehren sich im Johannesevangelium die Juden gegen diesen Wortlaut, doch Pilatus, aus der Geschichte auch sonst als Verächter der Juden bekannt, beharrt auf dem, was er hat schreiben lassen. – Im übrigen aber umgab der Titel »König der Juden« die Verurteilung Jesu mit dem Schein der Legitimität. Denn ein zusätzlicher selbsternannter König, der nicht von Gnaden der Römer war, konnte nur als Unruhestifter angesehen werden. Offenbar wurde Jesus also aus diesem Grund gekreuzigt, obwohl niemand in ihm eine ernstzunehmende Gefahr sehen konnte.

Wichtig ist die Frage: Wieso konnte es überhaupt zu dieser Anklage kommen? Steckt irgendein Wahrheitsgehalt darin? Es fällt auf, daß in der sogenannten Verhandlung vor dem Hohen Rat, über die Markus berichtet, anstelle des Titels »König der Juden« die Namen »Sohn des Gelobten«, also: Sohn Gottes, und »Menschensohn« stehen (Mk 14, 61–62). Folgen wir dem Markusevangelium, das ja auch beim Einzug nach Jerusalem den Titel »König« nicht kennt, dann handelt es sich bei der Aussage der jüdischen Führung anläßlich der Übergabe an Pilatus um eine *Verzerrung und Entstellung des Anspruchs Jesu*. Der Anspruch Jesu war nach dem Markusevangelium bestenfalls (oder: schlimmstenfalls) auf eine religiöse Umdeutung des Davidreiches bezogen: Jerusalem sollte Zentrum der Gottesverehrung für alle Völker werden. Und Jesus selbst war bisher als Heiler, Exorzist und Verkündiger des Gottesreiches aufgetreten. Das konnte man durchaus im Sinne eines Messias verstehen. Denn das Judentum besaß keine einheitliche Messiaserwartung, so daß man sich auch einen solchen Messias als Wegbereiter des Reiches Gottes vorstellen konnte. »König der Juden« konnte man einen solchen Messias aber kaum nennen. Dazu hatte der landläufige Begriff »König« zu viele politische Inhalte.

Ergebnis: Auf den Titel »König der Juden« hin mußten die Römer reagieren. Dieser Titel selbst entsprach nicht dem, was Jesus gewollt hatte. Dieser Titel ist bestenfalls eine Karikatur seines Anspruchs. Es handelte sich also um einen Vorwand, unter dem Jesus nicht nur an die Römer ausgeliefert, sondern unter dem er auch hingerichtet werden sollte. Wenn dieses ein Vorwand war – welches war der wahre Grund?

Unbestritten ist, daß Jesus mit allen wichtigen Parteien seines Volkes in Konflikt geraten war. Das betrifft offenbar zumindest weite Kreise der Pharisäer, Schriftgelehrten, Sadduzäer und Priester. Diese Konflikte waren unterschiedlicher Art, und sie werden in den Evangelien dargestellt. Umstritten ist aber nun, worin diese Konflikte bestanden. Nach Meinung der älteren Forschung wurde Jesus wegen des Konfliktes mit dem Gesetz verurteilt. Doch davon ist im Prozeß Jesu nicht die Rede. Nach einer anderen, verbreiteten Auffassung wurde Jesus wegen seines mit dem Judentum unvereinbaren Anspruchs auf Gottessohnschaft verurteilt. Doch schon das Johannesevangelium bemüht sich darum, zu zeigen, daß der entscheidende Konflikt nicht auf dieser Ebene lag. Jesus zitiert gegen den Einwand der Juden Psalm 82,6, der bereits damals die Israeliten anredete: »Ich habe gesagt: Götter seid ihr« (Johannes 10,34). Wenn also selbst in der Bibel die Vertreter des Gottesvolkes schon als Götter angeredet werden, dann kann man Jesus keinen Vorwurf daraus machen, daß er sich Gottes Sohn nennt. Allerdings zerreißen nach dem Markusevangelium die Hohenpriester ihre Kleider, weil Jesus damit Gott gelästert habe, daß er bejahte, Gottes Sohn zu sein und den Menschensohn ankündigte (Markus 14,63). Hier handelt es sich wohl tatsächlich um eine historische Erinnerung. Denn der Konflikt zwischen Judentum und Christentum liegt in der Frage, ob Jesus der Messias war und den Geist Gottes besessen hat oder nicht. Beide Fragen hängen miteinander zusammen, aus beiden Punkten werden schon die

Umrisse der christlichen Auffassung von der Dreifaltigkeit erkennbar.

Denn die nicht-christlichen Juden bestreiten, daß Jesus vom Geist Gottes erfüllt war, und sie bestreiten damit auch seine Gottessohnschaft, denn die kommt nach allen Zeugnissen des Neuen Testaments durch die Gabe von Gottes Geist zustande. War es also nicht der Heilige Geist, der Jesus erfüllte, sondern Menschengeist und Einbildung oder Schlimmeres? Dieses ist die Konfliktfrage, an ihr entschied es sich zur Zeit des frühen Christentums, ob man Christ wurde oder nicht. Weil diese Frage so wichtig war, hat man sie mit der »Lästerung« verknüpft. Christen bezeichneten das Verhalten der nicht-christlichen Juden gegenüber Jesus als Lästerung. Und umgekehrt war für die jüdischen Gegner Jesu sein – ihrer Meinung nach ungedeckter – Anspruch auf Gottessohnschaft Lästerung. Hier ist auch der Ursprung der »Sünde wider den Heiligen Geist«. Sie besteht nach jüdischer wie christlicher Auffassung darin, daß man jemandem den Geist Gottes zuspricht, der ihn in Wirklichkeit gar nicht hat, oder einem den Geist Gottes abspricht, der ihn doch hat.

Ergebnis: Der Streit um Jesus mit dem Judentum beruht auf der Frage, ob Jesus den Heiligen Geist Gottes in sich hatte oder nicht.

Wozu hat Jesus gelitten?

Die sogenannten Leidensgeschichten der vier Evangelien halten sich in der Beantwortung der Frage nach Sinn und Ziel des Leidens Jesu völlig zurück. Das ist um so erstaunlicher, weil doch der Tod Jesu am Kreuz zentrales Ärgernis für die frühen Christen war und nach einer Deutung geradezu verlangte. Denn das Kreuz war die schändlichste Hinrichtungsart, und es war nicht besonders ehrenvoll, vielmehr geradezu absurd, einen Gekreuzigten zu verehren. – Es gibt fünf mögliche Ansatzpunkte für die Beantwortung dieser Frage: die Abendmahlsworte, die Versuchung in Gethsemane, die Erlösung durch Jesu Blut, das Prinzip der Stellvertretung und die Frage nach der Grausamkeit Gottes.

Geben die Abendmahlstexte Auskunft?

Man deutete das letzte Mahl Jesu als Ausblick auf Jesu Sterben. Und wenn Jesus beim Reichen des Brotes sagte: »Das ist mein Leib, das bin ich, für euch gegeben«, dann deutete man dieses auf den am Kreuz »hingegebenen« Leib Jesu. Opfertheorien taten hier ein übriges, so daß man oft wie im Mittelalter an die Vergegenwärtigung speziell des Kreuzesopfers dachte. – Noch deutlicher beim Becherwort: Wenn Jesus sagt »Dieses ist das Blut meines Bundes, ausgeschüttet für viele« (Markus 14,24), dann läßt Blut geradezu zwingend an Jesu Tod, das »für viele« gar an den Sühnetod, denken. Und es ist auch gar nicht zu bestreiten, daß Paulus mit seiner Formulierung »Dieser Becher ist der Neue Bund, der durch mein Blut besteht« an den Tod Jesu erinnert, der nach seiner Auffassung durch das Gemeindemahl auch verkündet wird.

Doch zwingend sind diese Deutungen nicht. Denn es könnte ja sehr gut sein, daß Jesus mit seinem letzten Mahl eher eine Zusammenfassung seines Lebens und Wirkens gibt. Und dann heißt »Das bin ich«, über das Brot gesprochen: Ich bin wie Brot für euch. Wie Brot bin ich Leben, wie Brot bin ich restlos für euch da, wie Brot gehe ich ganz darin auf, Gabe an euch zu sein. Ich bin wie Brot, das heißt: so nötig, so elementar, so buchstäblich unersetzlich wie Brot bin ich für euch. Jesus faßt sein ganzes Wirken als Dienst auf, der Leben ermöglichen soll. Damit stimmt zusammen, daß Jesus auch im Johannesevangelium (6,35) von sich sagt: »Ich bin das Brot des Lebens.« Mit der Gabe des Brotes beim Abendmahl faßt er alles zusammen, was er

für die Jünger sein sollte und war. Vom Tod ist beim Brot-
wort nicht die Rede, und was wir zumeist mit »dahingege-
ben« übersetzen, heißt in der Originalsprache nur: »...für
euch gegeben«. So, wie Brot beim Mahl gegeben wird,
damit es denen dient, die es bekommen, so ist Jesus. Auch
bei der Fußwaschung, die das Johannesevangelium als einzige Handlung vom letzten Mahl berichtet, bringt Jesus
zum Ausdruck, was er immer schon, nicht erst jetzt, für die
Jünger getan hat: Er hat ihnen demütig gedient.

Auch das Kelchwort ist in der Fassung bei Markus »Dieses
ist das Blut meines Bundes, ausgeschüttet für viele« (Markus 14,24) nicht zwingend auf den Tod Jesu zu deuten.
Jesus spielt mit seinen Worten »Dies ist das Blut des Bundes...« auf den Alten Bund an. Damals am Sinai wurde zur
Besiegelung des Bundes Blut von Tieren auf die menschlichen Partner des Bundes verspritzt (2. Mose 24,8), und
dazu wurde gesagt: »Dies ist das Blut des Bundes...« Jetzt
aber, bei Jesus, wird nicht das Blut geschlachteter Tiere verspritzt, sondern die gemeinsame Runde aus dem Becher ist
der neue Bundesschluß.

Man kann sich das Verhältnis zwischen Altem und Neuem
Bundesschluß anhand zweier Vorgänge verdeutlichen, die
in unserem Kulturkreis – nicht ganz unabhängig von den
Voraussetzungen der Bibel – bestehen. Es gibt nämlich
zwei Arten, wie Bruderschaft zustandekommt: Blutsbrüderschaft und Bruderschaft trinken.

Die alttestamentliche Weise des Bundesschlusses muß man
sich so vorstellen wie auch in unsererm Kulturkreis – jedenfalls früher – Blutsbruderschaften oder sehr enge Verschwö-
rungen geschlossen wurden: Man unterschrieb das Ver-
tragsdokument, die Bundesurkunde, mit dem eigenen Blut
oder jedenfalls mit Blut. Noch in meiner Jugendzeit wurden Räuberbanden unter Dreizehnjährigen so gestiftet:
Mit dem eigenen Blut unterschreiben hieß: sein eigenes
Leben verpfänden. Später, als ich älter wurde, schloß man
enge Bruderschaften auf andere Weise: mit Alkohol näm-

lich, so zum Beispiel, daß man sich gegenseitig das Trinkge-
fäß reicht und dann gleichzeitig daraus trinkt. Diese
»Gesellschaftsspiele« (Rituale) der Stiftung von engen Ver-
bindungen haben eine recht genaue Entsprechung in der
Ablösung des alttestamentlichen Blutritus durch den neutestamentlichen Weinbund bei Jesus. Was Jesus hier insze-
niert, kann man anhand des Dudens unter den Worten
»Blutsbrüderschaft« und »Bruderschaft trinken« verfol-
gen. Laut Duden ist Blutsbrüderschaft »die durch Vermi-
schung von Blutstropfen besiegelte Männerfreundschaft«.
Dazu nahm man im Alten Testament schon nicht mehr das
eigene Blut, sondern das von Tieren. »Bruderschaft trinken« ist heute: »mit einem Schluck eines alkoholischen
Getränkes die Duzfreundschaft besiegeln«. Wir müssen
hier nicht untersuchen, in welchem Verhältnis diese beiden
auch außerhalb des Christentums geläufigen Arten, Bruderschaft zu stiften, zur Ablösung des alttestamentlichen Bundesschlusses durch den neuen Bund stehen. Sicher ist jedenfalls, daß Jesus den Jüngern nicht irgendwelches Blut
reicht, sondern Wein. Und es ist auch verständlich zu
machen, weshalb er Wein reicht: Wein ist das Zeichen des
Messias. Wir kennen das von der Hochzeit zu Kana:
Gerade dadurch offenbart sich Jesus als der Messias, daß er
Wein in Fülle spendet. Sein Bund ist daher ein Weinbund.
Denn Wein ist das Markenzeichen des Messias, und daher
eben auch der Titel »Weinsäufer« für Jesus (Matthäus
11,19). Man kann sagen, daß Jesus nach dem Mahlbericht
bei Markus mit den Jüngern den messianischen Bund
schließt. Dieser Bund ist die Summe und der Inbegriff seines Wirkens. Die Regeln dieses Bundes sind nichts anderes
als Jesu Worte. Wir erinnern uns, daß die Verklärung auf
dem Berg bereits gestaltet worden war wie die Aushändi-
gung der Bundessatzung auf dem Sinai. Und die Himmelsstimme hatte dazu gesagt: »Dieser ist mein geliebter Sohn.
Auf ihn sollt ihr hören...« Nun, als Krönung seines Dienstes, schließt Jesus formell den Bund mit seinen Jüngern,

und es ist überdeutlich, daß sie nur dann in seinem Bund bleiben können, wenn sie auf ihn hören. Das Markusevangelium hat gerade zu diesem Zweck alle Worte Jesu aufgeschrieben, damit jeder Jünger und jede Jüngerin verläßlich weiß, worin die Bundestreue besteht.

Von diesem Geschehen her wird auch das Tun des Judas erst als Gegenbild verständlich: Er antwortet auf den Bund der Treue durch Verrat. Sein Handeln ist daher der Bundesstiftung genau entgegengesetzt. Denn Bund bedeutet schon immer unter Menschen: Verpflichtung zu gegenseitiger Treue.

In der Fassung des Becherwortes, die das Matthäusevangelium bietet, hat man in der Regel etwas über die Sündenvergebung durch Jesu Tod (»Sühnetod«, korrekter wäre: stellvertretender Tod) erkennen wollen. Denn vor dem Trinken des Bechers sagt Jesus: »Dieses ist mein Bundesblut, für viele ausgegossen zur Vergebung der Sünden« (Matthäus 26,28). Notwendig ist diese Deutung auf den Tod Jesu aber nicht. Denn nach dem Matthäusevangelium wird die Gemeinde (nach Kapitel 16,19: Petrus) als die angeredet, die Sünden vergibt, da sie Anteil hat an der Vollmacht Jesu (Matthäus 18,15–20). »Zur Vergebung der Sünden« bezieht sich daher nicht auf den Wein im Becher, sondern auf die Bundesgemeinschaft derer, die an diesem Becher teilhaben. Diese Bundesgemeinschaft stiftet Jesu durch den gemeinsamen Becher beim letzten Mahl. Er sagt daher wie bei Markus: Das Bundesblut des Alten Bundes ist jetzt ersetzt durch den messianischen Wein. Diese Runde zu trinken, hier den Wein für viele auszugießen, das ist *mein* Bundesblut, so wird *mein* Bund gestiftet. Wie beim Alten Bund wird eine Flüssigkeit ausgegossen für alle Bundesteilnehmer. Das Ganze aber hat diesen Sinn: Diese Bundesgemeinschaft, die man wie im zeitgenössischen Judentum auch einfach »Bund« nennen kann, hat ihren Sinn und ihre Rolle darin, Sünden zu vergeben (wie in Matthäus 18,15–19). So wird hier bei Matthäus direkt ein Zweck des Bundes angegeben. Er trägt speziell die Vollmacht Jesu zur Sündenvergebung weiter. Dazu bedurfte es dieser besonderen Einsetzung. Denn Sündenvergebung ist eine Sache, die im Himmel wie auf Erden Gültigkeit haben soll (»...wird auch im Himmel gebunden sein« Matthäus 18,18).

Anders deutet Paulus das Kelchwort: Für ihn steht der Tod Jesu tatsächlich noch an der Stelle der im Alten Testament zum Bundesschluß getöteten Tiere. Aber es geht bei diesem Blutvergießen nur um das Bundeszeichen, nicht um den Tod zur Vergebung der Sünden (1. Kor. 11,23–26).

Ergebnis: In den Evangelien sind die Berichte über Jesu letztes Mahl eher rückwärts auf das ganze bis dahin abgelaufene Leben Jesu zu deuten als nur vorwärts auf seinen Tod hin. Das heißt: Aus den Berichten der Evangelien über das letzte Mahl erfahren wir nichts Besonderes über die Deutung des Todes Jesu. Die Zeichenhandlungen und Deuteworte beim letzten Mahl schließen den Tod mit ein, beziehen sich aber nicht speziell auf ihn.

Antwort aufgrund der Versuchungsberichte

Anders verhält es sich dagegen mit der Versuchung Jesu in Gethsemane, die Markus (14,32–42) im Anschluß an das letzte Mahl Jesu berichtet. Jesus betet dreimal zu seinem »Vater«, den er mit »Abba« anredet, und aus dem Inhalt des Gebets wird erkennbar, worin die Versuchung besteht: Jesus scheut sich vor dem Leiden, er möchte ihm entkommen und bittet Gott darum. Aber er fügt sich dem Willen Gottes. Dieser Wille Gottes besteht offenbar darin: Jesus soll seiner Sendung treu bleiben und den Widerspruch der Menschen gegen Gott weiterhin und mit der letzten Konsequenz ertragen. Er soll die ihm angetane Gewalt nicht mit Gewalt beantworten. Jesus deutet das, was ihm widerfährt, selbst als Versuchung, denn er sagt: »Wacht und betet, damit ihr nicht in Versuchung kommt.« Er selbst demonstriert durch sein Beten und seine Unterwerfung unter Gottes Willen, wie derartige Situationen zu bestehen sind.

Das Markusevangelium kennt bereits vorher zwei Versuchungsszenen, die Jesus bestanden hat, und deren Bestehen Gott jeweils mit einer besonderen Rangauszeichnung Jesu »honoriert«, indem er ihm besondere Macht und Ehre verleiht. Alle Versuchungsszenen stehen auch mit Jesu Sohnschaft gegenüber dem himmlischen Vater in enger Beziehung. Nach Markus 1,13 wird Jesus »versucht durch den Satan«, nachdem er kurz zuvor von Gott »mein Sohn« genannt worden war. Er besteht diese Versuchung, und die Folge ist: »Er war mit den (wilden) Tieren (die ihm nichts Böses taten), und die Engel dienten ihm.« Daß er die Versuchung bestanden hat, bedeutete für ihn daher kosmische Herrschaft als Folge. Sie besteht dort, wo Menschen üblicherweise sich ängstigen: bei wilden Tieren und Engeln.

Eine zweite Versuchung hat wieder etwas mit »Satan« zu tun. Als Jesus von Petrus zutreffend »Christus« genannt worden ist, will Petrus ihn vom Leiden fernhalten. Darauf antwortet Jesus scharf: *Hinter mich, Satan, denn du denkst nicht Gottes, sondern menschliche Gedanken* (Mk 8,32 f.). Das Stichwort »Satan« kennzeichnet Petrus als Versucher. Der Kontrast zwischen den Gedanken Gottes und denen der Menschen nimmt das Gebet von Gethsemane vorweg, wo Jesus sagen wird: »...aber nicht was ich will, sondern was du willst« (Markus 14,36). Das sind genau die menschlichen und göttlichen Gedanken. Jesus kann Petrus zurückweisen und besteht so die Versuchung. Die Antwort Gottes: In der unmittelbar darauf folgenden Verklärung wird Jesus als »mein Sohn« bezeichnet werden.

In Markus 14,32−42 redet Jesus Gott dreimal im Gebet an mit »Abba, mein Vater« und bezeichnet sich indirekt auf diese Weise als Sohn. Auch hier nennt er die Situation, die er durch Beten besteht »Versuchung«, und er wird daraufhin dann auferweckt. Die Auferweckung ist die Antwort Gottes darauf, daß Jesus diese letzte und ärgste Versuchung bestanden hat. – Auch im Hebräerbrief (4,17; 5,7) wird die Abfolge von Leiden und Erhöhung Jesu dargestellt als die von Versuchung, Gebet und Erhörung des Gebets (in der Erhöhung).

Daß Jesus im Leiden versucht wurde und der Versuchung widerstand, beantwortet Gott nach dem Markusevangelium mit der Auferweckung Jesu. Nach anderen Zeugnissen gibt es für denselben Ansatz andere Formen, in denen Gott die bestandene Versuchung honoriert: Nach Jakobusbrief 1,12 heißt es: »Selig der Mensch, der die Versuchung besteht, denn erprobt wird er die Krone des Lebens empfangen«, nach Offenbarung 2,10: »Satan wird euch ins Gefängnis werfen, daß ihr versucht werdet... sei treu bis zum Tod, und ich werde dir die Krone des Lebens geben.« Und nach dem Lukasevangelium (22,28f) sagt Jesus zu den Jüngern beim letzten Mahl: »Ihr habt mit mir ausgehalten in meinen Versuchungen, und ich gebe euch... das Reich, damit ihr eßt und trinkt an meinem Tisch in meinem Reich.«

Hier wird geradezu das ganze Leben Jesu als ein einziges Versuchtwerden verstanden und die Gemeinschaft mit den Jüngern als gemeinsames Durchstehen. Es fällt auf, daß Gottes Antwort je verschieden benannt wird, aber doch vergleichbar ist: In den beiden ersten Fällen geht es um die »Krone des Lebens«, im letzten Fall um das »Reich«. Das heißt: Auf das Bestehen der Versuchung folgt jeweils von Gott her gewährtes Königtum. – Auch in Gleichnissen spiegelt sich diese Auffassung: Wer über weniges getreu gewesen ist, wird über vieles gesetzt. – Grundsätzlich ähnlich hatte es auch schon Markus 1,13 gesehen: kosmische Herrschaft war der Lohn für das Bestehen der Versuchung gewesen. – Es ist nur konsequent, wenn dann in Matthäus 28,16–20 Jesus als der Auferstandene sagen wird: »Mir ist alle Gewalt gegeben im Himmel und auf Erden, geht also hin und lehrt alle Völker...« Erst jetzt, nachdem er das Leiden bestanden hat, besitzt er universale Vollmacht über alle Völker. So erfährt die Frage nach der Begründung der Völkermission hier eine eigene Antwort: Der in der Versuchung Bewährte erhält die Regentschaft über die Völker. Ganz ähnlich sagt es der erhöhte Jesus auch in Offenbarung 2,26–28: Wer bis zum Ende »die Werke Jesu bewahrt«, d. h. wer bis zum Tod treu ist, von dem sagt Jesus: »Ich werde ihm Vollmacht geben über die Völker, wie ich sie von meinem Vater empfangen habe.«

Ergebnis: Nach mehreren frühchristlichen Zeugnissen wird das Leidenmüssen um des Glaubens willen aufgefaßt als Versuchtwerden, als Test daraufhin, ob der Versuchte abfällt oder treu bleibt. Gott aber wird verstanden als derjenige, der diese Treue königlich belohnt. Führte das Leiden zum Tod, so war diese Belohnung Auferstehung und Leben. Aber dieses wird nicht irgendwie »privat« vorgestellt, sondern als königliches Befreitsein und zugleich als umfassende, weltweite Vollmacht, als Regentschaft, als Königtum über die Völker. Als direkte Umsetzung dieses Königtums Jesu kann die Völkermission betrachtet werden. Die Auferstehung Jesu ist kein vereinzeltes Geschehen, das losgelöst von allem anderen stünde, sondern sie ist Erweis der Treue Gottes gegenüber dem, der in der Versuchung ihm treu geblieben ist. Treue um Treue, diese Regel liegt hier zugrunde.

Wer für seine Treue belohnt wird, der ist »König«. Bei Jesus ist eben dieses Königtum seine messianische Würde; denn der Messias ist wesentlich König. Auch nach den vergleichbaren Texten erhielt eben der, der sich (mit-)bewährt hat, die »Krone« oder Anteil am »Königreich« (Lk 22,28f). Durch die verschiedenen Versuchungen hindurch schreitet Jesus daher Schritt um Schritt auf dem Weg zu seiner Messiaswürde voran. Er ist oder wird nicht einfach in einem Augenblick und ein für allemal der Messias.

Zugleich ist Jesu Mahnung »Wacht und betet…« in Gethsemane wie eine Mahnung zum Wachen und zugleich eine

Mahnung anläßlich des Abschieds. Am Schluß von Briefen und in Abschiedsreden finden wir diese Aufforderungen zur Wachsamkeit und zum Wachen immer wieder. Es handelt sich daher um typische Mahnungen für die Zeit, in der der Sprecher nicht mehr da sein wird.

Leiden in Stellvertretung?

Daß einer für den anderen vor Gott etwas ausrichten kann – dies ist eine der Grundüberzeugungen der Bibel. Zugleich ist es eine Ansicht, die unserem individualistischen Zeitalter abhanden gekommen ist. Schon zu lange sind wir es gewohnt, jeden einzelnen Menschen für unvertretbar »vor seinem Herrgott« zu halten. Allein, einsam wie wir leben, sind wir auch Gott gegenüber. »Gott und meine Seele« – daher ist der Glaube weltlos geworden, erscheint Kirche als reichlich überflüssige Zugabe, daher kommen die anderen Menschen nicht wirklich vor in dem, was wir Glauben nennen. Sie sind unwesentlich geworden, ein Analogiefall, wenn man viel sagen will. Und wenn schon die anderen nicht wirklich vorkommen im Verhältnis zwischen Mensch und Gott (zumeist nur als solche, über die gesprochen wird), wie sollen sie dann je in dieses Verhältnis hineingelangen, wie kann dann Liebe je wirklich wesentlich werden?

Die Bibel denkt da rundweg anders, und nur deshalb konnte und kann Jesus Erlöser genannt werden. Er richtet etwas aus für andere Menschen vor Gott, sie stehen nicht allein dem namenlosen Geheimnis gegenüber. Jesus kennt sich dort aus, er ist dem Geheimnis ganz anders gewachsen als wir. Er kann ein Wort für uns einlegen, kann sich, sein Handeln, seinen Gehorsam dort für uns in die Waagschale werfen, wo wir noch nicht einmal einzutreten wagen. Jesus ist – im Unterschied zu den übrigen Menschen – gerecht. Dieses ist die unumstößliche, zentrale Erfahrung, die Menschen im Umgang mit Jesus machen: Er ist der Gerechte, er

195

ist die große Ausnahme, da er nichts auf dem Kerbholz hat, nicht in den üblichen Filz verstrickt ist. Angesichts seiner grausamen Hinrichtung wird der Kontrast noch schreiender zwischen seiner Unschuld und dem, was man mit ihm macht. Nur wer gerecht ist, kann eintreten für andere vor Gott. Denn nur ein Gerechter muß nicht für sich selbst bitten, sondern kann es für andere tun. Stellvertretung setzt voraus, daß es etwas gibt, das nicht nur an eine bestimmte Person gebunden ist, unabhängig ist von einer Person, auf eine andere an ihrer statt übertragbar (das gilt sogar von der Ausrüstung mit Geist und Kraft, so etwa, wenn Johannes in Geist und Kraft des Elia wiedergekommen ist, d. h. als Elia, so Lukas 1,17). Daher sprechen wir von »stellvertretender Leistung«. Stellvertretung heißt, daß einer etwas gibt, das auch zugunsten anderer verwendbar ist. Wenn es von Jesu Leben in Markus 10,45 heißt, es sei stellvertretende Leistung gewesen, dann ist das so zu übersetzen: Er war gerecht anstelle unserer Ungerechtigkeit, gehorsam anstelle unseres Ungehorsams, er hat gedient, wo wir herrschen wollten, er hat geschenkt, wo wir raffen wollten. Er war gerecht, so daß sein Leben und Sterben das ausgleicht, was uns mißlungen ist. Er konnte es für andere geltend machen, so daß unsere Ungerechtigkeit und unser Ungehorsam wie zugedeckt, verstellt und vergessen werden konnten. – Wenn wir stellvertretend Fürbitte leisten für andere, wenn die alten Christen fasteten zugunsten anderer, dann hat sich darin ein Stück von dem erhalten, was Jesus als der einzige wahrhaft Gerechte konkurrenzlos für uns alle tun konnte. Auch das zeitgenössische Judentum denkt so: Ein paar Gerechte, eine Gruppe von zwölf vorbildlich Gerechten, so ahnt es eine der Schriften von Qumran, wird ihr ganzes Leben als Ersatz, als Wiedergutmachung, als Ausgleich vor Gott in die Waagschale werfen können. Und generell gilt der Gerechte in diesem Sinne als Ausgleich für den Ungerechten.

Warum ist so etwas nötig? Warum muß und kann einer stellvertretend für den anderen eintreten vor Gott? Warum muß einer statt des anderen stellvertretend gehorsam, gerecht sein vor Gott, kurzum: etwas für ihn leisten? – Diese Fragen kann man zwar stellen, doch merkwürdigerweise gibt die Bibel keine Antwort darauf. Und vom Müssen kann sowieso keine Rede sein. Vielmehr ist es umgekehrt: Wenn ein Gerechter da ist, einer ohne eigene Schuld, dann gilt das als ungeheurer Glücksfall im Verhältnis zwischen Mensch und Gott. Wenn einer ohne Schuld auftritt und lebt, dann geschieht das nicht für ihn allein, dann hat so etwas heilsame, rettende, tröstende Bedeutung für alle, dann kommt es ihnen allen zugute, und zwar nicht oberflächlich gesehen, sondern in der tiefsten und wichtigsten denkbaren Dimension überhaupt, in der Frage nach Bestehenkönnen oder Nicht-Bestehenkönnen, nach Tod und Leben. Nichts anderes heißt das »vor Gott«.

Gehen wir noch einmal von dem Glücksfall aus: daß es einen Lebenden gibt, der schlechterdings kein Bündnis mit dem Tod, dem Feind des Lebens eingegangen ist. Der damit gewissermaßen Gott selbst abbildete, der gleichfalls so ist. Denn der Gott der Bibel ist reines Leben und Lebendigseinwollen. Dieses Leben ist in der Schöpfung bedroht durch vielfältigen Tod, und die Bibel geht davon aus, daß Menschen in ihrer Freiheit diesen Tod selbst produzieren und schuldig werden. Für die Christen ist Jesus der Gerechte, der Mensch, der rein mit dem Leben im Bunde ist, der eine Bresche für das Leben geschlagen hat. Mit dieser Ausnahme ist das Ganze gewonnen. Denn nur darauf kam es an, die allgemeine Macht des Todes, die allgemeine Regelhaftigkeit von Schuld und Tod an einer Stelle zu durchbrechen.

Warum genügt diese eine Stelle? Weil Schuld, Sünde und Tod ihre Macht aus ihrer Allgemeinheit ziehen, daraus, daß alle ihnen zwangsläufig gehören. Schuld und Tod sind die großen, umfassenden Weltherrscher. Sowie es dagegen auch nur ein Fünkchen Freiheit gibt, ist diese allgemeine Gesetzmäßigkeit des Totentanzes durchbrochen. Dann gilt mit einem Male nicht mehr die allgemeine Regel, sondern Menschen können sich in den Windschatten des einzigen Gerechten stellen, auch wenn sie selbst Sünder und vom Tod gezeichnet sind. Jetzt gibt es plötzlich zwei Arten von Allgemeinheit. Neben die Allgemeinheit von Sünde und Tod tritt die Gemeinschaft derer, deren Melodie nicht mehr das Sterbelied des Totentanzes ist, sondern deren Melodie und Rhythmus von einem anderen bestimmt und diktiert werden.

Stellvertretung heißt daher: Die zwanghafte Verfallenheit aller wird aufgehoben durch einen neuen Dirigenten. Er ändert für alle die Richtung, denn er selbst ist frei und kann diese Freiheit weitergeben.

So scheint es unter Menschen zu sein: Einer kann die Richtung ändern. Es ist wohl nicht so, daß Menschen um so »privater« und »vereinzelter« werden, je tiefer man Einblick gewinnt in ihre Beziehung zu Leben und Tod überhaupt. Vielmehr ist Todverfallenheit sehr allgemein, so allgemein, daß vor der unverhüllten Macht des Todes alle gleich sind. Aber wie Menschen Herdentiere sind, ähnlich sind sie auch Gemeinschaftswesen, was die Heilsseite anbelangt. Weil es einen einzigen gab, der eine andere, neue Melodie gab, der frei war vom Zwang des Alten, deshalb kann es nun auch hier Allgemeinheit geben. Einer hat das Tor geöffnet auf einen neuen Weg hin. Dieses Öffnen war stellvertretende Tat. Auch wenn einer frei ist, dann ist er es nicht für sich allein, dann kann er diese Freiheit weitergeben, andere anstecken.

So gehen die frühen Christen nicht davon aus, daß Gott nur durch ein »Opfer zufriedengestellt werden konnte«, wie unsere Zeitgenossen oft unterstellen. Sondern sie gehen aus von der Erfahrung, daß es ein Skandal war, Jesus zu töten. Und sie fragen: Ist nicht damit, daß hier ein zweifellos Unschuldiger ermordet wurde, doch etwas geschehen für das sonst aussichtslose Verhältnis von Schuld und Tod, die immer aufeinander folgen mußten? Und die Antwort ist: Ja, es ist etwas geschehen, die eherne Regel ist gesprengt. Hier hat einer den Tod nicht verdient. Dadurch wurde die eherne Regel in sich selbst aufgebrochen. Sein gesamtes Leben ist der Weg aus einer Zwangslage, sein neues Lied durchbricht das eintönige Marschlied des Todes. Diese Richtungsänderung steht daher in engem und durchaus konsequentem Zusammenhang mit der grundlegenden Umkehrforderung des Evangeliums (Mk 1,15 »Kehrt um und glaubt an das Evangelium«).

Dem hat Jesus sein ganzes Leben gewidmet, indem er unser Leben und Sterben teilte. Indem er seiner Sendung auch im Tod treu geblieben ist. Stellvertretend ist seine Leistung nicht automatisch, sondern sie kann nur diese Wirkung haben, wenn sich Menschen von der Melodie dieses neuen Liedes erfüllen lassen. Nur in diesem Sinne ist Stellvertretung Jesu wirklich Beseitigung des Todes.

Dazu gehört aber auch dieses: Schuld, Sünde und Tod schaffen Grenzen und sind die Begrenztheit. Sie kommen aus Schwäche, aus Denken in engen Beschränkungen, entstehen aus mangelnder Weite und sind selbst so, daß sie dem Leben Grenzen verordnen. Sie sind die Kleinkariertheit selbst. Damit stehen sie im Gegensatz zum ewigen Leben, denn in diesem Sinne »begreift« man Gottes Wesen. Die Gerechtigkeit Jesu ist ohne Grenze, so zum Beispiel in der Art, in der Jesus Gewaltverzicht lehrt und verwirklicht, in der Art, wie er mit Frauen umgeht und Entsprechendes auch von den Jüngern fordert.

Eben darin ist Jesu Gerechtigkeit radikal, eben darin ist Jesus Gott ähnlich. Aus diesem Grund nennt man ihn Sohn Gottes. Mit dieser Grenzenlosigkeit kann man auch erklären, wenn man es denn will, warum so oft von Liebe im frühen Christentum wie auch als Konsequenz von Heidenmission die Rede ist. Immer geht es um Aufhebung der Grenzen. Aber für die Frage der Stellvertretung bedeutet dies:

Die Gerechtigkeit des Einen, Jesu Christi, kann wirklich
»vor Gott«, und das heißt: endgültig und definitiv, alle
Schuld der anderen aufwiegen, weil diese Gerechtigkeit
grenzenlos ist. Sie ist nicht nur Abwesenheit von Sünde,
sondern wird begriffen als positive Fülle. Denn die Menschen, die Jesus begegnen, sagen, daß sie sich so ähnlich
den Gott ihrer Väter vorstellen würden, wenn man ihn sich
vorstellen könnte. Wenn Gerechtigkeit so ist, dann bedeutet stellvertretende Gerechtigkeit vor Gott: Diese Gerechtigkeit des einen reicht, weil sie grenzenlos ist, in bestimm-
tem Sinne für uns alle vor Gott. Haushalterische Grenzen
kennt nur die Kleinlichkeit der Sünde. Oder anders gesagt:
Wenn Gott auf Jesus blickt, ist er so begeistert, und wenn
man so will, geblendet davon, hier eigenes Leben zu sehen,
daß er alle Schattenseiten der übrigen Menschen vergessen
kann und will. Ich denke, daß man sich auf diese Weise not-
dürftig klarmachen kann, was stellvertretende Gerechtigkeit Jesu bedeuten könnte.

Mit diesem Vorschlag haben wir uns auf die ersten drei
Evangelien beschränkt. Wir haben versucht, die Texte neu
zu lesen, ohne sogleich festgeprägte Erwartungen jahrhun-
dertealter Frömmigkeit darin wiederzufinden. Nach dieser
Frömmigkeit sind wir durch Jesu Tod und Blut erlöst. Diese
Frömmigkeit hat ihre guten Gründe, sie kann sich vor allem
auf Paulus, den Hebräerbrief, auf den Epheser- und den
Kolosserbrief beziehen. Auch diese Briefe sagen damit
etwas über Jesus, und sie sind sogar älter als die Evangelien. Aber wenn sie über den Tod Jesu »für unsere Sünden«
sprechen, zitieren sie nicht Jesu eigene Worte, sieht man
vom paulinischen Kelchwort ab (1. Korintherbrief 11,25),
in dem Jesus seinen Tod als Bundesschluß deutet. Wenn
man aber bedenkt, daß schon Paulus in 1. Korintherbrief
15,3 vom stellvertretenden Tod Jesu spricht, dann muß
man zumindest sagen, daß die Deutung in dieser Hinsicht
schon sehr alt ist.

Mit den Ausführungen zur Stellvertretung, die wir oben gaben, haben wir auf jeden Fall den allgemeineren Rahmen überhaupt abgesteckt, innerhalb dessen auch Aussagen speziell über den Tod Jesu zu begreifen sind.

Daß die Evangelien hier nicht so punktuell denken, sondern eher Jesu ganzes Leben als stellvertretenden Gehorsam des Gerechten ansehen, ist unsere wichtigste Einsicht. Sollte sie sich bewahrheiten, könnte das für uns aber auch eine befreiende und korrigierende Wirkung haben. Denn wir haben uns ohne Not viel zu stark die Blickrichtung der Briefe angewöhnt und alles auf Jesu »Tod und Auferstehung« konzentriert. Man sollte darüber die Einbettung in eine plausible Geschichte, in eine Gesamtgeschichte, wie sie die Evangelien waren, nicht vergessen. In diesem Fall isoliert man die Ereignisse nicht so, wie es oft aus doktrinärem Interesse geschieht. Vor allem gewinnt damit auch das Abendmahl einen weniger ausschließlich karfreitäglichen Charakter.

Erlösung durch Jesu Blut?

Wenn die Abendmahlsworte nicht speziell auf Jesu Tod zu beziehen sind, sondern sagen, was Jesus für die Jünger bedeutete und daß er mit ihnen einen Treuebund geschlossen hat, dann gibt es aus den drei ersten Evangelien kaum noch Worte Jesu, die seinen Tod mit Erlösung verbinden. Für derartige Deutungen des Todes Jesu sind wir dann vor allem auf die Briefe des Neuen Testaments, besonders auf Paulus, angewiesen.

Zuvor ist aber noch auf Markus 10,45 hinzuweisen:

Der Menschensohn ist nicht gekommen, um sich bedienen zu lassen, sondern um zu dienen und sein Leben einzusetzen als stellvertretende Leistung für viele.

Der griechische Ausdruck »sein Leben geben« heißt nicht: Sein Leben dem Tod opfern, sondern: sein Leben für etwas einsetzen, sein Leben ganz einer Sache oder einem Ziel widmen. Dann steht aber nicht nur der Tod im Blick, sondern dann geht es um das ganze Leben. Dem entspricht doch auch der Gegensatz »sich bedienen lassen« gegenüber »dienen«. Das kann man nicht mit dem Tod, sondern nur mit dem ganzen Leben. Auch wir sprechen heute davon, daß jemand sein Leben einer Aufgabe widmet, seine ganze Existenz für etwas einsetzt, und dann meinen wir nicht in erster Linie seinen Tod. Vielmehr meinen wir den Sinn, die Zielrichtung einer ganzen Existenz.

Man sollte daher Markus 10,45 lösen aus einer isolierten Betrachtung des Todes Jesu. Der Tod Jesu ist nur Teil seines Dienens, wenn auch ein konsequenter und wichtiger Teil. Ein Starren auf den Tod Jesu trägt einen Zug in das Christentum ein, nach dem nur noch Leiden und Martyrium auch als Nachfolge Jesu sinnvoll wären. Das war nicht im Sinne Jesu, wie es Markus berichtet.

Grausamkeit Gottes?

Auch das Kreuz ist ins Gerede gekommen. Ist die biblische Religion, die dieses Zeichen zur Mitte erklärt, nicht zutiefst grausam und unmenschlich? Ist ein Gott, der seinen Sohn opfert, nicht eher ein Scheusal als ein lieber Vater? Kommt alle Grausamkeit der Christen nicht daher, daß sie sich dieses blutrünstige Geschehen einprägen mußten von Kindheit an? Muß ein Gott, der so etwas nötig hat, nicht schleunigst ersetzt werden durch den Gott, der nur noch reine Liebe ist? Wollte Jesus nicht diesen Gott, der die Liebe ist? Hat die Kirche daraus, womöglich durch das Alte Testament geleitet, den grausamen Gott der Rache gemacht?

Alle diese Fragen werden gestellt, weil Menschen in einer zersplitterten Welt nur noch so wenig und so selten Geborgenheit erfahren, daß sie nun wenigstens in Religion und Kirche die reine Kuschelecke suchen. Weil alle schützenden Hüllen gefallen sind und jeder einzelne sich direkt der Grausamkeit des Kampfes ums Dasein ausgeliefert weiß,

202

ist die allgemeine Angst so groß geworden, daß man wenigstens in der Religion einen Ort sucht, an dem man nicht mehr Angst und Not spürt. Daher möchte man die biblischen Aussagen über die Hölle, aber auch die über den Kreuzestod Jesu am liebsten abwählen. Religion soll auch hier, so ist es der Wunsch, das Andere, das ganz Andere sein. In der chaotischen Zeit der Völkerwanderung hat das Christentum bei uns Fuß gefaßt, weil es Ordnung anbot. Jetzt, in einer Welt der Überorganisation, ist die reine mütterliche Wärme gefragt.

Doch diese Versuche können nicht gut gehen, und es ist auch die Frage, ob christliche Religion immer das darstellen muß, was die Menschen gerne hätten. Es könnte ja auch sein, daß die Auskunft »Gott ist die reine Liebe« gar nichts klärt, nur Illusionen weckt, der Wirklichkeit des Lebens in gar keiner Weise standhält, so daß am Ende nur Enttäuschung steht.

Wir können Gott nicht auf eine Formel festlegen, denn er ist ein Geheimnis und ein lebendiges Gegenüber. Wer sich auf die Formel verläßt »Gott ist die Liebe«, kann damit der Abgründigkeit dieses Geheimnisses nicht gerecht werden. Es kann nicht gut gehen, wenn man Gott so maßregelt. Und die befreiende Ahnung, daß Liebe die stärkste und definitive Weise ist, in der sich Gott uns zuwendet, schließt alle anderen Wahrnehmungen, auch die, daß Gott zornig und gefährlich sein kann, gerade nicht aus, sondern ein.

Ich habe schon oft Menschen getroffen, die modernen Theologen vorwerfen: Warum habt ihr es uns nicht gesagt, daß man mit der Auskunft »Gott ist die reine Liebe« nicht zurechtkommt, warum habt ihr uns so getäuscht und belogen, ihr hättet es doch besser wissen müssen. Denn die Bibel sagt es anders.

Das Kreuz ist einerseits Zeichen des Christentums, weil es sagt, wie wir Menschen sind. Es zeigt nämlich nicht die Grausamkeit Gottes an, sondern unsere eigene. Wir Menschen haben den Gerechten ans Kreuz gebracht, damals

Römer und Juden, aber ohne Zweifel würden wir es heute genauso tun. Denn wir können es auch heute nicht ertragen, wenn jemand nicht Teil hat an unserer allgemeinen Korruption. Wir hassen auch heute jeden, der in der fundamentalen Gemeinsamkeit, die uns alle verbindet, nämlich Dreck am Stecken zu haben, aus der Reihe tanzt. Wir hassen auch heute noch den, der uns Gottes reinen Willen vor Augen stellt. Das Kreuz zeigt auch darin, wer wir sind, weil wir zumeist Täter wie Opfer sind. Auch geschundene, entehrte, gestoßene und getretene Menschen. Das Kreuz zeigt, wer wir sind: Wir bringen zu Tode und sind zu Tode Gebrachte, wir sind Sünder und Gemordete, Täter und Opfer.

Aber das Kreuz sagt auch, wer Gott ist. Er beantwortet unsere Wirklichkeit nicht mit Gericht und Verurteilung, sondern, indem er das Kreuz zum Zeichen der Vergebung werden läßt. Denen, die gemordet haben, und denen, die arme Gemordete sind, uns allen erklärt dieser Gott, daß er den Mord an Jesus aus Feindesliebe zum Anlaß der Vergebung nimmt. Was Gott hier übt, ist reine Feindesliebe. Denn Feinde waren wir – gegenüber dem Leben, gegenüber Gott, gegenüber uns selbst. Gott aber erklärt erstaunlicherweise, daß er das, was wir angerichtet haben und immer anrichten, zum Anlaß der endgültigen Vergebung nimmt. Das eigentlich bedeutet die Rede vom Kreuz. Von einem grausamen Gott kann keine Rede sein. Vielmehr ist es ein unfaßliches Wunder, daß der, dem wir uns von der mörderischsten Seite zeigen, ab jetzt erst recht Frieden mit uns schließen will.

Auferstanden?

Verschiedene Zeugnisse

Sehr unterschiedliche Zeugnisse über Jesu Geschick nach seinem Tod liegen uns vor: Nur die Evangelien berichten über den Besuch des Grabes Jesu, das leer gefunden wird und bei dem (in den ersten drei Evangelien) ein (oder zwei) Engel die Auferstehungsbotschaft verkündet(n). Außer den Frauen mit Maria Magdalena an der Spitze kommt nach Lukas und Johannes auch Petrus (nach Johannes zusammen mit dem Lieblingsjünger) ans Grab.

Davon zu unterscheiden sind Überlieferungen, nach denen der auferstandene Jesus einigen Frauen erschien; auch hier ist Maria Magdalena immer genannt.

Eine andere Rolle spielen zumeist sehr kurze Angaben, nach denen der auferstandene Jesus einem einzelnen männlichen Jünger erschienen ist: Petrus, Jakobus dem Herrenbruder, Paulus, Thomas, dem Seher Johannes, Stephanus oder auch (wohl einzeln) allen Aposteln. Hier geht es dann immer darum, daß der betreffende durch diese Erscheinung für seine Rolle unter den anderen Christen autorisiert wird. Am Beispiel von Petrus und Paulus kann man sehen, daß diese Erscheinung den Berufungsvisionen der alttestamentlichen Propheten vergleichbar ist. Wer »den Herrn gesehen« hat, den hat er erwählt und zum Zeugen bestellt. Nach allen vier Evangelien, aber auch nach einer kurzen Angabe bei Paulus ist Jesus auch dem Kreis der Zwölf (tatsächlich waren es nach Ausscheiden des Judas nur noch elf Jünger) erschienen, um ihnen gleichfalls Vollmacht für ihre Sendung zu verleihen. Auch hier ist die Erscheinung in erster Linie Autorisierung, nicht primär Erweis des Auferstandenseins. Das ist deshalb so, weil in den Berichten der Evangelien die eigentliche Auferstehungsbotschaft den Frauen mitgeteilt wurde und daher dem Leser schon bekannt ist.

Eine besondere Gruppe bilden Texte, nach denen Jesus einigen in »veränderter Gestalt« erschienen ist, so Maria Magdalena, die ihn für den Gärtner hält, oder den beiden Emmausjüngern, die ihn nicht erkennen, sondern für einen »harmlosen« Wanderer halten. Hier handelt es sich jedenfalls nicht um Bevollmächtigung von Autoritäten, sondern um Erweise des Lebendigseins des Herrn. Darum ging es offenbar auch in der Erscheinung vor den fünfhundert Brüdern, die Paulus kurz erwähnt. Sie werden schwerlich alle zu Gemeindeführern berufen worden sein. Vielmehr haben sie gemeinsam, womöglich in einer Lichterscheinung, ähnlich wie sie die Apostelgeschichte von Paulus berichtet, den lebendigen Herrn gesehen. Wie sollte man sich sonst vorstellen, daß fünfhundert Menschen den Herrn auf einmal sehen?

Die Kirchen Westeuropas haben angesichts von Ostern viel zu häufig immer nur den Glauben (z.B. ob man glauben soll und kann) zum Problem gemacht. Wie man an den älteren Zeugnissen aus den Briefen des Neuen Testaments sieht, ist aber etwas anderes ebenso wichtig, und das hat die Ostkirche betont: Von der Erhöhung Jesu zu sprechen, bedeutet, das Evangelium überhaupt zu verkünden, den Sieg über Hölle, Tod und Teufel. Ostern ist das zentrale Fest der Befreiung. Denn so weit hat sich Gott mit uns eingelassen, daß er selbst die Toten erreichte und befreite.

Eine hilfreiche Erfahrung

Wohl die meisten Menschen heute stellen fest, daß sie an die Auferstehung Jesu nicht glauben können, getreu dem Goethe-Wort »Die Botschaft hör' ich wohl, allein, mir fehlt der Glaube«. Der Osterglaube, besonders massiv aber dann noch einmal der Glaube an die (eigene zukünftige) Totenauferstehung gilt als Zumutung. Christentum wird dabei als Hürdenlauf aufgefaßt, so daß, wer die steilsten Hürden nehmen kann, der perfekteste Christ ist. Glaube selbst wird zur Demutsübung: Wer in so gravierenden Fällen seinen Verstand an der Kirchentüre abzugeben vermag, der kann sich stolz dieser Demut rühmen.

In Wahrheit aber gilt der Glaube nach der Bibel nicht irgendwelchen Ereignissen. Denn was wäre die Konsequenz eines solchen Glaubens? Gar keine. Ein solches Abhaken von Richtigkeiten wäre vielmehr folgenlos. Und das kann mit dem Glauben, den die Bibel vorstellt, gar nicht gemeint sein. Glauben fordert die Bibel nur gegenüber Gott allein. Auch der Glaube an Jesus Christus ist Glaube an den einen und einzigen Gott, der in Jesus Christus Gegenwart ist. Glauben ist etwas Grundsätzliches, das die gesamte Existenz betrifft. Glauben meint: sich gründen und sich verlassen, seine Hoffnung und sein Vertrauen setzen auf diesen Gott und auf keinen anderen.

Es geht beim Glauben auch nicht darum, die Existenz dieses Gottes anzunehmen oder sich beweisen zu lassen. Daß es diesen Gott gibt, ist vielmehr vorausgesetzt. Und auch deshalb wird nirgends in der ganzen Bibel der Versuch unternommen, die Existenz Gottes zu erweisen.

In keinem Falle geht es also darum, Tatsächlichkeiten anzunehmen. Glaube besteht nicht darin, gegen die Überzeugung, gegen die Sichtbarkeit und Denkbarkeit etwas als existierend anzunehmen. Sondern Glauben heißt, *aus bestimmten Erfahrungen die richtigen Konsequenzen zu ziehen.*

Die Bibel setzt einfach voraus, daß Menschen Erfahrungen mit dem üblicherweise Unsichtbaren machen. Sie wissen sich umgeben von Mächten, guten oder gefährlichen, sie erleben sich in Ängsten und im Angesicht des Todes. Sie erfahren so etwas wie Gewissen und stellen die Frage nach Gerechtigkeit und dem Sinn des Ganzen. Sie erfahren lichtvolle Mächte, die man als Engel deuten könnte. Diese Erfahrungen »richtig« im Sinne der Bibel zu deuten heißt: sie zu ordnen im Namen und im Rahmen der Geschichte des Gottes Abrahams, Isaaks und Jakobs mit seinem Volk. Nochmals: Die Erfahrungen müssen nicht bewiesen werden, sie werden gemacht, entscheidend ist, wie man sie deutet und wem man sie zuschreibt. Entscheidend ist vor allem, ob man den Namen des Gottes Abrahams über allem anruft oder den eines anderen Gottes.

Es gibt Erfahrungen, bei denen man nicht genau wissen kann, wem man sie zuschreiben soll. Zu diesen schwierigen, zumindest doppeldeutigen Erfahrungen gehören Exorzismen, Austreibungen von Dämonen. Denn auch im Bunde mit dem Fürsten der Dämonen kann man Dämonen befehlen. So vermuten es Jesu Gegner (Markus 3,22–25). Aber es gibt andere Erfahrungen, die sind eindeutig. Wenn zum Beispiel erst jemand auftritt im Namen dieses Gottes und dann von den Toten auferweckt wird. Diese Erfahrung ist deshalb eindeutig, weil man aus der ganzen Bibel weiß: Der Gott Israels ist der Lebendige und der, der Leben gibt, nur er. Wenn daher jemand von den Toten auferweckt wird, dann kann nur dieser Gott am Werk sein. Und wenn der von den Toten Auferweckte sich zuvor auf diesen Gott berufen hatte, dann ist die Auferweckung die Bestätigung dafür, daß man es tatsächlich mit dem Gott des Lebens zu tun hatte. Das heißt: Die Erfahrung der Auferweckung Jesu ist keine schwierige, sondern eine eindeutige. Sie schließt den Kreis von Anspruch und Augenschein. Die Auferweckung Jesu ist, so gesehen, *das entscheidende Argument für den Glauben an den Gott Jesu.* Und dieser ist der Gott Abrahams, Isaaks und Jakobs.

Aber die Auferstehung Jesu muß und kann nicht *bewiesen* werden. Alle frühchristlichen Zeugnisse sind sich darin einig, daß sie wahrgenommen wird, vor allem in Visionen, aber ein Hinweis (nicht: Beweis) ist auch das leere Grab. Die Auferstehung Jesu muß und kann auch nicht *geglaubt werden.* Denn sie ist selbst eine für die Zeuginnen und Zeugen unbezweifelbare Erfahrung. Wir müssen einfach davon ausgehen, daß die Menschen, die Jesus zu Ostern gesehen haben wollen, nicht Betrüger waren, sondern wirklich der Meinung waren, der Auferstandene sei ihnen begegnet. Ob er das wirklich ist, können wir heute nicht mehr beweisen oder entkräften. Jedenfalls ist Ostern eine Erfahrung, eine hilfreiche und unerwartete. Sie hilft dazu, Jesus Glauben zu schenken. Denn hinter ihm wird Gott sichtbar als der, der ihn gesandt hat. Ostern hilft dem Glauben, muß nicht selbst geglaubt werden, denn es handelt sich um eine für damalige Menschen eindeutige Erfahrung. Tote auferwecken kann nur Gott. Und Zeugen in genügender Anzahl sind auch vorhanden. Diese Zeugen haben auch keinen Grund, an ihrer eigenen Erfahrung zu zweifeln. Die Auferstehung Jesu ist daher für die ersten Christen ein *heilsames Ereignis, das alle Zweifel beendet.*

Genau diesen Charakter aber hat Auferstehung inzwischen verloren. Sie beseitigt nicht Zweifel, sondern weckt Zweifel jeglicher Art. Der hauptsächliche Zweifel besteht darin, daß man – aus Gründen des Weltbildes – ein derartiges Geschehen von vornherein ausschließt. So will man wohl an Gott und Jesus Christus im oben geschilderten Sinn glauben, kann aber trotzdem Auferstehung nicht für möglich halten und würde sie eher als zusätzliches Erschwernis für den eigentlichen Glauben empfinden. So ist es dazu gekommen, daß die Auferstehungstexte Fremdkörper geworden sind, um die man sich gerne herumdrücken möchte. Das wirft grundsätzliche Probleme auf, die die Rolle der Bibel selbst direkt betreffen.

Auferstehung heute

Gefragt wird nicht nach dem »Auferstehungsglauben« heute, sondern danach, ob trotz der grundsätzlichen Ablehnung der Möglichkeit eine Chance für diese Botschaft besteht. In dem Abschnitt über das Wirklichkeitsverständnis wurde gezeigt: Der gesamte Bereich des Außen II wird heute in das Innerpsychische verlegt und damit in seiner

Objektivität bestritten. Dennoch sind an der Alleingültigkeit des rationalistischen Weltbildes Zweifel anzumelden. Denn weshalb steht fest, daß das, was wir für wirklich halten, die einzige mögliche Wirklichkeit ist? Das gilt insbesondere unter der wissenschaftlich gesehen sehr exakten Voraussetzung, daß Wirklichkeit nicht Objektivität ist, sondern immer eine Sache der Interpretation. Gerade aus diesem sehr aufgeklärten Grundsatz, der freilich eine aufgeklärte Aufklärung will, müßte gefolgert werden, daß das rationalistische Weltbild des 19. Jahrhunderts selbst (inklusive Kausalitätsgesetz) nur eine bestimmte Deutung von Wahrnehmungen ist, aber eben nicht die einzig mögliche Deutung und keineswegs eine Deutung, die allen Erfahrungen gleichermaßen gerecht würde.

Aber wenn Auferstehung eine hilfreiche Erfahrung und nicht ein Dogma war, dann käme alles darauf an, diese hilfreiche Erfahrung selbst auf irgendeine Weise zum Zuge zu bringen. Da visionäre Erfahrungen mit dem Auferstandenen heute keiner mehr macht, ist nach anderen Resten der Ostererfahrung Ausschau zu halten. Das geschieht deshalb, weil die Auferstehung Jesu als reiner Gegenstand des Glaubens isoliert nicht sinnvoll ist. Dieses ist der entscheidende Punkt: Wenn das neutestamentliche Ostern eine schlechthin entwaffnende Wahrnehmung war, eine Hilfe für den Glauben, eine frohe Botschaft im strengen Sinne des Wortes, ein Sich-Beweisen des lebendigen Gottes – dann liegt alles daran, dieses sichtbar zu machen und Auferstehung nicht einen toten Glaubenssatz unter anderen sein zu lassen. Nun besitzen wir immerhin aus dem Neuen Testament Berichte darüber, was die Begegnung mit dem Auferstandenen im Leben einzelner Zeugen bewirkt hat. Das gilt nicht nur für die Umwandlung des Paulus vom Verfolger zum berufenen Apostel. Es gilt auch für die Stärkung des Petrus und die Tröstung der Maria Magdalena und der anderen Frauen. So wird uns zwar nicht das Osterereignis direkt vermittelt oder gar zugänglich, wohl aber seine Wirkung, die

Spur, die dieses Ereignis im Leben der Zeuginnen und Zeugen hinterlassen hat. Diese Menschen lassen als lebendige Zeugen, die sie waren, die Ostereignisse gemeinsam als in ihrem Leben entscheidende und verwandelnde Erfahrungen sichtbar werden. Auch der sogenannte ungläubige Thomas wird im Johannesevangelium gerade deshalb geschildert, damit man in seinem Zweifel den eigenen wiedererkennen kann. Ihm wird noch einmal, um der späteren Christen willen, gewissermaßen ein allerletztes Mal die in sich völlig schlüssige Erfahrung zuteil. Die Zeugen interessieren daher nicht im Sinne einer Heiligenlegende, wohl aber deshalb, weil die Erfahrung der Auferstehung ein bestimmender Teil ihres Lebens war, weil sie »mit dieser Erfahrung« gelebt und sie gewissermaßen umgesetzt haben. Sie sind uns wichtig, weil in ihrem Leben die Auferstehung Jesu wirklich Bedeutung erlangt hat.

Auferstehung Jesu wird eine Erfahrung, wenn man sie im Gottesdienst feiert und sich dabei die Mitte des Glaubens gegenseitig bestätigt. Auch das »Fest« oder die »Festfeier« gehört zu denjenigen Wahrnehmungen des Außen II, die auch heute noch gemacht werden. Sie sind ein Teil der Wirklichkeitserfahrung, die man »mythisch« nennen kann, obwohl das Wort sehr belastet ist. Die gottesdienstliche Inszenierung, die der griechisch-orthodoxe und der katholische Ostergottesdienst bieten, ist deshalb nicht sachfremd, weil die gesamte Offenbarung Gottes an die Menschen eine Sache der Inszenierung und insoweit der »Medien« ist. Auch Jesus verkündigt nicht eine abstrakte Lehre oder nackte Aufforderungen, sondern er redet in Bildern, die unmittelbar etwas mit der Erfahrung von Menschen zu tun haben. Wer einmal an einem Gottesdienst in der Osternacht teilgenommen hat, wird vielleicht verstehen, daß die Erfahrung der feiernden Gemeinde nicht geringschätzig abgetan werden darf, wenn es um die Vermittlung der Ostererfahrung heute geht. Denn es ist zu bezweifeln, ob die Aussage »Jesus ist auferstanden« heute überhaupt als ein Verstandesurteil möglich ist. Durch Nachdenken oder Beweise wird man wohl kaum zu diesem Schluß gelangen. Und es kann sich auch wohl nicht um einen Schluß im Sinne der modernen Logik handeln. Vielmehr ist der Satz »Christus ist auferstanden« der Gruß, mit dem man einander nach einem langem Ostergottesdienst in der orthodoxen Kirche begrüßt. Wie wäre das: »Christus ist auferstanden« ganz ursprünglich und überhaupt als Gruß verstanden? War es nicht der Gruß des Engels an die Frauen am Grab gewesen?

Keine Aussage also, die im Sinne der Mathematik oder des Beweises im Prozeß zu sichern wäre, sondern eine religiöse Aussage, entstanden aus dem Ineinander von biblischer Botschaft und Erlebnis des Miteinander-Feierns heute, die sich gegenseitig bestätigen. Wenn die Osterkerze durch die dunkle Kirche getragen wird und alle daran ihr Kerzenlicht entzünden, dann dient diese schlichte und im besten Sinne des Wortes ergreifende Symbolik dazu, die Grundwahrheit des Osterglaubens wiederzuerkennen und zugleich zu kommentieren. Ja, das ist es, kann man dann nur sagen – die Wirklichkeit, daß das Licht über das Dunkel siegt, hier mit einem vertrauten Namen verbunden und nicht einfach abstrakt, dinglich oder zeitlos.

Wenn in den Texten der Osternacht die Passah-Nacht des Auszugs aus Ägypten gleichgesetzt wird mit der Nacht der Auferstehung, dann geschieht das in Fortsetzung der rabbinischen Gleichsetzung der vier Nächte des Weltgeschehens. In der ersten Nacht wurde das Licht erschaffen, in der zweiten Nacht war Abraham in Gehorsam bereit zum Opfer Isaaks, in der dritten Nacht war der Auszug aus Ägypten, und in der vierten Nacht wird der Messias wiederkommen. Diese vier Nächte fallen zusammen in der einen Passahnacht. Das ist mythisches Denken, und die Christen schließen sich dem in der Osterliturgie der Alten Kirche an. Auch sie lesen in der Osternacht die Schöpfungsberichte, gedenken des Auszugs aus Ägypten, fügen die Auferstehung Jesu hinzu, und in der Alten Kirche rechnet man für die Osternacht mit der Wiederkunft Jesu Christi. So heißt es im Hymnus auf die Osterkerze:

»Heute ist die Feier des Passah, da jenes wahre Lamm ist geschlachtet, dessen Blut die Türen der Gläubigen heiligt. Dies ist die Nacht, da du einstens unsere Väter, die Söhne Israels, herausgeführt aus Ägypten und durch die Fluten des Roten Meeres trockenen Fußes geleitet. Dies also ist die Nacht, da jene Feuersäule besiegte das Dunkel der Sünde. Dies ist die Nacht, da Christus zerbrach die Bande des Todes und aus der Tiefe emporstieg als Sieger... O wahrhaft selige Nacht, einzig gewürdigt zu wissen die Zeit und die Stunde, da Christus vom Tode erstanden. Dies ist die Nacht, von der steht geschrieben: Die Nacht wird hell wie der Tag. Und: Eine Leuchte ist die Nacht meinen Wonnen. Geheiligt ist diese Nacht, zu bannen die Frevel, abzuwaschen die Schuld, den Sündern wiederzubringen die Unschuld, den Trauernden Freude; weit vertreibt sie den Haß, sie eint die Herzen und beugt die Gewalten... O wahrhaft selige Nacht, die Beute genommen von den Ägyptern und reich gemacht die Hebräer. O Nacht, die verbindet Himmel und Erde, Gott mit den Menschen.«

Dieser poetische Text vermittelt mehr über die »Wahrheit« der Osterbotschaft heute als viele gutgemeinten exegetischen Kommentare. Nicht »Stimmung« wird vermittelt, sondern Stimmigkeit, das Ganze, das Judentum und Christentum meinen. An diesem Punkte wird es als überzeugender Zusammenhang greifbar. Und das ist wohl religiöse Erfahrung überhaupt: daß ein roter Faden sichtbar wird, der scheinbar Auseinanderfallendes doch als Zusammenhang, als Einheit greifbar werden läßt. So ist auch neutestamentlich die Auferstehung Jesu nicht zu isolieren, sondern zurückzubeziehen auf alles, was Jesus getan und verkündigt hat. Die Auferweckung Jesu ist das von Gott gesetzte Ausrufungszeichen hinter einen ganzen vorausgehenden Satz.

Ostern ist damit nicht alles, sondern nur der wesentlichste Teil, weil hier erkennbar wird, daß niemand anders als der lebendige Gott hinter Jesus steht. Und alle Ostererfahrung als Vermittlung der Botschaft heute hat mit der Grundfrage von Tod und Leben, Gefangenschaft und Befreiung zu tun.

Ergebnis: Auferstehung ist nicht zu *glauben.* Sie ist eine in sich schlüssige und unbezweifelte Erfahrung gewesen. Dort, wo die Jünger zweifelten, ging es nur um die Frage, ob der Erschienene Jesus sei oder nur ein ihn nachäffender Geist. Der Zweifel bezieht sich also nicht darauf, ob eine Auferstehung überhaupt möglich sei. Gerade das letztere ist aber unser Problem. Hier liegt die eigentliche Schwelle. – Weiterzugeben ist die Botschaft von der Auferstehung nur so, wie auch sonst Gewißheiten zustande kommen und wie sie weiter vermittelt werden.

War das Grab wirklich leer?

»Ist Jesus denn nun auferstanden – oder ist er es nicht?« Zumindest jeder Theologe wird mit dieser Frage immer wieder konfrontiert. Antwortet man mit ja, so erntet man Staunen oder wird als Fundamentalist eingestuft, antwortet man mit nein, dann gilt man als Feigling und Nestbeschmutzer. Im Falle der Antwort mit ja geht dann die nächste Frage auf das »leere Grab«. Oft gelten Auferstehungserscheinungen noch als annehmbar für vernünftige Menschen, weil man meint, Visionen »psychisch« deuten zu können. Ein »leeres Grab« dagegen gilt als nicht annehmbar. Und ich habe aus meinem Studium noch den Hohn in den Ohren, der jenen sehr vereinzelten Bibelwissenschaftlern galt, die man im übrigen als vernünftig und kritisch ansah, die aber ein »leeres Grab« meinten annehmen zu müssen. Es hat ihnen in der Wissenschaft niemand abgekauft.
Nun gilt von den biblischen Voraussetzungen her, daß

Erscheinungen Auferweckter nicht weniger wunderbar sind als ein leeres Grab. Und im übrigen ist nach den drei ersten Evangelien nicht das leere Grab für sich genommen das Wichtigste für die Frauen, sondern ein Engel am Grab, der die Auferstehungsbotschaft verkündet. Die Frage ist daher nicht, ob ein Grab »leer« sein kann oder nicht, sondern, ob Engel irren können. Denn die Engel am Grab deuten nur das leere Grab oder weisen zusätzlich zu ihrer Botschaft darauf hin. Aber entscheidend ist allemal ihre Aussage »Jesus ist auferweckt«. Es geht auch hier um die Frage nach der Wirklichkeit der Zone der Realität, die wir »Außen II« genannt haben.

Nun kann man zeigen, daß in der Frage der Tatsächlichkeit eines Geschehens zur Zeit und im Umkreis des Neuen Testaments andere Maßstäbe galten als bei uns. Diese Verschiedenheit der Wahrnehmung und der Bewertung macht es schier unmöglich, bei vielen Ereignissen zu sagen, ob sie geschehen sind oder nicht. Kritisch sollten wir daher zunächst gegenüber unserer eigenen Wahrnehmung sein: Ist das, was wir daraus entnehmen, schon die ganz umfassende und jede denkbare Wirklichkeit – oder ist es nur die, die wir zu sehen gewohnt sind? Wie anders Menschen zur Zeit des Neuen Testaments Tatsachen wahrnahmen, zeigen die Texte.

In seinem Hymnus auf das gerade geborene Jesuskind nennt Simeon im Tempel den Knaben »Licht zur Erleuchtung der Heiden und zur Herrlichkeit deines Volkes Israel« (Lukas 2,32), obgleich die Völkermission erst frühestens nach Pfingsten einmal beginnen wird. Dem Kind ist dergleichen noch nicht anzusehen, und es ist auch – für unsere Vorstellungen – noch nicht Wirklichkeit. Aber für neutestamentliche Wahrnehmung ist das Kind überhaupt »da«, und daher gilt alles von ihm, was überhaupt nur von ihm vorstellbar ist.

Im 18. Kapitel der Offenbarung des Johannes wird schon

der Fall Roms besungen, der mindestens vierhundert Jahre später erst Wirklichkeit werden sollte. Aber die jubelnde Gemeinde tut in ihrem Lied so, als sei das Erwartete und Erhoffte bereits vollständig geschehen. – Im späten Mittelalter läßt man (mißbräuchlich, versteht sich) für diejenigen, deren Tod man wünscht, Seelenmessen lesen, um ihren Tod zumindest zu beschleunigen. Der Himmel betrachtet dann den betreffenden Tod als bereits geschehen, und da diese Wirklichkeit die entscheidende ist, muß sich die Erde beeilen, nachzukommen. Wie auch immer man dieses Verständnis von Wirklichkeit nennt, ob Magie oder magischen Realismus, ob visionär, eidetisch oder im Sinne des »zweiten Gesichts«, sicher ist jedenfalls, daß wir hier auf ein nicht ganz unbekanntes Phänomen stoßen. Dieses ist noch nicht für sich selbst genommen »fromm« oder gar Gegenstand des Glaubens, sondern eine bekannte »andere Wahrnehmung«. Und die Qualifizierung als Lüge, Fälschung, Betrug oder Irrtum trifft hier nicht zu. Vielmehr hat dieser Bereich der Wahrnehmung seine eigene Logik, er bezieht sich nicht nur auf ferne Zukunft. Und das Schwierige ist, daß man eine Grenze zu anderen und geläufigen »Tatsachen« nicht eindeutig ziehen kann.

Das heißt: Die Ostervisionen und die Engelsvisionen sowie das »leere Grab« wurden von den Zeugen als Tatsachen erfahren. Davon muß man ausgehen, und es gibt auch ausreichend voneinander unabhängige Berichte. Ebenso deutlich ist aber auch, daß wir hier nicht von Tatsachenbeweisen sprechen können. Denn beweisen läßt sich heute nichts mehr, und die interessante Frage, ob wir mit unserer Wahrnehmung, hätten wir damals gelebt, ein leeres Grab gesehen hätten oder gar hätten fotografieren können, ist nicht beantwortbar, da sie »anachronistisch« ist. Denn wir haben damals nicht gelebt und haben eine andere Kultur und damit auch eine andere Kultur der Wahrnehmung als die damaligen Menschen; auch unsere Wahrnehumgsweise war eben damals gar nicht möglich, weil sie geschichtlich bedingt und nicht zeitlos ist. Anstelle von »Sachkritik« gegenüber biblischen Texten müssen wir daher zunächst Kritik an unseren Wahrnehmungsweisen üben, das heißt: sie kritisch relativieren und einordnen. Denn der Wahrheit letzter Schluß ist unser technischer Rationalismus vielleicht doch nicht.

Beweisen können wir also nichts, wenn es um die Auferstehung Jesu geht. Alles, was wir haben, sind Zeugen, in deren Leben die Erfahrung der Visionen und des leeren Grabes vieles, ja Entscheidendes bewirkt hat. Und man sollte auch beachten, daß alles, was wir meinen »psychisch« erklären zu können, für damalige Menschen eben nicht die Psyche, sondern einen Teil ihrer Welt betrifft.

Erst wenn dies klar ist und wenn sichergestellt ist, daß wir mit »schonenden Prüfverfahren« an die Texte herangehen, können diese selbst zur Sprache kommen.

Auferstehung Jesu – was bedeutet das für den Glauben?

Jesus verkündet einen Gott, der durch die Vertrauensseligkeit der Menschen geradezu provoziert, zum Handeln gereizt werden will. Daher ruft Jesus dazu auf, für nichts zu sorgen, auch eben nicht ängstlich und sorgenvoll zu sein angesichts des Todes. Die »Freiheit von der Sorge«, zu der er auffordert, provoziert den himmlischen Vater angesichts der Ermordung Jesu, in die er sich sorglos hineinbegibt, zur Auferweckung. So sagt es Jesus: *Die Haare eures Hauptes sind gezählt, fürchtet euch nicht* (Lk 12,7). Die Auferweckung Jesu ist daher geradezu einzuordnen in die Eigenschaften des Gottes, von dem Jesus auch sonst spricht.

Der Sinn der Auferweckungsbotschaft ist auch nicht ein Persönlichkeitskult, sondern mit seinem Handeln durchbricht Gott den Normalzustand, daß Tote tot zu sein haben. Er hebt damit genauso die Regeln der Normalität auf wie die Frauen, die Jesus ihren ganzen Lebensunterhalt oder den Jahreslohn eines Arbeiters in Gestalt duftender Salbe

einfach schenken. Daraus erkennen wir: Jesus ist der Ort.
an dem sich Gott und Mensch begegnen. Und das bedeutet
einfach Aufhebung aller durch Geiz begründeten Grenzen.
Menschen werden mit einem Male frei, alles zu geben, und
Gott springt gewissermaßen über seinen Schatten, indem
er sich als der lebendige Gott ohne Schranken zu den Menschen hin durchsetzt. Beides gehört zueinander, beides sind
Elemente eines einzigen Geschehens. Menschen handeln
wie verrückt aus Liebe und Verehrung Jesus gegenüber –
und Gott selbst, der das Leben ist, kennt keine Grenzen.
sondern läßt ein Stück seines siegreichen, unzerstörbaren
Lebens in Jesus die Materie ergreifen. Das aber ist die
Handschrift des Schöpfergottes selbst.

Auferweckung ist der entscheidende Akt in Gottes Auf-
stand gegen den größten und mächtigsten Herrn, den Tod.
So geht es nicht um irgendeine Unsterblichkeit, mit der
man irgendwie »sowieso« zu rechnen hätte, sondern es geht
um ein Stück der Endereignisse.

Schließlich ist die Auferstehung Jesu nur als leibliche vorstellbar. Denn das damalige Judentum kennt keine Trennung von Leib und Seele. Wer die Auferweckung Jesu nur
im Bereich der »Seele« gelten lassen will, ermäßigt das
Christentum wieder zu einer »ganz vernünftigen« Angelegenheit und nimmt der Botschaft alle Kühnheit und alles –
vielleicht unangenehme – Profil. Von der Leiblichkeit der
Auferstehung zu reden ist aber vor allem aus diesem Grund
wichtig: Nicht im Feld der Absichten und Gedanken, sondern in unseren leibhaftigen Taten und mit unserem Leib
will Gott anerkannt und verherrlicht werden. Auf diesem
Feld will er auch mit seiner Offenbarung »zum Ziel kommen«. So wie wir Gott jetzt als Geheimnis und in seiner Ver-
borgenheit erleben, wenn wir die Undurchdringlichkeit
und Widerständigkeit unseres Leibes wahrnehmen, so wird
auch die Befreiung unseres Leibes von aller Trübung und
von der Sklaverei des dumpfen Todes das Ziel der Offenbarung Gottes sein. Wie Gott auf dem Feld der Leiblichkeit

anerkannt werden will, so wird er auch in diesem Bereich den Menschen an seiner Herrlichkeit teilhaben lassen.

»Auferstehung« ist daher kein verstaubter Glaubensartikel, an dem man seine Rechtgläubigkeit erweisen könnte, um sich von anderen abzuheben. Vielmehr geht es um eine überaus kühne Aussage, die unser ganzes Dasein betrifft: Das Ende, das Ziel, der Sinn ist nicht Tod, sondern Leben. Und die Konsequenz: Nicht in einer »Auffassung« oder »Lehre« besteht hier das Christentum, sondern es ist in seiner äußersten Zuspitzung schöpferisches Aufheben von hinderlichen Schranken.

Abschied von Maria Magdalena
(Meditation zu Joh 20, 11 – 18)

Wir wissen nicht viel über Jesus, über sein Temperament, ob er liebenswürdig war oder streng. Wir wissen es nicht.

Doch man konnte um ihn weinen. Er ist der Fröhliche gewesen, der Bräutigam des neuen Israel – doch kein Kumpel. Auch kein Herr wie die Herren dieser Welt, sondern »der Herr«.

Nicht wie berufsmäßige Klagefrauen, sondern allein steht Maria aus Magdala vor uns, nicht introvertiert und ängstlich im Haus. Mutig geht sie an den Ort des Todes. Ihr Weinen zeigt im Widerschein, wer Jesus war. Man konnte um ihn weinen. Nicht als ihren Freund beklagt sie ihn, sondern ehrfürchtig als ihren Herrn.

Über Jesus wird viel geredet, aber niemand weint um ihn. Man analysiert seine Worte, macht ihn zum Gegenstand der Christologie, des Bekenntnisses. Das ist alles recht. Aber der Schlüssel ist die Klage. Bei Maria von Magdala wie bei Petrus. Petrus klagt nach seinem verzweifelten Umweg, Maria direkt. Jesus war die Mitte ihres Lebens. Maria weint, weil Jesus weg ist, jetzt sogar ohne Spur.

Maria weint, weil die Welt ihn gemordet hat, ihn, das Leben selbst. Als Frau steht sie auf der Seite des Lebens.

Weint fassungslos wie Mütter, Witwen und Kinder von Soldaten und Polizisten, Märtyrern und erschossenen Politikern seit Menschengedenken. Die Frauen bleiben übrig. Sie können uns etwas erzählen über die Sinnlosigkeit unseres Tötens.

Warum muß die Welt immer wieder morden? Warum muß ausgerechnet Jesus, bei dem man eine Ahnung von Gott bekommen konnte, einem Justizskandal zum Opfer fallen? Nein, das hätte man ihm nicht antun dürfen, ihm, dem besten.

In ihre Tränen mischt sich die ohnmächtige Wut über dieses Schicksal, über Gewalt und schreiende Ungerechtigkeit. Wer darüber nicht geweint hat, wer nicht auch diese Wut im Bauch hat, kann nicht Christ werden. Denn das ist eine Sache des Herzens, nicht nur der Vernunft, zuallererst eine Sache der Wut, der Tränen, der Klage. Der Weg zum Neuen führt durch die Tränen, bei Maria von Magdala wie bei Petrus. Wo Menschen am Ende sind, in der Schlucht der Trauer. Jesus redet sie einfach an.

Neulich traf ich einen alten Schulfreund nach 33 Jahren zum ersten Mal wieder. Ich hatte ihn nicht erkannt. Er sagte: »Klaus, erkennst du mich nicht?« Dieses »Klaus« erkannte ich wieder. Denn er hatte lange Jahre in der Schule neben mir gesessen und oft in höchster Not bei Klassenarbeiten abgeschrieben. »Klaus« hatte er dann geflüstert. Jetzt war es wieder da, das vertraute Geheimnis geklauter Lösungen in Griechisch, Latein und Mathe. Kein Lehrer hat es je erfahren.

»Maria« muß Jesus oft zu ihr gesagt haben. Daher kannte sie das Wort aus seinem Munde. So, wie nur er es sagen konnte. Jesus war also doch kein aalglatter Theologe, sondern es gab eine vertraute Beziehung. Sie ist aufgehoben in dem Wort »Maria«. Für alle Zeiten wissen wir jetzt, wie Jesus zu ihr zu sagen pflegte auf den langen Wegen durch Galiläa, in Not und Ermüdung, beim Feiern. Hat er in Gleichnissen auf sie geblickt, bei der Frau mit der Lampe und dem verlorenen Groschen etwa? Sonst wissen wir nur, daß er sie geheilt hat. Eine geheilte Psychiatriepatientin. Sicher kein Aushängeschild, würden wir sagen. Keine Frau, die man zur Kirchentagspräsidentin macht oder zur Landesbischöfin.

Kein Zweifel: Unbedeutende und schwache Frauen sind in der Kirchengeschichte in der überwältigenden Mehrzahl – wie auch doofe und genauso unbedeutende Männer. Mit dem Unterschied, daß auf den vielgeschmähten alten Omas immer die Aufgabe geruht hat und ruht, das Christentum weiterzugeben. Wir lästern gern über die Frauen, die um die Kanzel herum sitzen. Doch ohne sie könnten wir schon seit Ostern bzw. seit Konstantin den Laden dicht machen.

Seine Mutter redet Jesus nur mit »Frau« an. Und überhaupt nur selten spricht Jesus Menschen mit ihrem Namen an – nur beiläufig Zachäus, Philippus, den toten Lazarus, von den Vertrauten nur Petrus. Zu Maria Magdalena aber sagt er nur dieses eine Wort »Maria«. Wie man es auch dreht und wendet: Jesus hat sie geliebt und ihr vertraut, unter den Frauen nur ihr.

Aber sie fällt Jesus nicht um den Hals, sondern möchte ihm um die Füße fallen, um ihn kniefällig als ihren erhöhten Herrn zu verehren. Doch Jesus läßt es nicht zu. Denn noch ist er Bote nur, nicht der Herr neben Gott. Es ist, wie wenn er die Anbetung noch einen Augenblick hinauszögern möchte. Noch nicht anbeten, bitte. Noch einen Augenblick lang die vertraute Genossenschaft. Es ist die Szene des Abschieds, daher kein Osterjubel.

Es gibt keine Moral von dieser Geschichte außer dieser: Maria von Magdala lehrt uns, um Jesus zu weinen. Einen Moment innezuhalten und zu klagen über das, was man Jesus angetan hat. Und allen Frauen, die man allein hat stehen lassen als Opfer menschlichen Mordens. Den, der geheilt hat, bringen wir um. Den, der Halt gibt, klagen wir an. Den, der uns beim Namen nennt, verleugnen wir.

Jesus ist wirklich Mensch gewesen. Er hat persönliche Beziehungen und Vorlieben gehabt. Diese geheilte Irre hat zu ihm gestanden. Nur sie. Alle Männer sind geflüchtet, haben gelogen und ihn verraten oder ihn verurteilt. Petrus, Judas, alle Jünger, Herodes, Pilatus, der Soldat mit der Lanze. Diese Frau, die er Maria nannte, blieb bei ihm. Sie muß ihn aus Dankbarkeit und Bewunderung sehr geliebt haben. Können wir ihren Schmerz verstehen?

VI Die Wahrheit

Wer also war Jesus? Und: Was ist Wahrheit? Diese beiden
Fragen hängen eng miteinander zusammen. Denn die
Frage, wer Jesus wirklich war, umschließt auch die Frage
nach der Wahrheit über Jesus. Nun nennen die Evangelien
für diese Frage einen sehr interessierten Fragesteller. Er
fragt, was die Wahrheit sei (Johannes 18,37f), doch Jesus
beantwortet diese Frage nicht. Der Mann hieß Pilatus. Kurz
darauf übergab er Jesus zur Kreuzigung. Und die Antwort
hatte Jesus im Evangelium zuvor bereits gegeben. Denn er
hatte gesagt: »Ich bin die Wahrheit« (14,6). Damit hätte
Pilatus freilich nicht viel anfangen können, und dem modernen Leser wird es kaum anders ergehen. Wir sind es
gewohnt, die Wahrheit im Sachbereich zu suchen und uns
in Büchern über sie zu informieren. So fragt auch Pilatus:
Was ist die Wahrheit? Das klingt nach einer Theorie und
nach richtigen Sätzen. Pilatus ist mit dieser Frage offensichtlich auf dem Holzweg. Denn so ehrlich er auch fragen mag
(wir unterstellen das einmal), so ist er doch auf dem falschen Gleis.
Jesus bietet nicht wahre Sätze über sich an und entzieht
sich selbst jeder eindeutigen Festlegung, was seine Person
betrifft. Und er hat damit, so scheint es, recht behalten: Es
gibt nicht die Wahrheit über Jesus. Einer Theorie, wer er
war, weicht Jesus selbst schon mit bemerkenswerter Hart-
näckigkeit aus.
Wenn es nur die Wahrheit gibt, die er selbst ist, dann kann
man sich diese nicht als Theorie besorgen, auch nicht in
einem Buch. Und Pilatus, der so fragt, liefert Jesus ans Mes-
ser. Denn der Weg der Sach-Wahrheit ist hier tödlich. Weil

die Unverbindlichkeit der Sach-Wahrheit tödlich ist. Nach dem Verständnis des Alten Testaments und des Johannesevangeliums ist die Wahrheit Gottes seine Wirklichkeit, seine Treue, sein Leben, der Gegensatz zu allem Tod. Wie Treue und Resistenz gegenüber dem Tod ist diese Wahrheit eine, die sich erweisen muß und kann. Sie erweist sich und ist nicht zu beweisen. Diese Wahrheit Gottes ist auch für andere da, die sich auf ihr gründen, die auf diese Treue bauen. Jesus, der diese Wahrheit Gottes darstellt, gibt sie weiter, und sie ist im Lebensverhältnis der Jüngerschaft zu gewinnen.

Das heißt: Diese Wahrheit wird nicht rational, noch nicht einmal hauptsächlich worthaft erschlossen, sondern als eine Lebensbeziehung. Wie alle Beziehungen ist ihre Lebendigkeit und ihre Echtheit eine Frage der Zukunft. Dieser Messias versteht sich von daher als Kitt einer Gemeinschaft von Überlebenswilligen. Nicht in einer Theorie, sondern nur in der Orientierung an ihm kann es – so das Selbstverständnis des Neuen Testaments – Leben geben. Denn was nützt die schönste Theorie und Theologie, wenn die Menschen geistliche Heimat und Geborgenheit dann in Sekten finden? Was nützt alles Rechthaben, wenn die Kirche als Lebensgemeinschaft darüber vergessen wird? Das meint hier Wahrheit: verbindliche Gemeinschaft als Zusammen-Leben von Jüngerinnen und Jüngern. Diese lebendige Wahrheit der Jüngerschaft ist dann auch der einzige Maßstab für die geschriebenen Regeln und die Normen, die jede Gemeinschaft braucht. Aber deren Wahrheit, auch die der Dogmen, ist eine abgeleitete. Die wesentliche Wahrheit ist also eine Gemeinschaft des Lebens, die diesen Namen auch verdient.

Anmerkungen

I Zugänge

1 Tertullian, Apologeticum 3.

2 Tacitus, Annalen 15,44.

3 Babylonischer Talmud, Traktat Sanhedrin 43a.

4 G. Schlichting (Hrsg.), Toledot Jeschu.

5 Äthiopisches Henochbuch (Übersetzung: S. Uhlig), 83,2; 85,3.

6 Leben der Propheten (Übersetzung Th. Schermann) S. 98: »Er war so besonnen, daß die Juden meinten, er sei ein Verschnittener.« »Er hielt sich von Frauen fern, deshalb hielten die Juden ihn für einen Eunuchen.«

7 Ebd., S. 84: »Bevor er aus dem Mutterleib herauskam, war er schon geheiligt und ermahnt, jungfräulich zu bleiben.«

8 Philo v. Alexandrien (ca. 20 v. Chr. bis ca. 50 n. Chr.): Leben des Mose II 68f.

9 Babylonischer Talmud, Traktat Shabbat 87a (Übersetzung L. Goldschmidt).

10 Testamente der Zwölf Patriarchen, Testament des Levi, Einschub der Handschrift e zu Kapitel 18,2 (1. Jh. v. Chr.). Zu Levi wird gesagt: »Halte dich fern von jedem Geschlechtsverkehr.«

11 Flavius Josephus, jüd. Historiker, 1. Jahrh. n. Chr.: Jüdische Altertümer 3,277: Der jüdische Hohepriester darf nur eine Jungfrau heiraten und muß diese »bewahren«. Derselbe Ausdruck »eine Jungfrau bewahren« findet sich auch bei Paulus, Erster Korintherbrief 7,37.

12 So der Rabbi Pinchas ben Jair (2. Jahrh. n. Chr.), Mischnah Traktat Sota 9,15b (= Babylonischer Talmud, Traktat Sota 49b).

13 Damaskusschrift 12,1.

14 Vgl. 4. Mose 6,1–21. – Zur Auslegung im Frühjudentum: K. Berger: Die Weisheitsschrift aus der Kairoer Geniza, 1989, zu WKG 5,1f.

15 Lukasevangelium 10,18, häufig gedeutet als Berufungsvision Jesu.

16 Das Nasiräat selbst wird »Gelübde« genannt, ein Wort, das im Griechischen dasselbe bedeutet wie »Gebet« (gr.: *euche*). Es kann daher sein, daß man im griechisch sprechenden Judentum den alttestamentlichen Brauch des Nasiräats aufgriff und im Sinne einer asketischen, auf Gebet und Umkehr bezogenen Lebensstil verstand. Davon zeugt bereits der Zusatz zu Daniel 4 im griechischen Alten Testament. König Nebukadnezar »büßt« in der Einöde: er ißt nur Pflanzen, betet für seine Sünden, läßt sich die Haare nicht scheren (wie Simson), hat eine Engelsvision und wird in sein Königtum wiedereingesetzt. Gerade diese letzte Szene ist interessant, weil der Engel ihn vom Himmel her zum »Sklaven« Gottes bestimmt (vgl. Markus 1,11).

17 Thomasevangelium 21 (Die Jünger Jesu gleichen Kindern, die ihre Kleider ausziehen, d. h. ihren Leib ablegen); 37 (Jesus antwortet auf die Frage, wann er als Erlöser wiederkommt: »Wenn ihr frei werdet von eurem Schamgefühl und eure Kleider nehmt und unter eure Füße legt wie die ganz kleinen Kinder und darauf tretet«, d. h.: Die bestehende Leiblichkeit wird abgelegt).

18 Vgl. besonders Markusevangelium 2,19–20. In 2,20 wird von der Entrückung des Bräutigams gesprochen. – Ähnlich auch die Offenbarung des Johannes: Nach 12,5 wird Jesus entrückt, nach Kapitel 21 kommt er wieder zur Hochzeit mit der Braut, dem himmlischen Jerusalem. In beiden Schriften finden wir Bräutigam und Entrückung (als Deutung des Todes Jesu).

19 Matthäus 2,23; 26,71; Lukas 18,37; Johannes 18,5.7; 19,19; Apostelgeschichte 2,22; 3,6; 4,10; 6,14; 22,8; 24,5; 26,9.

20 Es ist richtig, daß man das Wort »Nasoräer« nicht aus einer semitischen Sprache herleiten kann, wenn man vom Mandäischen absieht, wozu man aber dann eben eine Grundlage im Hebräischen erst rückerschließen müßte. Aber das ist nicht nötig, denn es kann sich um eine nach der Art griechischer Eigenschaftswörter gebildete Form des aus der hebräischen Bibel kommenden Lehnwortes »Nasir« handeln. Erstens wurden griechische Adjektive mit der Endung -oraios gebildet, und zweitens gibt es viele Belege für die Veränderung eines hebräischen -i- in ein griechisches langes -o-, gerade bei Lehnwörtern. Auch die Namensdeutungen der Alten Kirche übersetzen Nasoräer wie Nasiräer mit »heilig, rein, vom Mutterleib an für Gott bestimmt«, vgl. P. de Lagarde, Onomastica sacra (Eusebius), Göttingen, 2. Aufl. 1887, 205,23 f.

21 Eusebius, Kirchengeschichte II 23 (aus Hegesipp, wohl 2. Jh.). – Die Beziehung zu Tempel und Gebet kennt für den Herrenbruder Jakobus auch die 2. Apokalypse von Nag Hammadi.

22 Epiphanius, Haeresien 29,6.

23 Bei dem Namen der Gruppe der »Nasaräer« wäre dann der gleichfalls oft belegte Wandel von -i- zu -a- bei Lehnwörtern erfolgt. – In der Weisheitsschrift aus der Geniza von Alt-Kairo (Hrsg. K. Berger, Tübingen 1989) wird dem Nasiräer besonders Friedfertigkeit nachgesagt, und die ganze Schrift betont besonders den Weinverzicht.

24 Vgl. dazu: Strack-Billerbeck, Kommentar zum Neuen Testament aus Talmud und Midrasch I, S. 517 zu Matthäus 9,15 (dort die Sentenz: Wer die Vorhochzeit mitfeiert, der genießt auch das Hochzeitsmahl).

25 Vgl. dazu Ps.-Philo, Über Simson (Übers. F. Siegert: Drei hellenistisch-jüdische Predigten); Ps.-Philo, Buch der biblischen Altertümer (Übers. C. Dietzfelbinger), besonders K. 30–33.42–43.

II Jesus der Mensch

1 Hinweis von R. Banschbach-Eggen am 29. 6. 1995.
2 Vgl. dazu schon die Josephsgeschichte in 1. Mose 40 f.
3 Vgl. den häufig im Munde Jesu überlieferten Spruch »Wer sich erniedrigt, wird erhöht« (z. B. Mt 18,4; 23,12).

IV Der Jesus der außerbiblischen Evangelien

1 Thomasevangelium (Übers. K. Aland), Logion 98.
2 Thomasevangelium (Übers. K. Aland), Logion 97.
3 ebd., Logion 30.
4 Dieses Wort wurde verschiedentlich überliefert, vgl. W. Schneemelcher, Neutestamentliche Apokryphen I, Evangelien, 1987, S. 78.
5 Philippus-Evangelium (Übers. H.-M. Schenke), Logion 24.
6 ebd., Logion 48.
7 Thomasevangelium (Übers. K. Aland), Logion 31 b.
8 Vgl. ebd., S. 79.
9 Thomasevangelium (Übers. K. Aland), Logion 52.
10 Papyrus Oxyrrhynchos 840 nach J. Jeremias und W. Schneemelcher, in: W. Schneemelcher, Neutestamentliche Apokryphen I, Evangelien, 1987, S. 81 f.
11 Papyrus Egerton 2, f.1 r Abschnitt II, in: ebd., S. 84 f.
12 Das »geheime Evangelium« nach Markus, Übers. H. Merkel, in: ebd., S. 92.

Verzeichnis der Bibelstellen

Bei synoptischen Parallelen wurde in der Regel nur der Markustext angegeben. Fachkundige werden von dort aus die Parallelen bei Lukas und Matthäus finden. Die Bibelstellen im Textteil wurden nach der Lutherübersetzung von 1984 abgekürzt.

Matthäus
2,23 *226*
3,13–15 *36*
5,3.10.11 f *98*
5,17 *83*
5,18 *19, 89*
5,20 *39*
5,21–37 *85*
5,21–48 *82*
5,27–32 *90*
5,28 *19*
5,38 *84*
5,39–42 *84*
5,44 f *60*
7,1 *89*
7,6 *54, 96*
7,11 *98*
7,24–27 *95*
8,11 *19*
8,22 *31, 51, 123*
9,15 *226*
9,36 *63*
10,39 *112*
10,5 *19*
10,16 *96*
11,2 *41, 172*
11,3 *172*
11,3–6 *117*
11,12 *97*
11,17–19 *32*
11,18 *33*
11,19 *43, 189*
12,22 f *137*
12,29 *93*
12,35 *89*
13,44 *78*
15,24 *19*

16,19 *190*
18,4 *227*
18,12–14 *61*
18,15–20 *190*
19,12 *70*
19,27 f *60*
19,28 *129*
21,1–9 *171*
21,31 f *90*
22,14 *70*
23,12 *227*
23,39 *172, 174*
24,43 *95*
25,31–46 *99, 102*
25,45 *129*
26,28 *190*
26,71 *226*
28,16 *129*
28,19 *129*
28,16–20 *193*

Markus
1,7 *58*
1,11 *60, 225*
1,13 *192*
1,15 *60, 199*
1,24 *27, 30*
2,15 *39*
2,17 *39*
2,18–20 *32, 34, 226*
2,21–22 *96*
2,23–28 *123*
2,27 *86*
3,20–21 *65*
3,22 *66*
3,22–25 *208*
3,35 *54*

4,25 *95*
5,9 *138*
5,35–43 *143*
6,5 *64*
6,35–44 *142*
7,24–30 *119*
8,32 f *192*
8,35 *112*
9,1 *75*
9,2–7 *11, 31*
9,49 *52*
10,2 *89*
10,21 *94*
10,45 *129, 196, 201 f*
11,1–11 *123, 170 f,
173*
11,13 *123*
11,15–17 *175*
11,17 *81, 174*
12,15 *89*
12,41–44 *179 ff*
13,10 *174*
13,12 *50*
13,27 *129*
14,3–11 *121, 122,
181*
14,9 *174*
14,23–24 *32, 187 f*
14,25 *33*
14,32–42 *191 f*
14,38 *92*
14,61–62 *184*
14,63 *185*

Lukas
1,15 *29, 35*
1,17 *196*

1,31 *34*
2,32 *215*
2,41–51 *82*
4,18–19 *40*
5,10 *90*
6,5 *87*
6,20–25 *97*
6,37 *92*
6,48–49 *95*
7,1–9 *144*
7,19 *172*
7,26–28 *55*
7,28 *59*
7,33 *33*
7,34 *43*
7,36–50 *90, 91,*
  119, 181
9,60 *31, 123*
10,1 *163*
10,18 *225*
10,25 *89*
10,41–42 *97*
11,1 *58*
11,4 *58*
11,5–10 *98*
11,11–13 *98*
11,17 *94*
11,20 *69*
11,27–28 *108–110*
11,37 *119*
12,7 *217*
12,8f *129*
12,33 *94*
12,39 *95*
12,44 *93*
12,52f *49*
13,6–8 *97*
13,21 *94*
13,28 *74*
13,35 *172, 174*
14,1 *119*
14,7–11 *94*
14,26 *19, 60*
14,28–30 *96*
14,31–32 *96*
15,3–6 *62*
15,7 *39*

15,11–32 *104*
15,17–18 *104*
16,1–9 *97, 104, 105*
16,9 *53*
16,11.12 *93*
16,19–31 *97*
17,7–8 *95*
17,34 *50*
18,1–7 *93*
18,37 *226*
19,20–21 *94*
19,39f *173*
21,1–4 *178ff*
22,28f *193f*

Johannes
1,1 *138*
1,13 *60*
1,14 *138*
1,49 *173*
2,1–11 *19, 32*
2,13–22 *176, 178*
2,17 *82*
3,3.5 *60*
3,22 *36, 58*
4,1 *58*
4,2 *36*
4,27 *153, 181*
5,8 *87*
5,14 *90*
5,19f *87*
6,35 *187*
6,69 *27, 30*
7,38 *82*
7,53–8,11 *88*
8,15 *90*
8,48 *66*
10,34 *185*
11,1–45 *146f*
12,1–8 *122*
12,12 *173*
12,12–16 *171*
14,6 *223*
18,5.7 *226*
18,37 *173, 223*
19,19 *34, 226*
20,11–18 *219*

Apostelgeschichte
2,22 *226*
3,6 *226*
4,10 *226*
6,14 *226*
10,36–43 *36*
18,2 *22*
21,26 *30, 33*
22,8 *226*
22,17 *82*
24,5 *226*
26,9 *226*

Römer
14.3 *33*
14,21 *33*
15,31 *33*

1. Korinther
7,5 *26*
7,34 *26, 31*
7,37 *225*
8,6 *15*
9,5 *24*
11,23–26 *191*
11,25 *200*
15,3 *200*

Galater
3,26–28 *163*
6,2 *23*

Hebräerbrief
4,17 *193*
5,7 *193*

Jakobusbrief
1,12 *193*

Offenbarung
2,10 *193*
2,26–28 *194*
12,5 *226*
12,7–11 *137*
18 *215*
21 *226*

Der Autor

Klaus Berger, geboren 1940.
Nach Promotion und Habilitation 1970 Universitätsdozent in Leiden / Holland.
Seit 1974 Professor für Neutestamentliche Theologie in Heidelberg.
Zahlreiche wissenschaftliche Veröffentlichungen.

Seine Bücher im Quell Verlag:
»Psalmen aus Qumran«
»Qumran und Jesus. Wahrheit unter Verschluß?«
»Wie ein Vogel ist das Wort. Wirklichkeit des Menschen und Parteilichkeit des Herzens nach Texten der Bibel«
»Gottes einziger Ölbaum. Betrachtungen zum Römerbrief«
»Manna, Mehl und Sauerteig. Korn und Brot im Alltag der frühen Christen«
»Wie kann Gott Leid und Katastrophen zulassen?«

Klaus Berger

Qumran und Jesus

Wahrheit unter Verschluß?
144 Seiten. Kartoniert
ISBN 3-7918-1929-1

Klaus Berger ist Professor für Neues Testament an der Universität Heidelberg. Als Kenner des antiken Judentums vermittelt er interessante Einblicke in die Texte aus den Höhlen von Qumran, die lange als »Verschlußsache« ausgegeben wurden und jüngst für großes Aufsehen sorgten. Ausgehend von den neuesten, jetzt erst zugänglichen Schriften, entwickelt er ein anschauliches Bild vom Leben in der geheimnisvollen Stadt am Toten Meer und zeigt zum erstenmal umfassend die Beziehungen zwischen Qumran und dem frühen Christentum auf.
»Klaus Berger entschlüsselt die wahren Zusammenhänge zwischen Qumran und dem frühen Christentum. Er entlarvt die Sensationsliteratur zum Thema. Dabei erweist sich die Wirklichkeit spannender als die Spekulation.«
Rheinischer Merkur

Quell

Klaus Berger

Psalmen aus Qumran

184 Seiten mit 20 Bildtafeln
von Jörg Zink und Ewald Stark
Fest gebunden mit Schutzumschlag
ISBN 3-7918-1941-0

Die Höhlen von Qumran bergen einen Schatz, der noch kaum gehoben ist: es handelt sich dabei um Psalmen, Hymnen, Gebete und Segensworte, die den größten Reichtum jüdischer Frömmigkeit zur Zeit Jesu widerspiegeln. Eine große Anzahl dieser Lieder und Gebete ist erst durch die Schriftenrollen aus Qumran entdeckt worden, die meisten wurden noch nie ins Deutsche übersetzt.
Die Bedeutung dieser Texte kann kaum überschätzt werden: Jesus und die ersten Christen sind mit diesen Gebeten groß geworden, die Briefe des Paulus atmen ihren Geist. Noch heute können Christen anhand dieser Texte beten lernen. In diesem Buch wird eine nach dem neuesten Stand der Forschung moderne Neuübersetzung aller hymnischen Texte geboten. Sie sind jeweils mit einer kurzen Einleitung versehen, gut lesbar und eignen sich auch hervorragend zur Gestaltung von Gottesdiensten und Andachten.

Quell